L'HISTOIRE
DE LA REINE DES PUTES

De quoi se souvenait-elle, Pam Parnell, vingt-deux ans après ce mardi 27 février 1996 ? De Brooke, son vrai prénom, celui du temps où elle avait seize ans. De ces années merdiques dans la vallée de Piltzville. De cette époque où elle pouvait dire *ma famille* même si c'était en se pinçant le nez. Combien de frères après le père lui étaient passés sur le corps ?

Piltzville, c'était le temps d'avant le camion. Après, ça avait été une autre vie, une vie où elle n'avait plus jamais dit *ma famille*. De toutes les façons si les choses s'étaient passées correctement avec les Parnell, elle ne se serait jamais enfuie au Jim Trucking pour y attraper ce camion. N'importe lequel pourvu qu'il l'emmène loin des siens, vers la Californie et vers le 76 d'Ontario.

Le Jim Trucking, c'était le truck stop du coin, la station-service pour routiers, à un mile après la sortie de la ville. À la sortie parce que sinon Terri aurait encore débarqué pour l'empêcher de partir. Comme la semaine d'avant, sur le parking du Splash Carwash où cette imbécile l'avait arrachée à ce camion vert. Soi-disant pour son bien. Soi-disant pour lui éviter de commettre l'irréparable. À force de lui vouloir du bien, elle avait foutu en l'air tout son plan. Si vraiment elle avait été sa meilleure amie, elle l'aurait aidée par tous les moyens à quitter cette ville et cette vie. Elle savait que son salut était ailleurs, qu'on était déjà fin février et qu'il n'était plus temps de tergiverser. Il fallait qu'elle file au 76 d'Ontario avant qu'il ne soit trop tard. C'était ça son plan. Brooke lui avait pourtant répété mille six cents fois qu'elle était en cloque et qu'elle ne pourrait plus le cacher longtemps aux parents Parnell. Mais Terri, la reine des putes, avait viré méchante depuis cette histoire d'acide. L'amitié des deux inséparables copines d'enfance virait au moisi en cette fin février 96. Et pourtant depuis leur plus jeune âge elles n'avaient cessé de s'entraider. Nées la même semaine du même mois de la même année, Brooke et Terri étaient surnommées *les jumelles de Piltzville.*

Mais cette fois Brooke avait pris ses précautions. Terri pourrait toujours la chercher en ville, jamais elle ne devinerait qu'elle avait fait à l'aube tout ce chemin à pied jusqu'au Jim Trucking pour venir se pêcher un routier. Le matin, Terri était invariablement défoncée au fond de la piaule d'un mec qui l'avait ramassée la veille au Blue Grizz Saloon. Elle lui en voudrait à mort pour sûr, mais désormais Brooke n'en avait plus rien à foutre. Leur amitié, c'était du passé depuis cette salade avec Robby.

Robby Di Marcio était le batteur vedette de la scène country. Il était venu se produire au Saloon au mois d'octobre. Le groupe était resté une semaine et avait donné cinq concerts d'affilée. Brooke et Terri avaient repéré Robby dès sa descente du bus à cause de ses interminables boucles blondes qui lui descendaient jusqu'au cul. Le rocker avait achevé les deux filles avant même de poser le bout de ses santiags chromées sur le bitume du parking.

À seize ans, les jumelles de Piltzville étaient des fans de la country music et elles connaissaient par cœur le programme du Blue Grizz. Elles ne rataient aucun concert du saloon, et les deux groupies sexuelles avaient déjà épinglé de sacrées pointures à leur tableau de chasse. Mais Robby Di Marcio avait été l'incident de parcours qui avait fait exploser leur amitié. Dans ce cruel duel entre les deux inséparables, Brooke n'avait laissé aucune chance à son amie de toujours. Elle avait pilé un acide dans le verre de Terri. À la déloyale. Un vrai coup de poignard dans le dos. Le lendemain matin quand la Terri avait émergé de son trip, il y avait longtemps que Robby Di Marcio était tombé raide dingue de Brooke. L'idylle avait duré toute la semaine que le batteur était resté en ville. Un séjour qu'il avait entièrement passé entre le lit de Miss Parnell et la scène du Blue Grizz Saloon. Après le départ de Robby les filles s'étaient retrouvées pour la séance d'explications, les choses avaient mal tourné et on en était venues aux mains. À cette époque Terri n'était plus que l'ombre d'elle-même et Brooke n'avait eu aucun mal à se défaire de cette junkie qui n'avait plus grand-chose d'humain. Au début de l'hiver Brooke Parnell avait compris la raison de son absence de règles et décidé du reste de sa vie en se souvenant d'une confidence sur l'oreiller. Robby di Marcio, son amant de l'automne, lui avait dit *mon père tient la chapelle du 76 d'Ontario, le plus grand truck-stop du monde.* Elle portait dans son ventre le fils du fils de celui qui tenait la chapelle mobile du plus grand truck-stop du monde.

Il faisait moins quinze sur ce parking glacial, et la neige était partout. Mais pas de cette jolie neige blanche qui repeint les villes et les campagnes comme dans les contes de Noël. Non. C'était le genre de merdasse grise et trempée qui lui avait gelé le corps et le cerveau pendant des années et des années.

Au Jim Trucking, pour se choper une place dans les camions c'était quasi mission impossible. Les seules filles qui traînaient là étaient celles qui faisaient le tapin. Du coup les truckers filaient sans faire attention à cette gamine qui se les gelait entre deux poubelles.

Pourtant, après trois heures d'attente, il s'en était trouvé un pour s'arrêter. De tous ses souvenirs de l'époque de Piltzville, le plus fort fut l'instant où ce Peterbilt 389 pourpre avait pilé en lâchant un coup de klaxon si violent qu'il avait arraché toutes les pages de sa vie d'avant. Ses genoux en avaient défailli. Brooke était montée sans même le regarder. Ce n'est qu'une fois assise qu'elle avait découvert la sale gueule du trucker. Un vicelard qui disait sans rien dire *si tu veux décaniller de là, il va falloir que t'en paies le prix, ma chérie*. Mais ce n'était pas ça l'important. L'important était qu'il enclenche la première, histoire de démarrer, de filer à gauche, cap à l'ouest. Histoire qu'elle se tourne vers le gros rétroviseur extérieur pour regarder s'éloigner la merdique vallée de Piltzville, la ville d'avant, la vie d'avant. Celle du temps où elle s'appelait Brooke Parnell.

Très vite les dernières maisons s'étaient éloignées, et il n'y avait plus eu de ville, plus de Terri, plus de famille. Il n'était plus resté que la campagne toute blanche comme dans les contes de Noël. Tellement blanche qu'elle s'était mise à écrire dessus un truc tout nouveau, tout propre. Un truc à elle, qu'elle avait décidé *elle* pour la première fois de sa vie. Alors là, sur cette neige blanche, Brooke avait décidé d'écrire Pam. Parce que Pam serait son nouveau prénom. Comme celui de Pam Tillis, la chanteuse country de Floride qui était tellement trop classe, tellement trop blonde, tellement trop belle lorsqu'elle était venue chanter au Blue Grizz.

Juin 2018

Fin de semaine sur la petite baie de Sausalito. Le charpentier Nicholas Dennac était assis sur le toit de sa maison flottante. Une bouteille de Coors dégoupillée à portée de main, il profitait de cette fin de vendredi. Son index cradingue se posa sur l'icône « Play » de son Smartphone. Aussitôt les premiers accords couillus de « Smoke on the Water » incendièrent le décor idéal de cette banlieue fortunée de San Francisco. Dans son casque audio les hurlements de la Stratocaster de Deep Purple étaient le moyen parfait de faire le break au terme de sa semaine de travail.

Début juin, début d'été, début de week-end, la chaleur avait déjà posé son couvercle sur la région. Nicholas alluma son joint dont la fumée blanche brouilla son paysage quotidien. Le nuage passa.

Dans son lointain, sur la rive opposée, d'énormes demeures aux camaïeux crème étalaient leurs verdures bien peignées jusqu'à la berge où des conneries de canots à moteur, façon magazine de déco, reflétaient leurs coques laquées dans l'eau bleue. Délicieuse face A du capitalisme américain.

Devant lui, plus de deux cents maisons flottantes étaient amarrées en rang d'oignons à un interminable ponton, le fameux Liberty Dock[1]. Sur les terrasses, tout le décorum du californian summer était en place. Les hamacs de chanvre, les jardinières organiques, les tables familiales, les couples vintage et les salades au quinoa.

Encerclé par ces belles habitations du Liberty Dock, un petit bidonville d'une quinzaine de masures pourries surnageait aux pieds du charpentier. Ce village flottant délabré par le temps abritait la Waldo Cooperative, une communauté des années Peace and Love. Cette Waldo Coop était – selon les guides – une réserve de hippies à visiter, encore que l'entreprise soit fortement déconseillée par des touristes ayant déjà tenté l'expérience. À l'intérieur de ces demeures aux formes et aux couleurs stupéfiantes, entièrement conçues par des personnes sous acide, vivaient une vingtaine de survivants – dont Nicholas Dennac. Cinquante années de lutte et quelques tonnes de psychotropes avaient été nécessaires pour préserver cet anachronique cloaque au cœur de la marina des millionnaires.

Ces hippies rescapés du siècle passé étaient des personnalités uniques, tranquilles et souriantes. Chacune de leurs maisons était un modèle original. Quelques-unes conservaient des allures de bateau mais la plupart exhibaient des formes ignorées jusqu'alors sur la planète Terre, du moins en tant qu'habitats pour le genre humain. Au hasard d'un labyrinthe de pontons à l'agonie on découvrait des édifices en forme de coléoptères, de palais byzantins, de polygones à cinq pentes, en forme de gratte-ciel d'un mètre quatre-vingt-dix. Il y avait un chalet suisse, une forteresse médiévale et une cabane orange qui avait des airs de cucurbitacée disproportionnée. La majorité de ces œuvres d'art brut étaient désormais échouées dans la vase, et certaines gîtaient dangereuse-

1. Chanté par Otis Redding dans « The Dock of the Bay ».

ment. Toutes sauf une, la Yepa, la maison flambant neuve que Nicholas venait de se construire pour remplacer sa regrettée Betty Jane, coulée, brûlée, périclitée.

C'est au cœur de ce hameau flottant – surnageant serait plus juste – que Nicholas vivait depuis son enfance. Fils unique d'un couple de hippies français installés dans la Baie en 1962, il avait traversé la grande histoire des années Flower Power en tant qu'acteur impliqué. Adolescent sexuellement précoce, étudiant contestataire, manifestant très actif, spécialiste très jeune des substances illicites et des expériences de groupe très libres, il avait chroniqué avec succès le Summer of Love depuis l'intérieur. Sa renommée lui avait alors ouvert les portes d'un grand quotidien de la Baie. Passionné de faits divers, il avait été pendant une quinzaine d'années à San Francisco le journaliste de référence en la matière. En 1994, un drame poussant l'autre, l'envie l'avait quitté, il avait lâché l'affaire et embrassé la vie plus paisible de charpentier.

Depuis le printemps Nicholas travaillait à quelques encablures de chez lui. Il avait accepté un chantier que l'agence d'architecture Napa & Tuscany lui avait proposé. L'agence avait été contactée par l'Association des propriétaires du Liberty Dock afin d'organiser la mise aux normes du réseau des eaux usées. La mission de Nicholas était de préparer ces maisons flottantes pour les conduits d'évacuation à venir. Ce n'était pas du tout un travail pour un charpentier de sa qualité mais il s'était laissé convaincre sans difficulté. La première raison était d'ordre privé. Père depuis six mois d'une petite Yepa, il trouvait là l'opportunité de travailler devant chez lui avec la possibilité de garder sa fille lorsque sa mère était à son travail. Il était ravi et Tina, sa compagne, encore plus que lui. Les travaux avaient commencé au début du mois de mai, on était début juin, il avait déjà bouclé le premier tiers et commençait à ralentir la cadence car rien ne pressait, il fallait juste avoir terminé à l'automne. Ce boulot, c'était l'assurance de passer un été tranquille à la maison.

La seconde raison pour laquelle il avait donné son accord était moins avouable à sa fiancée. Il profitait de cette période pour réfléchir à une proposition malhonnête de Paul Knight, son beau-père. Au printemps le mari de sa mère l'avait invité à déjeuner à l'occasion d'une de ses rares descentes en ville. Knight habitait avec Monique Saran-Knight à une centaine de miles de la baie de San Francisco. Les rapports entre les deux hommes commençaient à se normaliser après des décennies de haine réciproque. Paul, qui était toujours l'actionnaire principal du *San Francisco Daily Evening*, avait proposé à Nicholas de reprendre la direction du quotidien, ni plus ni moins. Knight n'avait pas d'héritier. Proche des quatre-vingts printemps, il avait retourné le problème dans tous les sens, et le moment était venu de décider d'un avenir pour son journal. Soit vendre ses parts à un groupe de presse – il avait nombre de propositions –, soit offrir le poste à Nicholas pour sceller une sorte de réconciliation, tout en faisant plaisir à sa femme Monique. Nicholas s'attendait à tout sauf à ça de la part du vieux facho. Ses années de journaliste étaient loin derrière lui. Cependant, deux ans auparavant, il avait eu l'occasion de reprendre le costume de l'enquêteur avec succès. La piqûre d'adrénaline l'avait réveillé mais pas au point de l'inciter à tout laisser tomber pour revenir au journalisme du jour au lendemain. En recevant la proposition de son beau-père, Nicholas avait été trop décontenancé pour fournir la moindre réponse. Knight ne s'attendait pas à autre chose. Il lui donnait l'année pour réfléchir et c'est justement ce que Nicholas faisait depuis le printemps.

Il fixait maintenant la silhouette du Bay Bridge qui se découpait au loin sur la baie de San Francisco. L'herbe faisait son effet, la bière finissait le travail, le moment était sublime, la torpeur délicieuse. Des mouettes planaient, mais pas qu'elles. Ce qui ne semblait être qu'une fin de semaine ordinaire dans la vie de Nicholas Dennac était en réalité un moment d'importance. Ce vendredi 2 juin était à marquer d'une pierre blanche. C'était le jour des putains de fiançailles. Un programme chargé, décidé, imaginé et élaboré par Toni Dylan, la reine mère de la communauté de la Waldo Coop.

Du haut de son nid d'aigle Nicholas observait une dizaine de membres de la communauté qui s'affairaient à la préparation de la fête, sur la terrasse de la Waldo Lighthouse, une maison en forme de phare, un tout petit phare mais un phare tout de même. C'était l'antre de Toni Dylan, l'administratrice de la Waldo, celle qui tenait la baraque depuis la nuit des temps. Pour tous les survivants qui avaient vécu cette épopée hippie depuis son établissement, les fiançailles de Nicholas Dennac étaient l'événement à ne pas rater. L'enfant de la Waldo Coop venait enfin de prendre la décision d'unir sa destinée à celle de sa compagne, la fameuse Tina Wards. Tous ces rescapés vintage – qui dressaient les tables, accrochaient les guirlandes et réglaient les amplis –, tous avaient été mariés. Nicholas, le beau charpentier à la cinquantaine virile, restait donc le dernier célibataire, une pièce rare et historiquement convoitée. Puis un jour Tina, l'ex-bimbo à scandale, l'icône peroxydée des trash magazines, la veuve du magnat de l'acier Tom Wards, l'Indienne Blackfoot du Montana, la dix-septième fortune des États-Unis, était passée par là pour rafler la mise. Quand une sublime nuit de sexe dérape en histoire d'amour.

Perché sur son toit, Nicholas releva ses pupilles en têtes d'épingle pour viser une femme, loin devant lui. Cette femme était elle aussi assise sur le toit d'une énorme maison flottante, la dernière du Liberty Dock. Cette blonde sous son chapeau de cow-boy, son Seminole blanc, c'était Tina. Elle aussi buvait sa bière et fumait son pétard. Et à coup sûr elle aussi écoutait « Smoke on the Water », leur morceau préféré. Tina avait retrouvé son corps de rêve après une maternité qui l'avait amenée aux frontières de l'obésité. Nicholas et Tina, le couple explosif, étaient là à se défier les yeux dans les yeux à une centaine de mètres de distance. Ils ressemblaient à deux boxeurs, chacun dans son coin du ring, à quelques minutes du début du combat. C'était ça le couple version Nicholas et Tina. Un combat intime qui n'opposait pas deux moitiés mais deux entités. Des personnalités hors du commun qui avaient appris à s'aimer dans une adversité qui avait fortifié le respect de l'autre, et exaspéré les proches et les lointains. Comme si chacun avait trouvé dans cet alter ego un être à sa démesure. Cela faisait un couple d'années qu'ils vivaient ensemble, six mois que leur fille Yepa était née dans des conditions dantesques, et ce soir venait le temps d'officialiser leur engagement. Si elle était là-bas sur son toit et lui sur le sien, c'est qu'ils avaient tranché pour une vie pas si commune. Certes il y avait de nombreux terrains de jeux collectifs, des repas, des soirées, des nuits, des week-ends, mais régulièrement chacun se repliait dans *sa* maison, dans *son* univers. Un arrangement amoureux.

Mais ce vendredi s'ils se défiaient à distance, c'est que le temps était à l'orage, et le sujet de la discorde était justement ces fiançailles. Tina n'en voulait pas, Nicholas non plus, et pourtant ils avaient été obligés de les accepter. L'idée de ces réjouissances revenait à Toni Dylan qui avait décrété une fête d'enfer. Entre le marteau et l'enclume, entre une insupportable et une autre, Nicholas avait laissé courir.

Le torchon brûlait entre les deux femmes. Et à l'issue d'une explication musclée chacune était restée sur ses positions. La Waldo Coop organiserait les fiançailles puisque c'était une tradition de la communauté. *Tradition piège à con*, avait lâché Nicholas. *À vieux cons*, avait ajouté Tina à bout de nerfs. Ces fiançailles étaient pour elle la preuve qu'elle ne réussissait pas à contrôler son homme. Une situation qui la rendait hystérique. C'était la première fois qu'elle était confrontée à ce phénomène. Aucun homme ne lui avait jamais résisté durant son épopée de bombe sexuelle et de bimbo à scandale, et encore moins depuis qu'elle avait hérité de l'empire Wards. Le monde masculin avait toujours plié devant sa personne, et voilà qu'un seul de ces mâles lui résistait encore et toujours. Démunie et déboussolée, elle fulminait contre Toni et Nicholas qu'elle mettait dans le même panier. Sur son toit elle n'attendait plus que l'étincelle qui allait tout faire exploser.

Nicholas tira une dernière fois sur son pétard. Au loin Tina fit de même.

Des pétards à mèche courte lourdement chargés.

Il fallait au moins ça pour affronter la nuit à venir.

... No matter what we get out of this
I know we'll never forget
Smoke on the water, fire in the sky
Smoke on the water[1].

1. « ... Peu importe ce qu'on tirera de tout ça / Je sais, je sais qu'on n'oubliera jamais / De la fumée sur l'eau, du feu dans le ciel / De la fumée sur l'eau. » (Deep Purple, « Smoke on the Water »).

Février 1996

Je m'appelle Pam. C'est ce qu'elle se répétait en boucle pendant que l'obèse routier lui grimpait dessus. Je m'appelle Pam, je m'appelle Pam, tandis que le porc avec sa barbe puante s'agitait dans le flou pour la mille cent douzième fois au moins depuis le Jim Trucking. Elle n'avait pas compté, chaque fois elle s'était contentée de suffoquer tout en fixant les autocollants sur le pare-brise. Et dès qu'elle avait vu passer le panneau vert au bord de l'autoroute, elle s'en était foutue. « Welcome to California ». C'était ça qu'elle avait vu, « Welcome to California » ! Alors le chimpanzé pouvait lui monter dessus encore et encore, ce n'était pas grave, elle avait gagné, elle y était. Plus que quelques heures avant d'arriver au 76 d'Ontario.

C'était un joli prénom Pam. C'est sûr que Robby allait comprendre du premier coup pourquoi elle l'avait choisi. Il pigerait le clin d'œil. C'était pas un con Robby. Il n'était pas que beau à se jeter de la montagne, il était super pas con. Pas le genre mec qu'était arrivé là par hasard. Le talent, c'est avant tout de l'intelligence par paquet de douze. Robby, c'était pas le genre bouseux des plaines, c'était un grand nom de la country music : Robby Di Marcio, le batteur vedette du Lee-Roy Walker's Band, le groupe phare de la country US en 1996 ! Robby Di Marcio, c'était un nom qu'on lisait dans les journaux à la caisse de chez Walmart, ceux dans lesquels on parle des stars qui passent sur les chaînes nationales ! Le jour où Terri ouvrirait sa bouche pour prendre le temps de respirer entre deux pipes, elle comprendrait pourquoi il avait fallu que Pam se tire au 76 d'Ontario. Jusque-là elle n'avait jamais voulu comprendre. Trop bourrée, trop occupée à faire sa pute pour se payer ses trois bouts de came pour la journée. Elle avait plus le cerveau pour piger ces trucs-là. Pauvre Terri ! Cramée la Terri !

À partir de Bakersfield Pam Parnell n'avait plus raté une miette du voyage, car c'est l'arrivée qu'elle voulait voir, et elle avait été servie. Le bahut s'était pointé dans la soirée à Ontario. C'était du technicolor partout. Pas de hasard. La Californie, c'est toujours en couleur. Le bleu du ciel, le vert des oliviers, l'ocre des collines, le paradis du technicolor, la source de l'arc-en-ciel ! S'ils n'avaient pas mis Hollywood dans le Dakota, c'était pas un hasard. Robby Di Marcio non plus ils ne l'avaient pas mis dans le Dakota. En Californie le mec !

Ontario, l'entrée de Los Angeles. Pam n'avait jamais vu autant de véhicules, autant d'autoroutes, de rocades, de panneaux. Le camion filait sur ces énormes échangeurs qui s'entremêlaient comme une partouze de spaghettis. Énorme ! Elle était pile dessus, en train de rouler sur un des spaghettis ! Pam dans les spaghettis ! La Californie, Pam, la Californie ! Jamais vu autant de trucs en même temps ! Ça y est, elle pleurait tellement c'était beau. Elle pleurait sans vouloir s'arrêter de pleurer. C'était ça le bonheur. Être dans les spaghettis, c'était le bonheur. Admirer le jaune-orangé du ciel, c'était le bonheur. Elle aurait presque eu envie d'embrasser l'autre gros puant qui conduisait. Presque.

Et puis soudain c'était apparu comme dans un film.

Cinémascope !

La sortie de l'autoroute. Le virage. Tout en douceur. Le camion qui glissait. L'instant divin où elle avait ouvert la bouche.

Le 76 ! Le sept à côté du six, flottant dans les mauves du ciel. Le logo du bonheur planté là-haut au bout d'un mât interminable, une vraie soucoupe volante !

La beauté pure, l'instant parfait, l'instant de sa vie. Les larmes qui coulaient et le cœur qui battait. C'était ça qu'il fallait faire, prendre son destin en main. Quitter la bouillasse grise de Piltzville pour ce ciel hollywoodien. C'était ça et pas autre chose. Pauvre Terri qui ne connaîtrait jamais ça.

Le camion avait fait son entrée dans le 76 d'Ontario, le plus grand truck stop de ce côté de la planète. Combien de camions sur les parkings de cette station-service gigantesque ? Impossible à compter. Alignés en épi les uns à côté des autres sur des rangées et des rangées, des bahuts à perte de vue. Peut-être mille, peut-être deux mille. Un océan de camions ! Le porc avait garé son bahut et Pam était descendue sans un regard et sans un au revoir. Elle n'allait pas en plus lui dire merci.

Une bouffée de la touffeur brûlante de l'été californien l'avait prise à la gorge. Elle avait traversé ces parkings sans fin, écrasée par la rumeur des innombrables moteurs diesel qui tournaient tous ensemble sans jamais s'arrêter. Comme si toutes ces énormes mécaniques qui sentaient l'huile brûlante ne formaient qu'un seul et unique moteur géant, assourdissant. Le moteur de la nouvelle vie de Pam qui filait entre les calandres chromées. Sept heures du soir, février 1996, le Truck Stop 76, et encore vingt-cinq degrés.

Fini de se geler le cul. La Californie. C'était décidé, c'est là qu'elle ferait sa vie.

Au loin, elle avait aperçu la ribambelle des pompes à essence, les lumières rouges des enseignes et la grosse boutique du 76. Elle avait mis le cap droit dessus. C'est là qu'ils étaient. Et ça ne pouvait être que vrai puisque c'était Robby Di Marcio qui le lui avait dit. Elle n'était pas débile.

Juin 2018

Vingt-deux heures à Sausalito, le crépuscule qui faisait des heures sup commençait à lâcher l'affaire, les lampions gagnaient la partie. Sur la terrasse flottante noire de monde la foule des fêtards remuaient leurs corps au rythme d'un groupe de jeunes rockeuses déguisées comme des sapins de Noël. Toni Dylan avait confié la soirée à des musiciennes nées sur site. Chacun de leurs morceaux était une musique pleine de vitalité et d'optimisme, la bande-son parfaite pour des fiançailles hippies du XXIe siècle. Le casting de la Waldo Coop était au complet. Parmi la centaine de personnes qui s'agitaient, il y avait les rescapés de la première génération, les trentenaires de la deuxième et les gamins de la troisième. Les amis et les amis des amis, tous avaient fait le déplacement.

C'est vers une heure du matin que Nicholas et Tina durent monter sur une connerie de radeau instable joliment orné de bougies, de torches et autres stupidités florales, ambiance Flower Power. C'est sur cette embarcation qu'on put admirer les deux fiancés en train d'échanger leurs bagues de fiançailles conçues sur mesure. Il y eut des applaudissements, des sifflets, des déchaînements de heavy metal et des personnes pleines de smoke qui churent dans la water. Nicholas et Tina, qui avaient eu la riche idée de déposer leur cerveau à l'entrée de la soirée, ne mesurèrent pas le ridicule de la situation. Ce ne fut que partie remise car certains malintentionnés photographièrent l'événement, des faux amis. Dès le milieu de la nuit de nombreuses photos circulèrent sur les réseaux sociaux. On pouvait y voir la terrasse flottante couverte de barges, heureux d'être ensemble, toutes générations confondues. Photos de visages flashés en plein délire, de fous rires, d'invités déguisés, de fêtards perruqués de toutes les couleurs. Photos floues, ratées, photos de Nicholas et Tina en plein slow serré-serré autour de leur bébé Yepa. Nicholas ailleurs, Tina à l'ouest. Photos d'aube naissante, photos des survivants et des subclaquants, et pour finir une ultime vidéo d'un dinosaure parmi les dinosaures, le vieil Irlandais de soixante-douze ans Ale Abbott, le fameux Ale – gueule de pirate – qui seul sur la petite scène, Fender Stratocaster en main, lâchait les derniers accords du « Ripple » de Grateful Dead dans une aube fraîche et rose.

L'affaire était faite. Nicholas ne se souviendrait plus de rien, Tina se souviendrait de tout. Les hippies iraient se vautrer dans des afters transgressifs et Nicholas et Tina étaient fiancés, sur le seuil du purgatoire, juste avant de s'engager pleine balle sur la route des enfers.

Le samedi l'emploi du temps des nouveaux fiancés tourna essentiellement autour d'activités sexuelles diverses et variées. Le couple franco-américain, passable aux imposées, se fit remarquer lors des figures libres. En fin d'après-midi Nicholas fut convoqué par Toni Dylan pour aider au démontage de la scène et au rangement de la fiesta. En soirée, il joua les prolongations pour un dîner improvisé chez la matrone des lieux. Tina apprécia en fulminant comme à l'accoutumée.

Le dimanche se déroula sur le même thème avec quelques sorties farniente sur le toit de la maison flottante. Du banal, de l'agréable, du week-end californien. Salauds de Californiens.

Le lundi Tina se réveilla aux alentours de quatre heures et demie du matin, à son habitude. Elle avait beau être la dix-septième fortune des États-Unis, depuis sa maternité elle respectait les coutumes de la vie blackfoot. Elle disparaissait seule, contre l'avis de son garde du corps, pour arpenter les collines qui dominaient la baie de Sausalito afin d'y faire ses cueillettes quotidiennes. Sa mère lui avait appris l'usage des plantes, et la Californie du Nord était riche de toutes ces herbes qui constituent la pharmacopée indienne. Depuis sa rencontre avec Nicholas, Tina avait entrepris de redevenir une Indienne pour se débarrasser des impuretés d'une jeunesse dissolue. Et pour mener à bien cette rédemption, elle avait dévolu à son homme le rôle du rocher auquel elle pouvait s'agripper. Ainsi, dans le but de le fortifier, elle lui concoctait chaque matin une improbable boisson qui s'apparentait – pour un œil extérieur – à du café mais qui était en réalité une décoction imbuvable pour ceux qui, par erreur, y trempaient les lèvres. Mais cette boisson était devenue addictive pour Nicholas qui s'en était fait expliquer l'objectif : la purification et la fortification du mâle de la squaw.

Pour atteindre les collines situées juste au-dessus de l'autoroute, Tina franchissait carrefours et quartiers résidentiels avant de s'évanouir entre deux haies. Une dizaine de minutes de marche étaient nécessaires avant d'émerger dans la nature vierge et sauvage qui dominait le trafic routier. Depuis deux ans qu'elle vivait là, elle avait déniché ses coins secrets. Une demi-heure de collecte et la messe était dite.

Ce lundi matin Tina était encore ébranlée par cette soirée de fiançailles non désirée. Aussi pour canaliser sa colère et la convertir en une énergie positive, elle prit le temps de s'installer sur un rocher pour admirer son anneau en psalmodiant une litanie indienne. Cet anneau de fiançailles fabriqué par une Blackfoot du Montana était constitué de deux éléments : un fil d'argent récupéré sur des boucles d'oreilles de sa mère et un brin d'une herbe sacrée que les Blackfeet brûlent pour purifier les êtres, éloigner les mauvais esprits et attirer les énergies bénéfiques. Contrairement à la bague offerte par son précédent mari, ce bijou n'avait aucune valeur. C'était intentionnel, pour ne privilégier que la symbolique de l'objet. Ce mariage devait durer et l'herbe sacrée enroulée dans l'argent familial était là pour s'en assurer. Cet anneau était surtout son passe-partout pour pénétrer son rêve de gamine, l'Indienne au bras de son homme. Même si elle était l'une des capitaines d'industrie les plus puissantes du pays, et l'une des cent personnes les plus riches au monde, Tina persistait à élaborer des plans d'adolescente. Et dans cette phase précédant le mariage, elle s'était chargée d'un projet déraisonnable. Un plan qui visait encore son homme. Du costaud, de l'improbable, un rêve de squaw.

Et le problème avec cette squaw, c'est que lorsqu'elle avait un truc sous le scalp, elle ne l'avait pas ailleurs.

Quatre heures plus tard Nicholas enfila sa combinaison de charpentier, chargea son matériel dans sa barque et largua les amarres pour une traversée d'à peine une centaine de mètres jusqu'au Liberty Dock où se trouvait son chantier. La navigation se faisait paisiblement à la rame et nécessitait cinq ou six bonnes minutes les jours de trafic. Le rythme californien n'est jamais si éloigné du rythme méditerranéen. Une courte traversée qui passait invariablement par un salut à la vigie de la Waldo Coop, Toni Dylan.

C'est durant cette navigation qu'il remarqua l'absence de son anneau de fiançailles à son annulaire. Il essaya de se souvenir de la dernière fois où il l'avait vu, le trou noir. Il constata que cette amnésie s'étendait à toute la soirée de la fête. Avait-il été si défoncé pour ne se souvenir de rien ? Qu'avait-il fait ? Avec qui avait-il parlé, dansé, ri, mangé ? Inquiétant. L'alzheimer dura tout le voyage. C'est en accostant au Liberty Dock qu'il constata que le seul souvenir qu'il avait de cet anneau était l'instant où Tina le lui avait passé au doigt.

La perte de ce bijou pouvait facilement déboucher sur un énième orage conjugal. Où avait-il pu atterrir entre les excès de la nuit, les exploits corporels du week-end et le rangement de la terrasse ? Une énigme qu'il casa dans un coin de sa boîte crânienne. Les énigmes, un exercice qu'aimait beaucoup sa boîte crânienne.

Son chantier quotidien consistait à poser des colliers pour les futurs tuyaux d'évacuation sous les passerelles de trois maisons flottantes, simplissime. Les propriétaires assuraient une présence le jour des travaux et il était souvent accueilli pour des embuscades aux degrés d'alcoolisation variés qu'il ne déclinait jamais.

Nicholas commença par patienter une heure devant la maison de De Posseters, un célibataire sud-africain qui débarqua de l'aéroport et qui devait repartir au plus tôt. Vers onze heures et demie Nicholas posa ses outils pour réfléchir à la proposition de son beau-père. Prendre la direction du *San Francisco Daily Evening* était une offre trop énorme pour qu'on l'écarte d'un simple revers de la main. De plus, à l'issue de leur déjeuner, Paul Knight l'avait emmené faire un tour au journal. Présenté aux uns et aux autres, Nicholas n'avait retrouvé qu'une vieille connaissance, le croulant directeur Ed Bannon. Cette visite – comme un retour vers son passé – avait ébranlé ses certitudes de travailleur manuel. Depuis il avait pris l'habitude de s'inventer des raisons pour filer en ville après ses journées de charpentier. Il allait boire un coup tardif dans le quartier de Mission, avant de pousser la porte du 500 Sutter Building, l'adresse du *San Francisco Daily Evening*. Au journal personne n'ignorait les termes de la proposition du grand patron, aussi les visages étaient aimables. Le quotidien n'était plus la grosse machine de guerre qu'il avait été jadis. L'édition papier vivait ses dernières heures, et la rédaction ne comptait plus qu'une dizaine de nouvelles recrues qui avaient l'avantage de coûter moitié moins cher que les anciens journalistes. Les locaux n'occupaient plus qu'un seul étage de ce vieil immeuble de downtown. Et si les ordinateurs avaient envahi les bureaux, l'endroit gardait ce cachet suranné qu'il avait à l'origine. Lors de ses premières soirées Nicholas avait passé son temps à observer le directeur qui assumait sans passion le poste de rédacteur en chef. Chacune de ses visites avait le mérite de lui faire comprendre que reprendre ce poste impliquait de perdre sa liberté. Charpentier, il était son propre patron et gérait son temps comme il l'entendait. Accepter de diriger ce journal supposait de venir s'enfermer des jours et des nuits dans ce vieux navire immobile. Autant le parfum d'une enquête l'attirait, autant diriger cette vieille baraque, le cul dans un fauteuil, ne l'emballait pas outre mesure.

Au bord de l'eau, il réfléchissait en pesant le contre et le contre.

Il déjeuna chez Tina en compagnie de sa fille Yepa et de toute la troupe des employés de sa fiancée. Nannie Jean, Carlo Davila, le beau Portoricain, chauffeur et garde du corps, Andrew Kennedy, l'autre garde du corps aux mensurations de champion du monde de boxe WBA, WBC, IBF et WBO réunis, et Reyna Lopez-Machado, la nouvelle cuisinière. Depuis la naissance de sa fille, Tina avait retrouvé ses habitudes de milliardaire. Son énorme maison flottante fourmillait ainsi en permanence d'une demi-douzaine d'assistants. C'était une des raisons qui avaient poussé Nicholas à se retrancher dans son espace personnel. Cependant s'il s'horripilait du manque d'intimité, il ne se plaignait jamais en se mettant à table devant un superbe plat mexicain. Le standing non, le confort oui.

Après le repas il passa prendre un café sur la terrasse de Theresa Merryll. Theresa, nouvelle habitante du Liberty Dock, était une richissime retraitée modèle cougar qui avait décidé une année auparavant de lâcher ses somptueux appartements de Manhattan pour venir goûter à un semblant de vie de bohème sous le soleil de Sausalito. La New-Yorkaise était toujours très apprêtée, très en cheveux et très en superlatifs. Elle avait d'ailleurs assorti sa crinière cuivrée aux plaques d'acier volontairement rouillées de sa maison. C'était *hyper arty* selon elle. Depuis son installation elle s'était taillé une jolie réputation auprès de ses voisins en écumant les jeunes mâles de la région avec appétit. Elle payait, elle consommait. Avec Theresa ça tournait souvent aux insinuations sexuelles. Nicholas, qui la croisait quotidiennement sur le Liberty Dock, avait appris à se débarrasser sans difficulté de l'entreprenante avec humour car Theresa n'était jamais lourde. Cette fois, la conversation s'orienta autour de l'histoire de la communauté hippie de la Waldo. Et quand vint le moment de prendre congé, Theresa s'aventura à des questions plus personnelles.

– Alors comme ça vous vous êtes fiancés ? lui lança-t-elle.

– Oui. Vous étiez là ? s'étonna-t-il.

– À votre fête ? J'y étais par la force des choses. Aux premières loges ! Regardez.

En effet sa terrasse avait une vue directe sur les masures de la Waldo Coop qui étaient à cent mètres en vis-à-vis.

– On vous a empêchée de dormir ?

– Ah oui, ça c'est sûr !

– Il fallait venir nous demander de baisser nos amplis !

– Je ne suis pas ce genre d'emmerdeuse. Mais dites-moi, c'est quand même une drôle d'idée de se fiancer de nos jours.

– Ce n'était pas notre idée.

– La famille ?

Theresa insistait.

– Non. C'est Toni.

– Toni ?

– Toni Dylan. Vous ne la connaissez pas ?

Une moue d'ignorance pour toute réponse.

– On voit que vous êtes nouvelle ! Toni est l'administratrice de la Waldo Cooperative, mais en fait elle est bien plus que ça. Elle est notre… comment je pourrais dire ça… la reine de la Waldo Coop, la gardienne du temple, la matrone, la chienne de garde…

– Ah oui, je vois très bien de qui vous parlez. C'est cette femme qui passe son temps à espionner tout et tout le monde toute la journée depuis sa maison en forme de phare.

– Exactement.

– Et c'est elle qui a décidé de ces fiançailles pour vous ? s'étonna Theresa.

– Non. Mais finalement…, soupira Nicholas.

– La reine de la Waldo a gagné !

Énervé, Nicholas acquiesça avant de retraverser la maison vers la porte d'entrée.

– Mais votre fiancée était d'accord ?

Nicholas ouvrit la porte et s'apprêtait à sortir.

– Pourtant elle a un sacré caractère, ajouta Theresa.

Il s'arrêta.

– Vous la connaissez ?

– Je l'ai croisée plusieurs fois aux réunions des copropriétaires. D'ailleurs j'ai cru comprendre que c'est elle qui prend les décisions chez nous. C'est un peu la chef ici, n'est-ce pas ?

– Possible. Elle est chef d'entreprise, elle aime bien diriger son monde.

– Dites-moi, vous êtes sacrément entouré, Nicholas. Tina Wards d'un côté, Toni Dylan de l'autre. Vous ne devez pas vous ennuyer !

– C'est ça.

Il salua Mrs Merryll, heureux de s'extirper de ses griffes.

Nicholas reprit son travail sous la chaleur et posa ses colliers sous la passerelle de Theresa avant d'attaquer la maison voisine aux alentours de quinze heures. Il avait terminé quand il s'aperçut qu'il avait malencontreusement décroché un câble électrique sous le plancher. Ces habitations flottantes étaient posées sur des gros bidons qui les surélevaient d'un bon mètre pour assurer un vide isolant avec la surface de l'eau. Il récupéra son radeau, s'insinua sous la maison et raccrocha le câble avec des liens de plastique. À l'extrémité il assembla plusieurs liens pour faire le tour d'une grosse poutrelle d'acier dont la forme en U composait sur le dessus une gouttière étanche. Lorsqu'il retira ses mains il constata qu'elles étaient couvertes d'une matière poisseuse. Il ajusta le faisceau de sa frontale pour découvrir que ce liquide ressemblait à du sang. Il se chercha une blessure, se tâta à la recherche d'une douleur mais ne trouva rien. Il ressortit et vit que ses mains en plein soleil étaient effectivement maculées d'un rouge vermillon. Mais était-ce bien du sang ? Il renifla, pas de doute. Il devait y avoir un rongeur d'eau ou un volatile blessé ou mort dans le creux supérieur de cette poutrelle. Il rangea ses outils mais, la curiosité l'emportant, il retourna sous la maison. La poutrelle était trop haute pour y glisser un œil. Bras tendu il fit un film avec son Smartphone. Quand il mit sur « Play » il dut se rendre à l'évidence, il n'y avait aucun animal blessé ou mort. Seulement une belle flaque de sang coagulé avec quelques poches encore liquides. Il assura plusieurs clichés histoire de n'oublier aucun détail. D'où venait ce sang ? Il promena le faisceau de sa frontale sous le plancher, où il dénicha une tache de cinq centimètres de diamètre qui se révéla sèche. Il passa un bon quart d'heure à tout examiner avant de remonter sur le ponton. Saloperie de curiosité.

Il observa cette maison banale à l'aspect impersonnel, une boîte rectangulaire jaune pisseux recouverte d'un toit à une pente, une construction d'une quinzaine d'années tout au plus. La terrasse donnait sur la baie tandis que la porte d'entrée était côté ponton, comme la plupart des maisons flottantes. Nicholas en fit le tour avec son radeau. Toutes les fenêtres étaient obstruées par des stores. Il s'attarda à hauteur de la terrasse où il n'y avait qu'une table, quatre chaises en plastique blanches et un barbecue qui n'avait pas fonctionné depuis un moment. Peut-être une résidence secondaire.

Il remonta sur le Liberty Dock pour découvrir une lucarne au-dessus de la porte d'entrée. Nicholas installa son échelle et grimpa. Le vasistas n'offrait qu'une vue partielle sur le séjour bien rangé et sur le plancher sans tache. Il voyait bien le mur de gauche mais pas celui de droite situé sous la poutrelle.

Il resta de longues minutes à cogiter. Le sang sous cette maison jaune était la seule donnée concrète étayant son doute. S'il était encore liquide par endroits, c'est qu'il devait dater de vingt-quatre ou quarante-huit heures au plus. Comme il n'y avait pas de trace dans la pièce, Nicholas conclut que la surface de cette maison était doublée d'un caisson isolant, ce qui était fréquent. Un animal s'était certainement vidé de son sang dans cet espace fermé qui servait souvent de terrier ou de nid.

Il plia en quatre son cerveau de détective pour le glisser dans la poche zippée de sa combinaison, monta dans sa barque, largua son amarre et rama jusqu'à son floating home sweet floating home.

Mars 1996

Quatre jours d'attente au Truck-Stop 76 et Pam fixait son reste de monnaie aligné sur la table, huit dollars et cinquante-sept cents. Un billet de cinq, trois de un, plus la mitraille. Elle passait son ennui à classer ses pièces dans l'ordre croissant, comme si bien rangé tout ce peu allait valoir plus. Le cheveu gras, la mine défaite, fatiguée, elle poireautait sous les néons chiasseux du restaurant de la station-service. Assise toute la journée et allongée toute la nuit sur le skaï collant des box pour quatre. Elle ne bougeait pas du 76 parce qu'ils finiraient bien par débarquer un jour ou l'autre. Ils ne prévenaient jamais à ce qu'on lui avait dit. Un matin ils pointaient le bout de leur calandre pour venir se garer à leur emplacement. Les parents Di Marcio étaient les seuls à avoir un emplacement réservé au 76. Et il n'y avait pas qu'elle qui les attendait, beaucoup de monde espérait les voir, car lorsqu'ils étaient là l'ambiance du truck stop n'était plus la même. Ça détendait tous les parkings. Il y en avait même qui s'informaient par CB avant de s'arrêter. *Est-ce qu'ils sont là ? Non, on ne les a pas vus depuis deux semaines. Bon tant pis, je m'arrêterai une prochaine fois.*

Et voilà encore un routier qui klaxonnait depuis l'autoroute pour filer vers l'autre côté des États-Unis, en attendant de revenir dans un mois ou dans un an.

Avec ses huit dollars et ses cinquante-sept cents, Pam n'allait plus pouvoir traîner longtemps dans cette station-service à faire des allers-retours entre les trois allées, la salle du self et le couloir du coiffeur. Avec ses huit dollars et ses cinquante-sept cents, elle pouvait encore tenir vingt-quatre heures mais en faisant une croix sur les douches. Elle puait mais ça avait du bon. Ça éloignait les plus dégoûtés. Au final, il ne lui restait plus que vingt-quatre heures à tenir avant de se résoudre à filer faire la pute pour gagner sa croûte. Fallait bien manger, fallait bien vivre.

Finalement les Di Marcio finirent par arriver. Mais une semaine après. La semaine de trop pour Pam qui avait manqué être embarquée un million de fois. Heureusement un grand Navajo du lavage à qui elle avait raconté son histoire l'avait prise sous son aile et lui avait dégagé une place dans son local pour qu'elle dorme entre deux bidons de détergent. Pour le reste, il la laissait aller à son business en lui filant un de ses vieux talkies afin qu'elle l'appelle au secours à l'instant des emmerdes. Et c'est sur l'immense territoire du Truck Stop 76 que Pam, pilée par des routiers sans nom, avait fait ce qu'il fallait pour se payer des douches tous les jours. Jusqu'à ce midi où le révérend Di Marcio débarqua avec sa sale bonne femme.

Un vrai branle-bas de combat sur les parkings lorsqu'ils garèrent leur grosse remorque blanche toute propre en plein soleil. Il fallut à peine dix minutes pour que de CB en CB tout le monde soit au courant. Le révérend Scott et sa femme Rhonda Di Marcio étaient de retour ! Dieu bénisse l'Amérique ! Dieu bénisse le Truck Stop 76 ! Dieu bénisse les routiers ! Ils ouvrirent la porte de leur chapelle roulante, affichèrent l'horaire de la première messe, avant d'aller se restaurer. À partir de quatorze heures ils enchaînèrent les offices, et chacune des messes affichait complet. Ce fut seulement à partir de dix-huit heures que ça se calma. Fallait voir la tête des gars à la sortie. Même s'ils avaient vidé leurs poches durant la quête de Rhonda, on aurait dit qu'ils venaient de toucher double de paye. En une messe le révérend leur pompait leur fric tout en les regonflant à bloc, direction le volant de leur camion. Dès la tombée du soir, le 76 se vida. Par dizaines les bahuts quittèrent les parkings, cap vers l'est du continent, vers l'océan des possibles avec la bénédiction des salauds.

Pam avait passé son après-midi assise sur un plot en ciment juste en face de la chapelle. Elle n'avait rien perdu du spectacle et lorsque le révérend ôta l'affiche des horaires, elle se décida. Le couple était déjà planté côte à côte les mains sur les rognons à la dévisager. Pour sûr qu'ils l'avaient repérée puisque de tout l'après-midi elle n'avait rien fait pour se cacher.

– Je suis Pam Parnell, dit-elle en tendant sa main.

– Je suis le révérend Scott Di Marcio.

Scott di Marcio était grand et sec comme un coup de trique. Âgé d'une petite cinquantaine, il rasait le peu de cheveux blancs qu'il lui restait afin d'endurcir encore plus son visage ascétique d'ancien prêtre catho des US Marines, de suprémaciste blanc, de connard inoxydable. À ses côtés l'enrobée Rhonda semblait bonne femme mais ce n'était qu'une impression fausse. Méfiante, elle n'avait pas lâché ses hanches et fixait la gamine d'une lippe dégoûtée.

– Je suis enceinte, fit Pam en découvrant son ventre sous sa chemise.

– Je vois ça, fit le révérend.

– De votre fils.

Le père Di Marcio échangea un regard avec sa femme, soupir compris, puis ils retournèrent leurs gueules d'empeignes vers la jeune pécheresse. Elle se présentait à eux avec dans son corps le fruit de son péché et sur le visage l'innocence de l'agneau qui vient de naître.

– Qu'attends-tu de nous, ma fille ?

– *L'Éternel s'éloigne des méchants mais Il écoute la prière des justes,* mon père, fit la fille.

– Et quelle est ta prière ?

– Je cherche une maison pour l'enfant de ton enfant.

Le silence regagna la partie. Ni le révérend ni sa femme ne bougeaient un sourcil. La fille attendait un signe venu du ciel.

– Entre, fit alors l'homme de Dieu.

La messe était dite. À seize ans et des brouettes, Pam Parnell entrait dans la maison du mal.

Juin 2018

Tina, accompagnée de sa petite Yepa, alla passer la soirée chez son homme. Sa visite n'avait rien d'impromptu. Exténuée par sa journée de travail, elle venait remettre sur le tapis la discussion qui fâche. Son idée fixe était de convaincre Nicholas de déménager dans une *vraie* maison. Depuis son accouchement elle ne supportait plus de vivre sur l'eau. Elle voulait une maison sur la terre ferme avec un jardin clos où elle pourrait promener sa fille. Sur ces pontons, la dix-septième fortune des États-Unis ne pouvait se déplacer sans protection. Ses gardes du corps éloignaient quotidiennement les importuns. C'était d'après elle une aspiration normale que de vouloir profiter d'une vie familiale dans une maison qui réunirait tous les membres du foyer. Prête à toutes les concessions, elle proposait de lui faire construire un chalet flottant sur le lac de la Wards Villa, sa propriété inhabitée de la Napa Valley. Mais la réponse de son compagnon était toujours la même. Il ne l'empêcherait jamais d'aller s'installer où elle voulait avec Yepa – il précisait *dans la région* – mais lui resterait à la Waldo Coop. Elle ressentait ce refus comme un mauvais signe.

À l'aune des épousailles il lui semblait que Nicholas cherchait une porte de sortie.

La raison de ce refus était double. D'une part il y avait sa phobie des séismes née lors du tremblement de terre de 1989 où il avait failli perdre la vie sur le Bay Bridge. Depuis il s'était convaincu qu'en vivant sur l'eau il ne craignait plus rien. D'autre part, et le sujet rendait Tina folle, il y avait l'influence de Toni Dylan. Celle-ci maintenait l'idée que si la communauté était encore vivante, c'était grâce à l'indéfectible présence de certains de la première heure, dont Nicholas. La défection – Toni Dylan n'hésitait pas à parler de *trahison* – d'un seul de ces derniers des Mohicans serait l'assurance de l'effondrement de la Waldo Coop. Comme d'habitude la conversation vira à l'engueulade et l'engueulade à l'abandon de poste. Au paroxysme de la dispute Tina claqua la porte, emmenant le bébé avec elle.

Gavé par ces discussions, Nicholas ne retenait qu'une chose de cette épuisante soirée : Tina portait bien son anneau à l'annulaire, ce qui n'était plus son cas. Il pensa à s'inventer un petit mensonge pour expliquer la disparition du sien, le cas échéant.

Le mardi matin Nicholas quitta à la rame la Waldo Coop et mit le cap sur la maison jaune. En approchant il remarqua que la baie vitrée de la terrasse était grande ouverte. Il se glissa jusqu'au Liberty Dock où il déchargea son matériel. Côté ponton la porte d'entrée de la maison jaune était entrebâillée, il y glissa un œil. À l'intérieur le plancher était humide et sentait la javel. Un balai-serpillière apparut dans le fond de la pièce. Une silhouette masculine bien connue se dévoila au bout du manche. C'était Ale Abbott, le vieil Irlandais qui terminait son ménage en sortant sur la terrasse. Nicholas poussa la porte.

– Ale ?

À l'autre extrémité sur la terrasse, Ale Abbott eut un mouvement de recul.

– Qu'est-ce que tu fous là ? fit Nicholas.

Comme un gosse pris sur le fait, Ale cherchait ses mots.

– Je peux ? demanda Nicholas.

– Non ! C'est trempé. Fais le tour en rafiot.

Nicholas remonta dans sa barque pour se faufiler jusqu'à la terrasse où il s'amarra.

– Il y a un problème ? fit-il en rejoignant le vieux qui s'était assis à la table.

– Non. Pourquoi ?

– On dirait que t'es pas content de me voir.

– Tu m'as surpris.

– Qu'est-ce que tu fais là ?

– Le ménage, répondit-il avec aplomb.

La réponse était si incongrue qu'elle cloua Nicholas l'espace d'un instant.

– Tu fais des ménages maintenant ?

– Oui.

– Je ne t'ai jamais vu faire le ménage, Ale !

– Si tu pouvais garder ça pour toi, ça m'arrangerait.

Perplexe, Nicholas se posta sur le seuil de la baie vitrée pour observer l'intérieur de la maison qui se résumait à un grand salon équipé d'une cuisine à l'américaine et une chambre dont la porte était fermée.

– La salle de bains est dans la chambre ?

– Elle est pas dans ma poche, fit Ale, franchement désagréable.

– Tu as des problèmes d'argent ?

– À ton avis ?

– Si tu as des problèmes d'argent, tu peux me demander. On se connaît depuis…

– Depuis que t'es môme, Nicholas. Merci, mais je me débrouille très bien tout seul.

Nicholas profita de la conversation pour reluquer le bas de la cloison située au niveau de la tache de sang repérée la veille sous la maison. Mais il n'y avait rien d'autre à voir que les traces humides de la serpillière.

– Et tu fais ça seulement ici ou bien ailleurs aussi ?

– Seulement ici.

– Régulièrement ?

– Quand les locations se libèrent.

– Les locations ? s'étonna Nicholas en s'asseyant à la table.

– Airbn'b.

– Ici, c'est un Airbn'b ?

– C'est ce que je viens de te dire !

– Et la maison appartient à qui ?

– Un type de Sausalito. Pourquoi ?

– Parce que c'était fermé hier. Et pour mon chantier, normalement il doit y avoir quelqu'un au cas où.

– Au cas où quoi ?

– Au cas où il y aurait une galère. Les propriétaires ont reçu un courrier avec les dates de mon passage. Ils auraient dû être là ou prévenir quelqu'un. Toi par exemple.

Ale secoua la tête négativement.

Étrange, se dit Nicholas, tout en considérant l'Irish qui fumait sa pipe. Il jeta à nouveau un coup d'œil au parquet.

– Quand tu laves toi, tu n'hésites pas ! C'est pas près d'être sec !

– Il faut ça après le passage des locataires.

– Ça vient d'être loué ?

– Ce week-end.

– Ça se loue combien un truc comme ça ?

– Deux cents la nuit.

– Deux cents !

– C'est le prix. T'as vu où on est.

– Ça n'a pas l'air très grand.

– Un living et une chambre. C'est parfait pour un couple ou un type de passage.

– Et c'est plutôt des couples ou des types de passage ?

– Des couples. Des touristes qui ont entendu parler des maisons flottantes de Sausalito et des barges comme toi et moi qui vivent dans des maisons en forme de hibou, si tu vois ce que je veux dire.

– Assez bien. Encore que des maisons en forme de hibou, il n'y en a plus vraiment. Et les derniers locataires, c'était quoi ?

– J'en sais rien.

Sur un ton qui voulait dire *tu commences à me les briser, mon bonhomme !* Visiblement le vieil Irlandais n'avait pas l'intention de s'étendre et montrait des signes d'impatience. Nicholas n'était pas le bienvenu.

– T'es gentil mais pour le ménage tu gardes ça pour toi. Je veux pas que ça se sache à la Waldo Coop.

– D'accord, Ale, mais n'importe qui peut te voir depuis la Waldo Coop. Tu le sais aussi bien que moi.

– Peut-être mais jusqu'ici personne ne m'a vu. Tu m'avais déjà vu, toi ?

– Non.

– Et pourtant ça fait deux ans que je fais ça. Regarde. T'es à cent mètres pile face à cette terrasse et tu ne m'as jamais remarqué, fit Ale en désignant les baraques de la Waldo Coop du bout de son index.

– Toni ne t'a jamais vu ?

– Jamais.

– Ça, c'est impossible, Ale. Tu me racontes des conneries.

La pipe du vieux s'était éteinte. Il la vida délicatement dans la flotte en prenant garde de ne pas salir. Il épousseta même les trois bouts de cendre qui étaient tombés sur les lames de la terrasse puis il jeta un regard sur son parquet encore humide. La conversation laissait à Nicholas une impression bizarre.

– C'était sale ?

Ale le regarda sans comprendre.

– Les locataires, ils ont laissé si sale qu'il a fallu que tu passes de la javel ? précisa-t-il.

– Pas particulièrement.

– Alors pourquoi tu passes de la javel ?

– Moi, je ne connais qu'un seul truc, la javel.

– Pas chez toi.

– Chez moi, c'est chez moi. Ici, c'est pas chez moi. Bon, on va dire que tu commences à me les briser, t'as rien d'autre à foutre ?

Nicholas hésita. Fallait-il évoquer sa découverte à Ale qu'il n'avait jamais connu si désagréable ? Finalement il remballa son élan de franchise.

– Mais si, j'ai quelque chose à faire. Et comme tu es là, ça tombe très bien, je vais pouvoir aller sous la maison, lança Nicholas tout en se levant.

– Pourquoi ça ?

– Pour raccrocher le câble électrique que j'ai arraché hier.

Ale Abbott resta bloqué sur pause.

– On dirait que ça te dérange…

– Pourquoi ça me dérangerait ?

– Parce qu'on dirait que tout te dérange depuis que je suis là.

– C'est pas faux.

Le vieux se leva à son tour pour se planter sur le seuil de la baie vitrée et constater que l'humide perdurait dans la demeure – comme Dennac dans son espace vital.

Finalement Nicholas lâcha la grappe à l'Irlandais et remonta dans sa barque. Un coup de rame après l'autre il regagna le ponton.

Il s'équipa de sa frontale et de sa règle de menuisier puis s'allongea sur son radeau pour retourner à la tache de sang.

Sa première constatation fut que l'eau de Javel ruisselait de partout entre les rainures. Il envoya son Smartphone en éclaireur et la vidéo confirma ses craintes, le sang s'était dilué dans l'eau chlorée. Pour déterminer s'il existait ou non une double épaisseur de plancher, il insinua sa règle entre deux lames jusqu'au repère des cinq centimètres. Si à cette longueur la règle ressortait dans le salon, il n'y avait pas de double plancher. Soudain retentit dans la maison un grand fracas. Ale avait buté dans sa règle. Il avait sa réponse : il n'y avait qu'un seul plancher. En vitesse il retira son outil complètement plié. De l'autre côté Ale braillait contre *ce putain de clou* qui venait de le faire tomber.

– Nicholas ! beuglait-il en boucle.

Quand Nicholas le rejoignit, Ale était effectivement étalé sur le dos dans la javel.

– Putain ! Je me suis cassé la colonne ! Aide-moi ! Qu'est-ce que t'as foutu ?

Nicholas le releva avec précaution. Les hurlements s'organisèrent en engueulade car Ale était persuadé d'avoir buté contre un clou planté par le charpentier.

– Tu m'as entendu clouer ? Tu m'as entendu taper ? Non ! Parce que je n'ai rien cloué sous ce foutu plancher !

Rien à faire. Ale, qui avait retiré sa vieille botte, malaxait son pied puant en n'écoutant que sa douleur. Nicholas l'invita à vérifier l'absence de clou et fit ainsi durer la discussion, le temps d'inspecter en détail le parquet dans la zone de la tache. Rien n'indiquait qu'il y ait eu du sang à cet endroit. Il fit un tour d'horizon, des meubles, des objets, des murs, mais rien, aucune trace. Quand il proposa d'aller chercher un pansement et du désinfectant, Ale l'envoya promener.

Nicholas ressortit de la maison et resta planté devant cette boîte flottante à s'interroger : d'où venait ce putain de sang ?

L'hypothèse de l'animal blessé revint à la charge. Vraisemblablement un piaf qui a subclaqué un moment avant d'aller mourir ailleurs, se dit-il. Il retourna à son occupation manuelle destinée – entre autres – à le détourner d'une activité cérébrale. Cependant deux obstacles l'empêchèrent de travailler paisiblement. Premièrement il passa sa journée à quelques mètres de cette maison qu'il s'évertuait à éviter du regard. Peine perdue, il ne voyait qu'elle. Deuxièmement, et c'est le problème du doute, une fois qu'il est là, on a beau s'évertuer à le repousser, il revient, s'insinue et finit par s'imposer. C'est con le doute.

Ale Abbott, l'homme de ménage, quitta les lieux en fin de matinée. Il claudiqua exagérément jusqu'à son canot à moteur sans un mot, un salut ou un regard. Il rejoignit le *Stout*, son vaisseau pirate ancré au milieu de la baie de Sausalito, loin de la compagnie des hommes.

Le soir même Nicholas et son doute s'éclipsèrent à San Francisco, histoire de vider quelques blondes. Vers onze heures du soir, il poussa la porte à tambour du 500 Sutter Building, s'enquilla dans l'ascenseur moribond qui le hissa dans des grincements douloureux jusqu'au cinquième étage, le repaire de la rédaction du *San Francisco Daily Evening*. Le décor était raccord avec ceux des vieux noir et blanc hollywoodiens. La grande salle était pleine d'un mobilier 70, un océan de bureaux, de portemanteaux et de fauteuils dans un état de décrépitude avancée. Des PC souffrotaient sous des alignements de néons qui clignaient de l'œil. Cette belle salle de rédaction vide était peuplée de fantômes. La direction n'avait pas suivi l'avènement du numérique. Paul Knight, qui avait traversé les marécages nauséabonds d'un passé douteux, ne venait pas du milieu journalistique. À la fin des années 80 il avait investi son argent dégueulasse dans ce quotidien comme il aurait acheté une usine de saucisses. Il ne s'en était jamais préoccupé que pour confier cycliquement les commandes à des rédacteurs en chef frôlant la limite d'âge. Aussi la proposition qu'il venait de faire à Nicholas était à ranger au rayon des cadeaux empoisonnés.

Lors de ses premières visites Nicholas avait pris l'habitude d'aller saluer Ed Bannon, mais depuis qu'il avait compris que le vieux somnolait non-stop derrière les lamelles des stores de son aquarium, il s'économisait le détour. Il trouvait sa place dans la grande salle en élisant domicile près d'une fenêtre avec vue sur la nuit urbaine. Ce soir-là il fila plutôt au fond d'un couloir vers un gourbi qui jadis avait été *son* antre. Il s'installa en face du tout jeune stagiaire noir qui triait les dépêches dans ce qui avait été *son* bureau. Originaire d'un quartier défavorisé d'Auckland, le jeune Owen Beman avait miraculeusement survécu au supplice d'un parcours scolaire laborieux. Recalé à la prestigieuse UC Berkeley, il avait pu grâce à un programme social de la mairie intégrer le City College of San Francisco où il avait acquis à force de courage sa licence en journalisme qui était sa passion. Il était là depuis à peine quelques semaines et toutes les nuits il notait les faits divers, la punition du débutant. Nicholas se revoyait assis au même bureau triant les mêmes papiers. À l'époque lui aussi écoutait en boucle la fréquence du SFPD[1], à l'affût du crime sur lequel il pourrait enfin enquêter pour rédiger son premier article. Observer ce gamin, c'était respirer à nouveau le parfum des intuitions. Celui qui mène le journaliste sur la bonne piste bien avant tous les autres. Observer ce gamin, c'était respirer l'odeur de sa propre jeunesse.

1. San Francisco Police Department.

Le jeune Owen leva à peine le regard lorsque Nicholas s'assit en face de lui. Silence. Peut-être que l'un était supposé faire un signe à l'autre, à moins que ce soit le contraire ?

– Si je te soûle, tu le dis, lâcha Dennac.

Non, fit Owen de la tête.

– Tu sais que t'es censé faire un minimum de lèche ? Je risque peut-être de diriger ce taudis d'un jour à l'autre.

– Je serai parti avant.

– Ah ? Ça ne t'intéresse pas le journalisme ?

– Si. Justement.

– On ne fait plus de journalisme ici ?

– On ne fait plus qu'un six-pages ! La une est taguée de titres plus gros que les grafs de mon cousin. La deuxième page est blindée de nanas en string. Ensuite il y a quatre pages de petites annonces dont la moitié sont des plans cul et l'autre moitié des arnaques à deux balles.

– Il y a aussi des articles !

– Des quoi ? Une brève sur un accident routier ou un crime par arme à feu entre deux encarts pour des bars à putes ! Si vous appelez ça du *journalisme*…

– Peut-être… mais en tout cas, de mon temps, on faisait un minimum de lèche.

– Entre nous, ce serait plutôt à vous de me faire de la lèche. Parce que si je n'avais pas accepté ce poste de stagiaire toujours vacant, il n'y aurait personne pour faire les poubelles des flics et ramener de quoi publier ce que vous appelez des *articles* !

– T'es toujours aussi aimable ? On t'a mordu ? Quelqu'un a mangé dans ta gamelle ?

– Faire de la lèche ! Franchement ! fit Owen en haussant les épaules.

Nicholas, fatigué de la discussion, se leva pour sortir.

– Hé, patron !

– Je ne suis pas ton patron.

– Vous n'êtes pas journaliste non plus. On m'a dit que vous étiez charpentier. C'est ça ? Charpentier, c'est super logique pour diriger un quotidien !

– J'ai été journaliste pendant plus d'une quinzaine d'années dans ce bureau. C'est *mon* bureau.

– Ah oui ? Et la dernière fois que vous y avez écrit un article, c'était quand ? Dans les années 90 ! C'était sur qui ? O. J. Simpson ? Monica Lewinsky ?

– Et toi, la dernière fois que tu as écrit un article, c'était quand ? Pas cinq lignes sur un accident de la route, un véritable article ? Jamais, c'est ça ? C'est quoi ton nom ?

– Mon nom, c'est J't'emmerde.

– Ah ? C'est drôle, c'est le mien aussi ! On doit être de la même famille alors. Et ton prénom ?

– Owen.

– Enchanté, Owen J't'emmerde. Moi, c'est Nicholas J't'emmerde.

Les présentations étant faites, énervé et bougonnant, Nicholas alla coller sa gueule des mauvaises nuits derrière un ordinateur. Là il entama une recherche sur les Airbn'b flottants dans la commune de Sausalito, histoire de savoir si l'Irish s'était foutu de lui.

Maison flottante à louer, capacité d'accueil : deux personnes. Salles de bain : une. Chambres : une. Un lit king size pour deux personnes. Logement entier. Équipements : cuisine, Internet, télévision, produits de base. Prix : 220 $. Réduction à la semaine : 10 %. Conditions d'annulation : flexibles.

Description : cette maison n'est pas ordinaire ! Terrasse avec vue exceptionnelle sur une des baies les plus célèbres de la côte californienne : la petite baie de Sausalito. Opportunité rare ! Voisinage calme et proche dans une communauté de maisons flottantes. Disponibilités : voir le calendrier.

Cinq photos montraient l'intérieur et l'extérieur de la maison. Nicholas cliqua sur l'icône « Calendrier ». Sur les deux derniers mois une seule date s'affichait comme occupée, le vendredi 2 juin, la nuit de ses fiançailles. Il consulta ensuite les commentaires des rares locataires précédents qui avaient tous, sans exception, trouvé la maison géniale, la vue grandiose, et l'accueil so charming. À la fin de l'annonce il trouva le nom de l'hôte : Ale...

Membre depuis 2014, habitant de Sausalito, ledit Ale affichait un taux de satisfaction de 95 % et un délai de réponse excellent, de quelques heures seulement. Le site affichait aussi sa photo. Une jolie trogne de pirate, une jolie gueule de menteur. Enfoiré d'Ale !

Le mercredi matin en débarquant sur le Liberty Dock, Nicholas trouva la maison jaune fermée. Il fit un effort pour se concentrer sur son travail et patienta toute la journée avant de se rendre chez l'hôte du Airbn'b. Sur les couilles de quatre heures, il plia les clarinettes et mit sa barque au moteur, cap vers le *Stout*. Cinq bonnes minutes étaient nécessaires pour franchir le détroit et atteindre le vaisseau du forban qui flottait au centre de la baie. Le *Stout*, qui était immobile depuis cinquante ans, semblait pourtant fendre les flots bleus. De loin la forme ne laissait aucun doute, c'était un galion pirate. Succinct certes, mais un galion. C'est en s'approchant qu'on pouvait appréhender les détails de l'engin. La base était composée de la vieille coque d'une jonque – un ex-resto chinois flottant récupéré dans les années 70. Le château arrière était un container Fedex remaquillé en cabine de capitaine. Les fenêtres à petits carreaux étaient factices. Sur le flanc de la bête, Ale avait découpé trois ouvertures et saucissonné une conduite d'égout pour figurer trois canons. Taquin l'Irlandais. Les deux mâts qui parachevaient la silhouette étaient deux poteaux téléphoniques subtilisés sur un chantier en 1973 par une escouade de hippies de la Waldo. Expédition sophistiquée dont Nicholas gardait encore une cicatrice sur le haut du crâne. Enfin, à la proue de l'esquif, une sculpture très ratée du corps nu de Barbarella, ou plutôt de Jane Fonda, faisait office de déesse érotique. Détail d'importance, le drapeau noir flottait sur la coquille. Mais si le bâtiment était censé faire sourire, il dissuadait néanmoins d'approcher. Pour peu que le brouillard soit de la partie – chose commune dans la baie – le *Stout* ressemblait à s'y méprendre à un sinistre vaisseau fantôme. Mais Nicholas savait que l'engin était aussi inoffensif que la perfide vigie qui l'épiait depuis le bout d'un de ses canons puants.

– Putain ! Je savais que t'allais pas tarder à te ramener ! grommela Ale Abbott quand Nicholas pénétra dans son gourbi.

– C'est plus fort que moi, Ale. Tu le sais bien, j'aime savoir et j'aime comprendre.

– Et moi j'aime pas les casse-couilles !

Le repaire du capitaine était une tanière sombre, dégueulasse et débordante d'un bric-à-brac dont les éléments étaient rangés par thème : matériels électroniques, garde-robes obsolètes, réparations en cours ou à venir. L'endroit était conçu pour une seule personne, le capitaine. Nicholas, qui était un des rares privilégiés à être acceptés à bord, connaissait parfaitement le protocole. Une fois entré, il fallait attendre debout – mais un peu penché tout de même – qu'Ale fourgonne cinq bonnes minutes pour retrouver *ce putain de tabouret.* Une fois assis sur un plancher spongieux – qui n'avait jamais vu la javel – on devait sacrifier au cérémonial de la bière, sans lequel toute discussion était vouée à l'échec. Ale, irlandais de naissance, retraité de la poste de Sausalito, tenait ses deux surnoms – tantôt Ale, tantôt Ginger – de la potion soi-disant celtique qu'il fabriquait à bord depuis une cinquantaine d'années. Sa marmite bouillonnait en permanence depuis 1967. Qu'y avait-il dedans ? *De la bière irlandaise*, affirmait-il. Mais pour Nicholas comme pour ceux qui avaient eu la joie et l'avantage de goûter le breuvage, les avis allaient du laxatif jusqu'au poison pur et simple. Ce qui était certain, c'est que visiter Ale sans préparation médicamenteuse se révélait toujours un acte suicidaire. Un sachet de pansement gastro-intestinal avant de monter à bord, deux sachets après étaient indispensables pour conserver un vague espoir de survie.

– Tiens ! Elle est fraîche de ce matin, lança Ale en lui tendant un bock crasseux de bière noire.

– Merci, fit Nicholas qui, un sourire dépité au coin des lèvres, repéra des effluves de hareng dans la sauce brune.

– Toi, t'as été fouiner sur Airbn'b, pas vrai ?

– Vrai.

– Et tu te demandes bien pourquoi il y a ma photo sous le nom de l'hôte.

– Non. Vu que le nom de l'hôte, c'est le tien, je ne suis pas étonné de voir ta photo sous ton nom.

– Pas faux..., grommela Ale en cherchant la suite d'un texte qu'il n'avait pas appris par cœur.

– Je t'écoute.

– Honnêtement tu vas être étonné...

Mais honnêtement le silence qui suivit n'avait rien qui préfigure l'honnêteté.

– Là où je serais étonné, Ale, c'est si tu évitais de me prendre pour un con.

– C'est sûr... Il se trouve que s'il y a mon nom et ma photo eh bien c'est parce que...

– Tu es le propriétaire. Et donc...

– ...

– Tu ne veux pas que ça se sache.

Un hochement de la trogne indiqua qu'effectivement il préférerait que cela reste entre eux.

– Donc tu n'es pas seulement l'homme de ménage. Tu es quand même conscient que s'il y a ton nom et ta photo sur la page Airbn'b de cette maison, il y a de fortes chances pour que ça se sache.

– C'est pas marqué propriétaire, c'est marqué l'hôte.

– Tu ne veux pas que ça se sache où exactement ? À la Waldo Coop ?

– Pour ne rien te cacher, c'est surtout à la mairie que je ne veux pas qu'on l'apprenne.

À contrecœur Nicholas plongea ses lèvres dans son bock de bière, histoire de laisser place à la confidence. Il but sous le regard scrutateur du vil félon. Une brûlure à l'estomac et une montée lacrymale plus tard, il invita l'espiègle à poursuivre.

– Ce n'est pas ma maison… Enfin bref je ne suis pas le propriétaire mais je la loue quand même sur Airbn'b.

– Elle est à qui ?

– À personne. Elle n'existe pas. C'était une maison abandonnée qui s'était détachée de la Waldo Coop et qui avait échoué sur la rive il y a quatre ans. Un mec de la mairie m'a demandé d'aller la retirer de la vase pour la détruire.

– Et tu ne l'as pas détruite.

– Je l'ai retapée. Il y avait une place vide sur le Liberty Dock et je l'ai collée là.

– Et personne ne s'en est aperçu ?

– On fait cinquante-cinquante sur les locs avec ce mec de la mairie, comme ça la maison n'apparaît ni au cadastre, ni aux impôts, ni nulle part.

– Il est sympa ton copain de la mairie. C'est qui ?

– Ça ne te regarde pas ! C'est surtout à cause de lui que je ne veux pas que ça se sache. Je ne veux pas la lui faire à l'envers. Maintenant il faut que tu me dises pourquoi tu t'intéresses à cette maison.

– À cause de la dernière location.

Nicholas hésita puis opta pour le genre masculin.

– *Ton* dernier locataire, précisa-t-il.

– Qu'est-ce qu'il a fait ?

C'était donc bien un homme.

– En fait je l'ai déjà vu quelque part. Je suis même sûr de le connaître.

– Tu l'as vu ?

– Bien entendu ! Si je l'ai reconnu, c'est que je l'ai vu !

– Quand ça ?

– Vendredi soir pendant mes fiançailles. Il a bien loué ta maison vendredi dernier, le 2 juin ?

Ale resta un instant en suspens, comme étonné.

– Je ne veux pas te vexer mais dans l'état où tu étais à tes fiançailles, c'est étonnant que tu aies remarqué quelqu'un et plus encore que tu l'aies reconnu. Tu l'as vu où, sans vouloir être indiscret ?

L'empêtrement reste toujours le grand inconvénient du mensonge. Le regard perçant du boucanier visait Nicholas qui le nez dans le laxatif se forçait à de courtes lampées. Il lui fallait du temps pour inventer la suite.

– Au moment de l'échange des anneaux.

Ale, un sourcil en accent circonflexe, ne le quittait pas des yeux.

– Il était juste en face de moi, à cinquante mètres sur sa terrasse… Enfin, sur ta terrasse. Il était bien dans ta maison à cette heure-là, non ?

– Oui.

– Lundi, en travaillant devant ta maison, ça m'est revenu d'un coup. Je suis certain de connaître ce type.

– C'est possible.

– Alors c'est qui ?

– *L'hôte est tenu à la confidentialité vis-à-vis du site Airbn'b*, lâcha Ale, sûr de son fait.

– T'as encore quelque chose à cacher ? Donne-moi son nom et arrête ton cirque !

Ale se retourna vers le gros écran de son ordinateur 1983 et griffonna sur un bout de kraft qu'il donna à Nicholas.

– C'est son mail. C'est tout ce que je peux te donner. Démerde-toi avec ça.

– Merci.

– Tu ne dis rien à propos de ma bière ?

– Dire quoi ?

– Tu ne sens rien ?

– Si… Effectivement. On dirait que tu as mis un nouveau truc.

– Ah quand même ! C'est à cause de ta femme. Enfin ta *fiancée*.

– Qu'est-ce qu'elle a fait encore ?

– Figure-toi que le matin elle va aux herbes, comme moi. On se croise dans la colline et elle m'a donné une de ses plantes qu'elle mélange dans ton café. Tu n'as pas reconnu ? Ça donne du goût, non ?

– Oui… c'est sûr…

– Finis-la, il en reste.

L'ordure.

En quittant le galion, Nicholas attendit d'être hors de portée des yeux bleu lavande du pirate pour s'avaler deux sachets de pansement gastro-intestinal à effet flash.

L'adresse mail donnée par Ale était dvd.stevens@gmail.com.

Pour « dvd » Nicholas paria pour David et chercha sur internet les David Stevens, qu'il trouva par poignées. C'est lorsqu'il réduisit le champ des possibles à la Californie puis à la baie de San Francisco qu'il vit apparaître un David Stevens domicilié à Mill Valley au 1431 Tamalpais Street. Mill Valley était la commune voisine de Sausalito.

Il voulut pousser ses investigations plus loin mais au vu de ses soudains problèmes intestinaux, il lâcha son enquête pour une nuit réparatrice.

Mars-octobre 1996

Sur le parking du Truck Stop 76 les Di Marcio avaient chargé Pam dans leur camion-chapelle, non sans avoir jeté leurs sales regards alentour. Comme s'ils se méfiaient des témoins, comme si le paquet était honteux, ou qu'il s'agissait déjà d'un corps mort. Ils l'avaient balancée, elle et son gros ventre, sur la banquette arrière de la cabine, entre deux montagnes de sacs. Puis ils avaient mis cap au nord, vers la vallée centrale de la Californie. Étouffée dans cet espace réduit, Pam s'était écroulée de fatigue et n'avait rien vu du voyage. En ce début de printemps cette gamine était grosse. Elle était à cinq mois et n'espérait qu'une chose en suivant ses possibles beaux-parents, revoir son Robby. Et c'est d'ailleurs ce qu'ils lui avaient affirmé. Si un jour ou l'autre il venait à réapparaître, c'est à la ferme qu'il viendrait. Elle aurait fait n'importe quoi pour revoir Robby di Marcio et partir vivre avec lui à Los Angeles. Pas débile la Pam, mais pas une lumière. Pour sûr.

Quatre heures après avoir quitté le 76, la chapelle mobile la déposait dans la cour d'une ferme. Même si les Di Marcio n'avaient jamais exploité leurs milliers d'amandiers, la Nine Farm était bien une ferme. Tout autour de la maison principale, les vergers, le hangar et les machines agricoles étaient prêts à fonctionner. Mais rien ne servait à rien depuis que le couple avait racheté cette propriété pour une bouchée de pain à la famille d'un agriculteur endetté jusqu'à l'os. Cette ferme plantée sur la face cachée de la Californie était au cœur de la San Joaquin Valley, au nord de Bakersfield, perdue sur une interminable avenue 9 dont elle tirait son nom. Elle était loin de tout, abritée des regards extérieurs par des haies touffues et des panneaux dissuasifs. C'était l'usage dans cette immense vallée désespérément plate, recouverte de vergers d'orangers, d'amandiers et d'avocatiers. Des champs, rien que des champs, et de temps en temps une touffe d'arbres signalant une habitation, sans qu'on puisse jamais en apercevoir le bout du toit. La touffe d'arbres, c'était un avertissement aux crétins qui auraient l'idée de venir y fourrer leurs regards. La touffe d'arbres, c'était aussi pour les propriétaires l'illusion de posséder un jardin clos, comme en ville.

Les Di Marcio avaient une dépendance dans la cour de la ferme qui avait servi à entreposer les engrais à l'époque où l'exploitation fonctionnait. Ils l'avaient ouverte à Pam, indiqué où elle trouverait une paillasse, donné la clé et l'heure des repas. Non qu'elle ait l'autorisation de manger avec eux, il n'en était pas question. Mais lorsqu'ils étaient là, ils balançaient son plateau à l'heure dite sur le coin d'une marche derrière la maison, comme on pousse du pied la gamelle du chien. Du haut de leurs trois marches, ils la toisaient en train de récupérer sa pitance, avant de disparaître dans son clapier.

La Nine Farm leur servait essentiellement pour leurs remorques. À peine arrivé, le révérend Di Marcio s'enfermait dans le hangar de tôle reconverti en atelier. C'est là qu'il transformait lui-même de vieilles remorques pourries en chapelles flambant neuves. Le plus souvent des remorques à bestiaux qui empestaient définitivement le mouton. La transformation d'une remorque s'étalait sur une année entière. D'abord parce qu'il ne travaillait pas en continu, ensuite parce qu'il lui manquait toujours des pièces. Une fois par an, la nouvelle chapelle mobile terminée, le couple Di Marcio partait la déposer sur le parking d'un truck-stop à l'autre bout des US. Ils restaient sur place le temps de trouver des officiants, et de régler avec eux les derniers détails.

L'idée de leur business Mobile Chapels était simple. Le révérend recrutait des prêtres bénévoles pendant que Rhonda faisait main basse sur les dons et les cotisations des diocèses et des innombrables associations catholiques. L'affaire était juteuse. Une fois la franchise de Jésus-Christ installée, ils revenaient à la ferme avec une nouvelle épave qu'ils avaient achetée pour quelques poignées de dollars. En dehors de ces périodes d'atelier, les Di Marcio sillonnaient la Californie pour exercer leur activité principale, à savoir dire des messes et rançonner les routiers dans les truck-stops de la région.

Pendant les trois quarts de l'année Pam Parnell se retrouverait donc isolée à la Nine Farm. Pour la naissance du bébé, un type de Fresno qui savait faire ces choses-là devait venir l'aider mais elle ne l'avait jamais vu. Ça lui avait pris un matin à l'aube vers la mi-juillet – pour la date exacte elle n'avait jamais voulu savoir. L'enfant était énorme et ne sortait pas. Toute la matinée les hurlements de la gamine s'étaient perdus dans la plaine. Mais comme il n'y avait personne pour les entendre, ils avaient fini par s'estomper. Le cri de ce gros bébé, Pam ne l'avait pas entendu parce qu'il n'avait jamais crié. Il était arrivé comme tétanisé par les vociférations de sa mère. À peine essuyé, elle l'avait posé contre elle et s'était endormie dans le sang de ses draps. Dans son sommeil lourd le chiard lui était passé sous le ventre. À son réveil, il n'y avait ni mouvement ni bruit. Elle s'était redressée comme un diable hors de sa boîte et avait retourné le gros garçon qui, les yeux ouverts, fixait le plafond. Silencieux mais vivant.

Dans la seconde Pam comprit qu'elle ne saurait que faire de cet enfant. Et si on avait dit qu'elle considérait ce nouveau-né comme un chien on aurait dit la vérité. Quand elle se résolut à agripper ce gros bout d'homme pour le flanquer à son sein, il lui était désormais évident que sans le père, cet enfant ne servait à rien. Cette grossesse n'avait été que l'alibi pour retrouver Robby. Cela faisait plusieurs mois qu'elle désespérait de le voir pointer un jour le bout de sa belle gueule.

Un mois avant son accouchement Rhonda lui avait lancé depuis la cabine du camion au moment de repartir pour une tournée de messes :

– J'ai eu mon fils Robby au téléphone hier soir, et je lui ai dit que tu t'étais incrustée chez nous avec son gosse dans ton ventre.

– Qu'est-ce qu'il a répondu ? Il va venir ici ? Il va venir me voir ? avait demandé Pam, enthousiasmée par la nouvelle.

La vieille salope avait pris son temps pour répondre. Son temps pour allumer sa clope avec mépris.

– Ça m'étonnerait que tu le voies jamais, ma chérie ! Il n'en a rien à foutre de toi, ni de nous d'ailleurs !

Ça avait été balancé comme un crachat avec ce sale sourire qui ne la quittait jamais quand elle s'adressait à Pam. Le père Di Marcio en avait profité pour mettre un gros coup d'accélérateur, histoire de la noyer sous la poussière. Le camion avait fait demi-tour et la remorque avait failli la broyer. La gamine n'avait dû son salut qu'à un écart de dernière seconde.

Mais la vieille n'avait pas tort. Son Robby, Pam n'allait pas le voir de sitôt.

Maintenant autant jeter le môme dans la poubelle, comme on fait avec les chiots. Après cette première tétée elle sortit pour laver son corps et ses draps en laissant le nouveau-né sur la paillasse. Elle fit toute sa lessive et fourgonna toute la journée sans remettre les pieds dans sa cahute. Son espoir était que l'enfant passe pour qu'elle se tire de cette sinistre ferme où on la traitait plus mal que chez les Parnell. Mais à la nuit, elle retrouva l'avorton, costaud, silencieux et vivant.

Elle le nomma Leonard, comme un de ses oncles obèses. Leonard Parnell, le seul des Parnell qui ne la considérait pas comme une débile mais comme une fille qui devait croire en son étoile. Plus tard les Di Marcio demandèrent à ce qu'on ajoute Raymond – le second prénom de Robby. Pam accepta, pensant qu'ils lui ouvraient ainsi la porte de leur famille. Pas débile la Pam mais pas une lumière. Pour sûr.

Quand elle était seule à la Nine Farm, Pam survivait grâce à quelques billets que les Di Marcio laissaient dans le pot posé sur la marche de la cuisine. Il y avait un vélo avec lequel elle faisait les quinze miles jusqu'au village de Tranquility pour se ravitailler chez les bouseux du coin au Tranquility Market. Pour l'argent, c'était pas beaucoup mais suffisant pour vivre de rien.

Pour quelle raison les Di Marcio gardaient cette gosse avec son bébé muet ? Certainement pas pour préserver la descendance de ce fils qu'ils évitaient depuis des années. Robby vivait à Los Angeles et personne ne se plaignait de son absence. L'instinct maternel n'avait jamais été le style de Rhonda. Quant au révérend, il avait fait une croix sur son fils dès ses quatorze ans. Scott avait détesté cet ado insolent qui ne cessait de remettre en cause son autorité de père. Robby avait guetté le premier prétexte pour frapper son géniteur et se tirer de l'enfer dans lequel il vivait. Depuis cette fugue, il n'était repassé qu'une seule fois à la Nine Farm. Raide défoncé, il avait débarqué avec une bande de potes, tous dans le même état. Le but de la visite était de leur montrer la sale gueule de ses vieux, histoire de prouver ses descriptions écœurantes. Scott n'avait pas hésité à sortir son arme pour faire déguerpir Robby et sa clique de camés. Ce jour-là on était passé près de la tuerie. Depuis cet esclandre familial, la haine entre les parents et le fils était encore plus forte.

En fait, en prenant chez eux cette gamine sous prétexte de charité chrétienne, ils avaient réglé un problème insoluble d'intendance : laisser une personne de confiance garder la ferme pendant leurs absences. Une personne bon marché et corvéable à merci. Une esclave. Pam, dans sa simplicité et son inaliénable désir de retrouver le fils de la famille, avait répondu à ces critères.

On était à la fin de l'été 96 et la gosse passait ses journées à tourner dans cette cour de ferme pour ne pas louper le moment où une voiture immatriculée à Los Angeles allait apparaître en lui ramenant son bel étalon blond. Ce n'était qu'un rêve et pourtant il se réalisa. Au tout début de l'automne, une interminable voiture décapotable bleu pétrole s'arrêta sur l'avenue 9, au bout de l'allée. Le cœur de Pam se mit à battre la chamade à l'instant même où elle comprit que dans cette décapotable, il y avait Robby Di Marcio.

Mais ce n'était pas lui qui conduisait.

Juin 2018

Vers quatre heures quarante-cinq du matin deux silhouettes noires crapahutaient sur la colline de Sausalito dans la nuit encore marine. C'était la squaw et le pirate. La squaw allait faire le tour de ses spots d'herbes sacrées pendant que le pirate allait glaner son houblon au fond d'un vallon éloigné des sentiers battus.

Une fois que les agriculteurs avaient fait leurs moissons respectives ils se retrouvaient sur le dos d'un rocher. Là, côte à côte, ils attendaient que le soleil pointe sa jolie gueule tout orange. Certains jours on se taisait, d'autres non.

– Je peux te demander quelque chose, Ale ?

– Je t'écoute, Tina.

– J'ai besoin d'un truc un peu spécial.

– C'est pour moi.

– Mais il faudra que ça reste entre nous.

– Je peux faire ça.

– Je paierai.

– Y a intérêt.

– Il faut que tu me construises un enclos.

La proposition était incongrue.

– Tu t'y connais en chevaux ? reprit-elle.

– Disons que je vois ce que c'est.

– J'ai fait venir mon cheval depuis mon ranch du Montana. Pour l'instant il est dans un box dans ma propriété viticole à côté d'ici mais je veux que tu lui construises un enclos dans le vallon où tu cultives ton houblon.

– Pourquoi ça ?

– Je veux l'avoir à ma disposition.

– Mets-le dans ta propriété de la Napa Valley !

– Elle est vide.

– Il n'y a pas de gardien ?

– Personne. Je veux qu'il soit ici, près de moi.

– Ici, c'est le domaine public. Si on le trouve, il sera saisi.

– Ce n'est pas pour longtemps. Un mois et demi tout au plus. Je paierai pour les fournitures et je demanderai à Carlo de les monter dans la colline. C'est lui qui fera le travail. Toi, tu n'auras qu'à choisir l'endroit et veiller à ce que tout se passe bien.

Ale entama une minute de réflexion tout en visant le soleil qui attendait poliment la fin de la conversation, tapi derrière son horizon.

– C'est d'accord mais pas dans mon vallon. Je connais un coin encore plus reculé où personne ne va, même pas les forestiers. Mais il faut des quads.

– Pas de problème.

– Et tu paies bien ?

– Bien, c'est en dessous de ce que je paie.

Il tendit sa pogne en guise de réponse. Ils se serrèrent la main, l'affaire était faite.

– Et sans indiscrétion tu comptes faire quoi avec ton canasson pendant ce mois et demi ?

– Un projet personnel.

C'était dit sur un ton qui n'invitait pas à s'étendre sur le sujet. Et comme ils avaient terminé, le soleil tout rose se leva.

Nicholas Dennac profita de sa pause déjeuner pour grimper dans son vieux pick-up, histoire de filer à Mill Valley qui se trouvait à deux miles de chez lui.

Petite carte postale californienne, refuge des artistes haut de gamme – George Lucas et autres Sean Penn avaient été au casting de Mill Valley –, la petite ville s'évertuait à ressembler à un décor de série américaine des sixties. D'avenues ombragées en ruelles délicieuses Nicholas monta la colline verdoyante pour finir au 1431 Tamalpais Street, l'adresse du fameux David Stevens. Là une allée de terre montait en pente raide au travers d'une jungle de résineux et de plantes grasses savamment désordonnés. Nicholas coupa son moteur et descendit. La circulation était inexistante, le voisinage lointain, le calme parfait. Pas de portail, une boîte à lettres, l'entrée d'un petit paradis. Sur la boîte : « D. Stevens ». Le petit drapeau métallique rouge était abaissé, signe que du courrier dormait à l'intérieur. Nicholas grimpa l'allée jusqu'à un virage en épingle à cheveux et découvrit une adorable *cabin* de bois. Une superposition d'appentis et de petits escaliers donnaient l'impression d'une maisonnette de dessin animé. Tout semblait fermé. En longeant les fenêtres Nicholas chercha des traces de présence mais les reflets des carreaux renvoyaient la verdure du jardin. Il atteignit l'entrée et sonna. Aucune réponse.

– Il y a quelqu'un ?

Aucune réponse.

Un seul véhicule – un truck brun Chrysler Tacoma – était garé devant la porte fermée du garage. Il s'approcha de la voiture, la benne du truck était entièrement recouverte d'une bâche et ne laissait rien deviner.

De retour devant la boîte à lettres, il l'ouvrit. Une pile de courrier attendait. Plusieurs lettres et six éditions du *San Francisco Examiner* datées du samedi jusqu'à ce jeudi. Visiblement personne n'avait ouvert cette boîte depuis le samedi matin.

Nicholas prit un moment pour réfléchir. Est-ce que dvd.stevens@gmail.com était bien l'adresse mail d'un David Stevens ? Précisément de *ce* David Stevens de Mill Valley ? Et si c'était le cas, pour quelle raison ce type qui habitait à deux miles de la Waldo Coop avait loué un Airbn'b si près de chez lui ? Et pourquoi n'avait-il pas relevé son courrier depuis le samedi matin ?

Beaucoup de suppositions mais autant de doutes.

Beaucoup de doutes mais autant de suppositions.

Une fois rentré chez lui Nicholas surfa sur le site Airbn'b dans le but d'accéder aux infos personnelles de ce dvd.stevens@gmail.com, adresse, profession et portrait, mais cela se révéla impossible. Il chercha une photo de ce type en associant David Stevens et Mill Valley. Bingo ! Une photo apparut, celle d'une chorale sur la jolie place de la commune. Dix personnes formaient cet ensemble vocal, cinq femmes et cinq hommes. La photo était parfaite, les visages nets et donc identifiables. Mais parmi ces cinq hommes lequel était David Stevens ? Il imprima l'image.

Dès le début de l'après-midi Nicholas retourna à l'abordage du vaisseau du corsaire, qui était en pleine sieste comateuse. Malgré d'ingénieuses circonvolutions Nicholas ne put se soustraire à la binouze maléfique. Il se contenta d'une gorgée et le reste fut feint. Lorsqu'il lui mit sous le nez la photo de la chorale, Ale tortilla sa lippe. Il finit par poser son index sur un des visages de cet ensemble. Son locataire était le troisième homme en partant de la gauche. Un bel homme, élégant, à l'approche de la soixantaine, aux cheveux poivre et sel.

– Tu es sûr de toi ? questionna Nicholas.

– Certain. Mais je croyais que tu l'avais vu vendredi sur sa terrasse ?

– C'était la nuit. Je n'étais pas bien sûr que c'était lui. David Stevens, c'est bien son nom ?

– Si tu le dis, grogna Ale.

Nicholas profita d'un mouvement du vieux vers le fond du rafiot pour dégager la bibine tiédasse sur le plancher vermoulu au risque de provoquer une voie d'eau. Il débarqua du vaisseau armé d'une certitude : le locataire de la maison jaune vendredi soir était bien ce résident de Mill Valley, visiblement absent de chez lui depuis la matinée du samedi. Moins de suppositions mais autant de doutes et par conséquent de nombreuses questions.

L'après-midi Nicholas reprit son chantier sur le Liberty Dock mais avec moins d'entrain. Son attention était happée par le mystère de la maison jaune qui flottait paisiblement trop près de lui. Se pouvait-il que le sang qui stagnait dans la poutrelle soit celui de ce David Stevens qui n'avait pas relevé son courrier depuis plusieurs jours ?

Il patienta jusqu'à la nuit noire pour retourner fouiner au 1431 Tamalpais Street. Il vérifia que le courrier était toujours là puis monta jusqu'à la maisonnette. Aucun signe de vie. À la lueur du flash de son téléphone il inspecta l'intérieur du truck. L'habitacle était vide, il y avait un blouson sur le siège passager. Du bout d'un bâton il décrocha le cordon élastique qui maintenait la bâche de la benne. Quelques affaires de surf traînaient en désordre. Nicholas s'attarda sur le contenu d'un sac dans lequel il trouva une montre de plongée, des gants isothermes, de la wax et un prospectus qui avait baigné dans l'eau de mer. Il tenta de le déchiffrer mais il était illisible. Il replaça la bâche, raccrocha le cordon et emporta le prospectus.

Aussitôt rentré, il le photocopia pour en surligner les caractères un par un. Il tenta de le reconstituer de manière intuitive car certaines lettres avaient disparu. Quand il eut terminé il avait devant lui un texte étrange.

AMP ZUREINC COZWODAHIOM,
SOTUNDAJ JUNC 10, 8.00 QM.
HALF MOOM BYY

Seule la dernière phrase avait un sens : « Half Moom Byy » devait être à coup sûr Half Moon Bay, la célèbre plage sur la côte sud de San Francisco. Pour le reste, il comprit que « 8.00 qm » était un horaire, soit huit heures du matin. Pour « Sotundaj Junc 10 », il chercha dans le calendrier et trouva que le samedi suivant était justement le 10 juin. Ayant déchiffré la fin du texte, il ne lui restait plus qu'à recomposer la première partie de la phrase : « Amp Zureinc Cozwodahiom ».

Sur internet, il tapa ce qu'il avait trouvé : « Saturday June 10, 8.00 am, Half Moon Bay ». Et la première réponse fut la bonne.

AMPUTEE SURFING CONVOCATION
RENDEZ-VOUS LE SAMEDI 10 JUIN À 8 HEURES
HALF MOON BAY

Nicholas visita le site web de l'association AMPUTEE SURFING. Il s'agissait d'un groupe de volontaires qui proposait aux vétérans blessés lors des conflits – Afghanistan, Irak, Syrie – de reprendre le surf ou de s'initier. Il y avait différentes photos d'amputés qui apprenaient ou réapprenaient à surfer. Sur l'une datant du 13 mai, Nicholas reconnut le David Stevens de la chorale. Il était dans l'eau jusqu'au buste et tenait le surf d'une jeune femme sans bras qui tentait de se mettre debout sur la planche. David Stevens devait être un moniteur. Ailleurs sur le site une annonce demandait des bénévoles pour devenir instructeurs.

Le vendredi Nicholas s'enfila les soixante kilomètres qui le séparaient de Half Moon Bay. Il arriva vers dix heures et se posta sur un terre-plein qui dominait cette immense baie d'une dizaine de miles en forme de croissant de lune. La fameuse Half Moon Bay était le temple du surf depuis la création du surfeur, le spot mythique de la côte nord californienne. Elle était divisée en trois plages, Miramar Beach, Roosevelt Beach et Poplar Beach. Ce vendredi les vagues étaient au rendez-vous et d'innombrables petites taches noires parsemaient l'outremer de l'océan Pacifique en furie. On pouvait penser à des pingouins, c'étaient des surfeurs. Ils étaient toujours cent à deux cents, qu'il pleuve ou qu'il vente, à tâter des vagues chaque matin. Le surf matinal n'est pas une vue de l'esprit de ce côté de la planète, juste un élément du paysage et du quotidien. Aux jumelles Nicholas inspecta les groupes en y cherchant d'éventuels amputés. Étrange recherche. Les vagues étaient puissantes et la brume marine brouillait sa vision. En s'attardant vers Roosevelt Beach il remarqua un couple le long du rivage, au pied d'un amas de rochers. Ce qui attira son attention fut leur allure. Les tenues noires qu'ils portaient n'étaient pas des combinaisons de surfeurs mais des costumes de ville. Ils discutaillaient au bord de l'eau lorsqu'un troisième individu apparut en uniforme de flic. Un uniforme entouré de deux costards au bord de l'océan à dix heures du matin, pensa Nicholas, il y avait de quoi aller mettre son nez dans ce qui ne le regardait pas.

Il emprunta le chemin dunaire et aperçut entre les genêts de la lande une ambulance hayon ouvert. Encore un noyé, se dit-il. Derrière une palissade pliée par les vents, un groupe de trois surfeurs discutait au bar d'une petite paillote, parfaite carte postale californienne. Nicholas s'installa à l'une des tables en terrasse. La compagnie policière se trouvait à deux cents mètres à vol d'oiseau mais avec le brouillard océanique cela semblait à des kilomètres. Il se commanda le seau de café de rigueur et un solide steak & eggs. La représentation pouvait commencer.

Deux ambulanciers s'arrêtèrent pour enfiler des bottes avant de tailler droit avec leur brancard vers le rassemblement policier. Quand ils arrivèrent sur zone la vue se dégagea sur un corps allongé dans la flotte. Comme il n'était pas question d'étudier le macchabée avec des masques de plongée, la décision fut prise de le remonter sur le sable sec. Les infirmiers le déposèrent à une trentaine de mètres du steak & eggs tout fumant qui venait d'atterrir devant Nicholas. C'était du cinoche en 3D avec restauration à la table. Première constatation, ce trépassé en combi de surf avait tous ses membres, ce n'était donc pas un amputé de guerre. Deuxième constatation, derrière le corps traînait une ficelle orange d'environ deux mètres à laquelle était accroché le reste d'une planche de surf déchiquetée.

Avec ses jumelles Dennac aurait pu détailler le cadavre mais les sortir à cet instant eût été vecteur d'emmerdements. Il se contenta d'ajuster ses lunettes de soleil, histoire de ne pas fixer les deux lieutenants dans le blanc des yeux qu'ils avaient jaunes.

La combinaison était lacérée en de nombreux endroits et chaque déchirure laissait deviner de sévères entailles dans les chairs du défunt. Ce corps avait fréquenté les rochers de trop près. Homme ou femme ? se demanda Nicholas. Le crâne du mort étant toujours recouvert du bonnet de caoutchouc, impossible d'identifier le genre. Les ambulanciers se posèrent tranquillement à une table voisine en attendant que les lieutenants recueillent les témoignages des surfeurs du bar, vraisemblablement ceux qui avaient découvert le corps. Nicholas avait beau tendre l'oreille, rien de compréhensible ne lui parvenait. Une voiture se gara non loin et un journaliste-caméraman de KCSM – une chaîne locale – en sortit. Le policier en uniforme le garda à distance, ce qui ne l'empêcha ni de filmer la scène ni de faire son plateau en solitaire. Un quart d'heure plus tard, quand son assiette fut vidée et nettoyée plusieurs fois, Nicholas leva le camp.

Sur le chemin du retour il profita des embouteillages pour se connecter sur KCSM. Le reporter planté derrière la paillote annonçait que le cadavre d'un surfeur avait été découvert noyé vers huit heures trente du matin sur le littoral de Half Moon Bay à la hauteur du spot de Roosevelt Beach. Son identité n'était pas encore connue et les causes de sa noyade restaient à définir. Seul élément avéré, le lieutenant Wilson affirmait que le noyé était de sexe masculin.

Quand trois heures plus tard Nicholas retrouva sa barque et ses rames, la baie de Sausalito était d'huile, le soleil tapait fort, les terrasses étaient désertes, et les moustiques meublaient le silence. En ramant vers le Liberty Dock Nicholas s'aperçut qu'il avait fait route inconsciemment vers la maison jaune. L'erreur l'énerva. Il se dit même qu'à force de lâcher ses marteaux et ses clous à chaque fois qu'il croisait un truc louche, il ferait mieux d'accepter la proposition de son beau-père et de reprendre une fois pour toutes son ancienne vie de journaliste. Une constatation qui l'irrita encore plus.

Le soir il emmena sa future épouse dîner chez Molina à Mill Valley dans le fol espoir de détendre l'atmosphère. Peine perdue. Durant tout le repas le déménagement sur la terre ferme fut le seul et indigeste sujet de conversation que Nicholas eut à avaler. Assommante, Tina monopolisa la conversation avec un concept inédit. Cette fois elle renonçait à s'installer à la Wards Villa mais elle proposait d'acheter une maison proche de la Waldo Coop. C'est à ce point que le dîner manqua de tourner court. Car Tina devint péremptoire, comme si elle confondait son fiancé avec l'un de ses employés. Son idée n'entrait plus dans le domaine des propositions mais dans celui des injonctions. Nicholas, qui avait déjà vidé une première bouteille de Tina's One – le meilleur vin du domaine Wards –, faisait endurer le même sort à sa jumelle. Il était ailleurs, avait fermé les écoutilles et laissait la bouche de Tina s'agiter sans que le son parvienne à traverser la table. Sa seule concession fut d'aller partager sa couche mais une fois passé la courte séance de bête à deux dos, Nicholas quitta sa ronfleuse pour filer au *San Francisco Daily Evening*. Là, il s'installa à sa place près de la fenêtre pour dessoûler et entamer une recherche sur le web.

– Nicholas J't'emmerde ?

En relevant les yeux sur le jovial visage du jeune Owen Beman, Nicholas conçut que sourire serait superflu.

– Bonsoir, patron. Vous allez bien ? Vous êtes bien installé ? Vous ne préférez pas venir vous asseoir dans mon gourbi ? Vous êtes venu pour respirer l'odeur du naufrage du *San Francisco Daily Evening* ?

Répondre à chaud semblait une mauvaise option…

– Ou bien pour prendre des mesures pour votre futur chantier de menuiserie ?

… et réagir dans l'instant serait moteur de troubles, pensa Nicholas.

– Ah c'est ça ! Vous venez examiner le navire pour comprendre d'où il prend l'eau ! Comme ça vous aurez une idée du matériel qu'il faut pour colmater les brèches. À mon avis quatre planches et une poignée de clous suffiront.

Satisfait de son entrée en matière, Owen et son sourire en coin filèrent vers son *gourbi* où Nicholas J't'emmerde ne tarda pas à pointer sa trogne avinée.

– C'est dommage, tu as de l'humour. C'est un peu poussif mais à trois heures du mat on ne va pas être trop exigeant. Pourtant ça ne se devine jamais dans les articles que tu écris… Enfin quand je dis *articles*, c'est un bien grand mot…, lâcha Nicholas.

Owen J't'emmerde leva un regard lourd.

– Tu vois, un article, un vrai, ça va au-delà de cinq lignes. Et toi, depuis que je te lis, tu n'as jamais atteint six lignes. Non ? C'est vrai que six, ça commence à faire beaucoup de mots ! s'exclama-t-il avec un sourire volontiers provocateur.

– Cinq lignes ou plus, j'ai du travail moi ! Vous, ça fait combien de décennies que vous n'avez pas écrit une seule ligne ? Un *vrai article* comme vous dites. Je serais curieux de vous lire. Faites donc un article sur la lèche obligatoire pour se faire bien voir au *San Francisco Daily Evening* ! « La lèche » par Nicholas Dennac, charpentier en chef, ça serait intéressant, non ? N'oubliez pas d'y mettre un peu de votre humour, je suis sûr que ça fera bien rigoler le lectorat qui a l'âge du journal.

Nicholas s'efforça de contenir l'envie d'en découdre pour afficher une attitude détachée. Difficile mais faisable.

– Ce matin les flics de Half Moon Bay ont remonté un noyé sur le spot de Roosevelt Beach. Tu as quelque chose là-dessus ?

– Oui. J'ai la dépêche de la police de Half Moon Bay.

– Ils donnent le nom du noyé ?

Owen chercha la dépêche sur son écran.

– *À huit heures trente-cinq, le bureau du shérif de Half Moon Bay a été appelé pour une noyade à Roosevelt Beach. Vers neuf heures les officiers arrivés sur place ont constaté le décès. Les premières constatations ont permis d'identifier le corps d'un surfeur de sexe masculin proche de la soixantaine.*

– C'est tout ?

– C'est tout.

Dennac griffonna sur un papier son numéro de téléphone qu'il donna à Owen.

– Si t'as l'identité du noyé, tu m'appelles.

– Pourquoi je ferais ça ?

– Pour faire de la lèche. Le noyé, tu vas écrire quelque chose dessus ?

– Oui.

– Tu vas écrire quoi ?

– Ben... ça..., répondit-il en désignant la dépêche d'un coup de menton.

– T'as raison. Il y a quoi ? Cinq lignes ?

– Six.

– Six ! C'est beaucoup pour toi. Résume et signe « Petit con ». Au moins on le remarquera.

Le samedi matin Nicholas Dennac était de retour à Half Moon Bay pour la session hebdomadaire d'AMPUTEE SURFING. À dix heures le parking des dunes était déjà plein, il se gara face à l'océan pour observer l'immense plage. Il repéra un attroupement d'une vingtaine de surfeurs dont les deux tiers étaient des amputés appareillés. Il récupéra ses jumelles pour scruter les visages, à la recherche de David Stevens.

Les membres de l'association étaient divisés en trois groupes. Une première escouade d'une demi-douzaine de surfeurs glissaient sur les vagues comme des pros. La plupart étaient amputés d'une jambe mais Nicholas isola un phénomène qui surfait sur deux membres métalliques. Comment cela était-il possible ? Le courage de ces types le bouleversa. Un deuxième groupe était dans l'eau près du rivage. Accompagnés de deux instructeurs, ils tentaient de se mettre debout sur les planches. Enfin des novices étaient consignés sur le sable pour suivre le cours théorique d'une instructrice qui leur expliquait les rudiments de la discipline. Un personnage se tenait à l'écart sur le bord de l'océan, le responsable de l'association vu sur le site web d'AMPUTEE SURFING.

En promenant ses jumelles dans la végétation Nicholas remarqua une Chevrolet beige isolée dont deux silhouettes tapissaient l'intérieur. Qui étaient-ils ? Leurs visages disparaissaient dans le reflet des nuages qui défilaient sur le pare-brise. Nicholas sentit le rythme de son cœur s'accélérer. Il retrouvait cette sensation du temps où il menait ses enquêtes journalistiques, ces instants de bascule où les faits indiquaient que son instinct ne l'avait pas trompé. Les deux hommes sortirent de la voiture et filèrent vers la plage. Il en reconnut un formellement. Une gueule qu'il n'avait plus croisée depuis de longues années, de celles qu'on n'arrive pas à oublier. Ce visage en lame de couteau balafré d'une bouche vrillée en forme de S donnait au fonctionnaire l'air d'avoir mal quelque part. Cette figure de clown triste était celle du lieutenant Kevin Keys, un fantôme dans la vie de Nicholas Dennac.

Les deux policiers abordèrent le responsable de l'association. Leur conversation laissa le temps au cadavre Keys de sortir du placard où Dennac l'avait enfermé depuis trois décennies.

Les deux hommes s'étaient connus du temps où Kevin Keys était un jeune lieutenant de vingt-cinq ans plein de talent et Nicholas Dennac l'enquêteur vedette du *San Francisco Daily Evening*. À force de se croiser dans les mêmes sphères, une relation s'était développée. Cela allait du professionnel – l'un informait l'autre et vice versa – jusqu'à l'amical – ils partageaient d'innombrables virées nocturnes. Mais cette belle amitié avait volé en éclats au terme d'une enquête durant laquelle Nicholas avait été manipulé par des ordures de flics. Au début des années 90, il avait été informé par une de ses sources du bureau des affaires internes – la police des polices – qu'une tuerie dans le quartier chinois dissimulait un règlement de comptes entre deux équipes de ripous. Poussé à publier son article, Nicholas avait créé un tel scandale qu'il avait amené à la démission du procureur. Son remplaçant avait fait le ménage. Les arrestations et les mises à pied de flics avaient été si nombreuses que Nicholas avait dû endurer une protection policière jusqu'à ce que les choses se tassent. Cependant l'affaire avait fait une victime collatérale, Kevin Keys. Désigné comme l'informateur de Dennac et donc l'instigateur de cette purge, son assassinat avait été commandité par un flic incarcéré. Keys, du moins ce qu'il en restait, avait été retrouvé dans un sous-sol un dimanche matin. Tabassé au point d'être méconnaissable, il était cependant vivant. Mort-vivant serait plus adapté. Au terme d'une lourde parenthèse médicale, Keys avait retrouvé son poste mais ni sa vie ni son corps d'avant. Sa fiancée l'avait quitté, sa hiérarchie ne lui avait jamais accordé le grade de capitaine qu'il méritait et son visage, désormais affublé de cette effrayante bouche tordue, l'avait condamné au célibat à perpétuité. La relation entre les deux hommes n'avait jamais repris. Le lieutenant ne pardonnait pas à Dennac son refus – malgré ses demandes répétées – de citer ses vraies sources. Dennac l'avait trahi et abandonné à son sort, en connaissance de cause.

La plaie ne s'était jamais refermée, ni d'un bord ni de l'autre. Nicholas gardait de cette affaire merdique un remords et une honte persistants. Ne pas citer ses sources était en même temps une des bases du journalisme d'investigation et la voie royale vers la trahison et le déshonneur.

Keys et son collègue étaient toujours à bavasser avec le responsable. Ce n'était pas le jour pour se montrer sur la plage et encore moins questionner ces gens à propos de Stevens.

Dennac rentra à Sausalito avec plusieurs questions. Keys était-il toujours au SFPD ? Si oui, pourquoi le SFPD l'avait-il dépêché à Half Moon Bay pour la session d'AMPUTEE SURFING ? Était-il là pour le noyé de la veille, pourtant sous la juridiction du shérif de Half Moon Bay ? Ou sa présence était-elle liée à David Stevens ?

C'est le dimanche que les choses se précisèrent.

Pour se fondre dans l'esprit dominical, Nicholas décida de s'aérer les neurones avec une idée derrière la tête. Il exhuma son vélo de route, un engin magnifique d'une valeur inestimable, acquis sur le coup d'un désordre mental qui lui avait commandé de mener une vie saine. L'état du vélo – flambant neuf sous une fine couche de poussière – témoignait que ce moment d'égarement avait été bref.

Grand seigneur, Nicholas ne releva pas les moqueries de Toni Dylan et des autres voisins à son passage dans une tenue de cycliste du plus bel effet. Arrivé à terre, il enfila – avec difficulté – ses pieds dans les pédales de course et s'éloigna selon un cap incertain. Mètre après mètre le néo-cycliste prit de l'assurance et par là même la route de Mill Valley. Vingt minutes plus tard, de virage en virage, d'alerte cardiaque en alerte cardiaque, il passa sous le petit panneau vert « Tamalpais Street ». En nage, le souffle court, le sportif du dimanche allait pour mettre pied à terre lorsqu'il aperçut la Chevrolet beige garée dans l'allée de Stevens. Un petit costume fourgonnait dans le coffre ouvert, le genre de costume fatigué avec un flic à l'intérieur. Quand sa tête émergea du hayon l'affaire était faite ; la gueule qui sortait du costard n'était autre que la tronche balafrée de Kevin Keys. Les deux hommes se dévisagèrent à distance et si Nicholas savait à qui il avait affaire, Keys avait l'air de se dire que cet abruti de cycliste du dimanche à bout de souffle, sous son casque à la con, il l'avait déjà vu quelque part.

Sentant poindre la possibilité de retrouvailles compliquées, Nicholas se redressa sur ses pédales et se remit en route. La tête dans le guidon, à la limite de l'apnée et de la rupture musculaire, il passa devant les pompes de Keys qui regardait son doute grimper en danseuse. En danseuse mais au pas. À chaque seconde Nicholas s'attendait à ce que son ancien ami l'interpelle, mais rien. L'avait-il reconnu ?

Cinq lacets plus haut, Nicholas s'effondra, exténué par son exploit physique. Au terme de dix minutes de récupération il cacha son vélo derrière une haie et s'enfonça dans les bosquets. Casqué et en jersey de coureur, il monta la colline, de parterres d'orties en massifs urticants, pour atteindre le terrain de Stevens par le sommet de la propriété. Dans le sous-bois, il avait un point de vue dégagé sur la maison. En contrebas il y avait deux véhicules, une voiture de la police de Mill Valley et un fourgon. Les allées et venues entre l'intérieur et l'extérieur de la maisonnette n'arrêtaient pas. Au plus fort de la perquisition, Nicholas compta cinq personnes : le lieutenant Keys et son collègue de la veille, le shérif local, plus deux techniciens de l'identification. L'information essentielle de ce début de planque était l'absence d'ambulance. Pas d'ambulance, pas de corps, donc aucun cadavre dans la maison.

La présence de Keys indiquait qu'il n'y avait plus de doute possible, les flics avaient fait la relation entre AMPUTEE SURFING et une potentielle disparition de David Stevens.

La seule partie visible de la perquisition fut l'inspection minutieuse du truck de Stevens. C'est par la benne arrière que les deux spermatozoïdes de l'identification entamèrent un interminable examen. Relevés d'empreintes et prélèvements ADN prirent une heure entière. Plusieurs fois Dennac piqua du nez. Vers quinze heures, ils ôtèrent la bâche de la benne. Aussitôt un des scientifiques appela le capitaine Elder, manifestement le supérieur de Keys. Avec une pince, il venait de sortir d'un coffre une cordelette orange roulée en boule qu'il déposa délicatement dans un sachet plastique. Cette cordelette était identique à celle qui traînait derrière le cadavre du surfeur. Ce bout de ficelle orange troubla les flics qui s'agglutinèrent autour du sachet plastique. Cette trouvaille reliait bien Stevens au noyé de Roosevelt Beach.

Avant d'aller sur eBay pour brader cette connerie de bicyclette qui lui avait sinistré l'entrejambe, Dennac fit un détour par le *San Francisco Daily Evening*. À la question essentielle de l'identité du noyé au bout de la cordelette orange Nicholas trouva la réponse en pénétrant dans le bureau du petit con.

– *Le surfeur retrouvé noyé à Roosevelt Beach le vendredi 9 juin au matin s'appelait David Parker Stevens, âge cinquante-six ans, résidant à Mill Valley Californie, géologue diplômé de l'université de Toronto, signalé disparu par son université depuis le mardi 6 juin en début d'après-midi.*

Cette fois Owen lisait ses informations sur un petit carnet. Assis en face de lui Nicholas l'écoutait.

– Géologue ?

– Il est directeur de recherche à l'institut CarbonCal, professeur et chef de recherche à UC Berkeley, au laboratoire de géologie, répondit le jeune stagiaire.

– Où as-tu récupéré ces infos ?

– Je ne cite pas mes sources.

– Tu as quelqu'un au SFPD ?

– Un journaliste ne cite pas ses sources.

– Parce que t'es journaliste ?

– Parce que vous, vous êtes journaliste ?

– T'as de la repartie !

– Je l'ai pas appris à la fac !

– Ça te vient d'où ?

– De la rue, du quartier, du temps où j'avais quatorze ans et que j'étais déscolarisé et dealer.

– Et ça te vient d'où cette envie de faire du journalisme ?

– Ce n'est pas une envie, c'est une passion.

– Une passion ! Qui te vient aussi du quartier ?

– Non, de la station de métro de Fruitvale. Oscar Grant, ça vous dit quelque chose ?

– Le type qui s'est fait descendre par les flics au retour du réveillon en 2009 ?

– Il faut préciser le contexte si on est journaliste ! Il ne faut pas dire *le type qui s'est fait descendre par les flics au retour du réveillon en 2009.* Il faut énoncer *le jeune homme noir de vingt-*

deux ans qui n'avait rien à se reprocher et qui s'est fait abattre par l'officier Mehserle lors d'un banal contrôle d'identité sur le quai de Fruitvale Station le 1er janvier 2009 au matin.

– Quel rapport avec toi ?

– C'était mon voisin. C'était moi, c'était nous. Nous, si on le remet dans le contexte, nous les jeunes hommes noirs, ou nous les jeunes femmes noires, ou bien encore par extension nous les Noirs en général. Nous qui avons soif de justice. Et le journalisme, s'il est bien fait, peut être une source de justice, un moyen, un levier.

– Tu parles bien !

– Mieux qu'avant.

– Alors comme ça Stevens c'était géologue ?

– Ça vous étonne ?

– Oui. En fait je ne lui avais pas imaginé de vie ni de profession.

– Maintenant vous pouvez peut-être me dire pourquoi vous vous intéressez à ce noyé.

– Parce qu'il se trouve que j'étais à Roosevelt Beach ce matin-là.

– Ok. Et du coup vous menez votre petite enquête uniquement parce que vous avez vu un noyé sur une plage.

– C'est ça.

– Et c'est quel genre d'enquête, sans être indiscret ?

– Une enquête journalistique. Pour me remettre dans le bain.

– Que vous comptez publier ?

– Pourquoi pas.

– Une enquête sur un géologue qui se noie en faisant du surf à Roosevelt Beach ?

– Exactement.

– Vous n'ignorez pas que des surfeurs qui se noient du nord au sud de la côte californienne, il y en a un par semaine.

– Oui, je sais. C'est une des données de mon enquête, Owen.

– Owen ! Vous m'appelez Owen !

– Tu as quelque chose d'autre que tu ne m'aurais pas dit sur ce David Parker Stevens, géologue de son état ?

– Il y a des pages et des pages Google sur lui. Mais j'imagine que vous allez les regarder en rentrant chez vous.

– Dis toujours.

– Eh bien pour l'essentiel ce sont des articles ou des publications scientifiques écrits par ce Stevens.

– À quel propos ?

– Il était l'invité de colloques, l'auteur de rapports, l'interviewé spécialiste d'émissions télé ou radio. Vous allez trouver du David Parker Stevens plein le web.

– Ok.

– Il était une autorité dans son domaine. De nombreuses fois l'État de Californie l'a nommé expert. Alors maintenant vous me dites pourquoi vous vous intéressez à sa noyade ?

– Le lieutenant Kevin Keys, ça te dit quelque chose ?

– C'est un type des investigations au SFPD.

Pour s'en assurer Owen vérifia rapidement sur son écran.

– C'est ça… il est au bureau des homicides. Pourquoi ?

– Pour savoir. C'est bien. Merci, Owen.

– De rien, répondit Owen qui aurait bien aimé en savoir plus mais jugea bon de s'en tenir là.

Nicholas se leva.

– Mais fais gaffe.

– À quoi ? demanda le jeune stagiaire, surpris.

– À pas faire trop de lèche. C'est pas très bien vu.

Owen resta de marbre.

– Vous m'autorisez à ne pas rire tout de suite, j'ai du boulot là.

*

Aussitôt de retour dans sa maison flottante, Nicholas se colla derrière les pages Google consacrées à David Parker Stevens. Owen avait vu juste. Il se retrouva devant une multitude de publications scientifiques. Cependant ces pages ne répondaient pas aux questions qui taraudaient Nicholas. Pourquoi cet éminent géologue était-il venu passer une nuit au Liberty Dock ? Pourquoi ce type avait-il loué un Airbn'b à deux miles de chez lui ? Pour voir qui ? Un collègue ? Un ami ? Une femme ? Pour faire quoi ? Des prélèvements nocturnes ? Géologiques ?

Quand on habite si près, se dit Nicholas, on peut rencontrer une personne ou faire quelque chose sans avoir à dormir sur place. Dormir sur place présageait peut-être une rencontre sexuelle. Banal. À force d'explorer les possibilités en tentant de s'endormir Nicholas ne ferma jamais les deux yeux en même temps. Il en garda toujours un ouvert pour lorgner la cohorte d'énigmes qui faisaient les cent pas sur le plafond de sa chambre. À bout de patience il se leva dès l'aube du lundi, embarqua sur son esquif dès le premier rayon du soleil. Direction son chantier du Liberty Dock.

– T'es tombé du lit ? lança dans son dos la voix de Toni Dylan alors qu'il croisait non loin de son ponton.

– Tu penses qu'un jour on pourra péter un coup dans cette baie sans que tu viennes renifler ? répondit Nicholas sans même se retourner.

Énervé par sa nuit blanche, la tête loin du travail manuel, il boucla sa journée en moins de deux heures. Si bien qu'à neuf heures du matin il grimpait dans sa voiture direction UC Berkeley dans l'espoir d'interroger des collègues de Stevens. Mais en tournant la clef dans le démarreur, il remarqua la Chevrolet beige garée devant lui. Keys était dans le voisinage. Il renonça à son expédition et partit à la recherche du lieutenant à la bouche de traviole. Et c'est sur le Liberty Dock qu'il aperçut son gibier.

Sur la terrasse de la maison jaune deux costards étaient assis en grande conversation avec Ale Abbott. Nicholas grimpa dans son embarcation qu'il mit au moteur façon promenade. Une fois amarré, il s'allongea sur sa planche-radeau façon loutre et en silence, dans la pénombre, il suivit l'onde pour se positionner sous la terrasse.

– … donc tu maintiens que tu ne l'as vu que le vendredi soir. Pas avant ? fit la voix de Kevin Keys.

– Non. Seulement vendredi quand il a pris possession de la maison, répondit Ale, énervé.

– Tu ne l'as pas vu avant qu'il reparte ?

– Je viens de vous le dire. Vous commencez à me les briser ! répondit Ale, avec la gouaille désagréable d'Ale quand il avait fini d'être fatigué. Écoutez, lieutenant, j'ai ma bière qui bouillonne et si j'y suis pas dans le quart d'heure, ça va tourner caramel. Si on allait continuer la conversation chez moi ?

– Réponds, fit le lieutenant Keys qui menait l'interrogatoire. Stevens, tu ne l'as pas revu le samedi matin ?

– Ben non ! Non, je ne l'ai pas revu ! Pas revu le samedi à l'aube, pas revu le samedi dans la matinée ni à la fin de matinée, pas revu, jamais revu ! Jamais ! Tu comprends ce que ça veut dire ?

– Pour quelle raison ?

– Parce que je ne suis pas retourné à la maison samedi matin.

– Donc peut-être était-il encore là ?

– C'est ça…, répondit Ale qui n'en pouvait plus. Si ça se trouve, il est resté dans la maison toute la matinée mais comme je n'y ai pas foutu les pieds, je ne l'ai pas vu. Je peux y aller maintenant ?

Nicholas pivota en douceur de façon à aligner dans une rainure du plancher de la terrasse la gueule du capitaine Elder plongé dans son Smartphone. Visiblement il avait autre chose à faire que suivre la conversation. Seul K. K. menait l'interrogatoire.

– Mais dis-moi, ta maison là… J'ai regardé un peu sur internet, reprit insidieusement Keys, deux cent vingt la journée, tu te fais pas chier !

– C'est le prix des locs par ici, gueula le vieux.

– Oui, c'est normal. Ceux qui les louent, ils peuvent les louer puisqu'elles sont à eux, ironisa le lieutenant. Et ils peuvent même les louer au prix qu'ils veulent. Alors que toi, tu la louerais même dix cents que ça ne serait pas légal. Alors deux cent vingt dollars, t'imagines !

– Quoi ? fit Ale ingénument.

– Tu vois, Ale, on ne peut pas louer ce qui ne nous appartient pas. Et cette maison que tu loues deux cent vingt la nuitée, elle n'est pas à toi. Elle n'est à personne, elle n'existe pas, ni au cadastre ni aux impôts. On la voit mais on ne devrait pas la voir. On se demande même ce qu'elle fout là.

– Qu'est-ce que tu me veux à la fin ? lança Ale.

– Je veux que t'arrêtes de te foutre de moi ! Je sais que tu mens et que tu as vu Stevens deux fois avant vendredi soir !

– Non.

– Si ! Son portable a borné ici deux fois dans la semaine précédant sa location. Une fois le mardi et une seconde fois le mercredi.

– Son téléphone a borné et après ? gueula Ale. Peut-être bien qu'il est passé sur la route qu'est devant, le mardi et le mercredi.

– Dis-moi, Abbott, tu veux continuer à louer ce qui ne t'appartient pas ou tu préfères que j'aille direct le signaler à la mairie ?

Un court silence. Nicholas essayait de suivre de rainure en rainure l'interrogatoire sur les visages mais la mission nécessitait trop de déplacements. Keys laissa traîner le malaise un moment avant de reprendre :

– Alors mardi ? Raconte ?

A. A. commençait à manquer d'oxygène.

– Il traînait près de la maison en fin de matinée. Je l'ai vu depuis mon bateau avec mes jumelles. J'ai vu ce gars qui reluquait ma maison et j'aime pas qu'on rôde autour de ma maison. Alors je suis allé voir.

– Et ?

– Il l'avait repérée sur Airbn'b, et comme il habitait à côté, il venait visiter.

– Pourquoi il voulait visiter ?

– À ton avis ? Il voulait visiter parce qu'il voulait voir comment c'était à l'intérieur !

– Il y a cinq photos sur ta page Airbn'b. Elles sont très claires. Il n'avait rien à découvrir de plus en la visitant.

– Eh ben lui, il voulait la visiter. Et si vous voulez savoir pourquoi, vous n'avez qu'à lui demander.

– Ça va pas être possible, il est tout découpé de l'intérieur.

– C'est pas mon problème. En tout cas, c'est comme ça qu'on s'est vus le mardi.

– Et il a visité ?

– Non, je n'avais pas les clés. On a pris rendez-vous pour le lendemain. Mercredi, je lui ai fait visiter. Et voilà.

– Et pendant la visite tu n'as rien remarqué ?

– Non. Bon, c'est vite fait. La grande pièce, la cuisine, la chambre, faut pas une minute pour faire le tour.

– Et il est sorti sur la terrasse ?

– Oui. Il a regardé les alentours. Il était satisfait et voilà.

– Il a regardé quoi aux alentours ?

– Je ne sais pas. Il a regardé comme ça la baie, les maisons, les alentours quoi. C'était un mec qui a regardé les alentours comme n'importe quel mec regarderait ces putains d'alentours ! Ça te va ?

– Il est venu comment ? Voiture ? Vélo ?

– Je ne sais pas.

– Tu ne l'as pas vu arriver ?

– Non. On avait rendez-vous là, devant la maison. Il est reparti vers le parking et moi vers la baie. Je ne sais pas comment il est venu. En voiture je suppose. Je peux y aller maintenant ?

– Pourquoi tu voulais nous cacher que tu l'avais vu avant vendredi ? Je ne pige pas.

– À cause de la maison… J'ai pas grand-chose pour vivre. J'ai que ça pour améliorer l'ordinaire. Tu piges ? lâcha Ale.

– Moi, je crois que tu l'as revu samedi matin.

– Et si je l'avais revu, pourquoi je refuserais de le dire ?

– Je ne sais pas mais je finirai par le savoir.

– D'accord. Mais maintenant, je peux y aller ?

– Va rejoindre ta marmite, finit par dire Kevin Keys.

Des bruits de chaises, des bruits de pas. Ale ne demanda pas son reste. Un instant plus tard il démarrait le moteur de sa barque en lançant aux deux flics :

– Laissez les clés sur la table et claquez la porte !

Sous la maison Nicholas se débattait en silence contre les nuées de moustiques qui attaquaient. Les planches disjointes de la terrasse laissaient les faisceaux ensoleillés zébrer l'eau de griffures vertes. Soudain Keys se leva et ses pas lourds résonnèrent dans la grande pièce.

– Alors, tu veux faire quoi, à part signaler sa baraque ? lâcha le capitaine Elder.

– Si on la signale, ils vont diligenter une enquête et descendre ici pour y poser leurs scellés. Et si on a besoin de la maison pour une perquisition, ça va être le merdier.

– Une perquisition ? Tu rêves !

– Je ne le sens pas ce vieux, fit Keys.

– Y a pas à le sentir. Tu nous fais perdre notre temps. Il va falloir qu'on ramène autre chose que des *je le sens pas ce vieux.*

Le capitaine Elder quitta la terrasse pour rejoindre Keys dans le séjour.

– Pourquoi Stevens a loué un Airbn'b à deux miles de chez lui ? grommela Keys.

– Pour venir tirer un coup !

– Il était célibataire. Pourquoi il aurait pas tiré un coup chez lui ?

– Ben peut-être que sa ou son partenaire ne voulait pas aller chez lui. Qu'est-ce que j'en sais ! Il a loué un putain d'Airbn'b à deux miles de chez lui et il y a passé la nuit. Et après ? En quoi ça nous concerne ? Ce mec est mort un jour plus tard en pleine mer à quarante miles d'ici. Tu me fais quoi là ?

– On n'en sait rien !

Les pas du capitaine Elder se dirigèrent vers la porte d'entrée.

– Ben si, on sait. On a le rapport d'autopsie. Tu as lu comme moi, aboya-t-il.

Keys gardait le silence.

– Décès par noyade survenu entre la fin de matinée et la fin d'après-midi du dimanche. Dimanche ! Les poumons gorgés d'eau salée ! C'est quoi pour toi un macchabée qui a les poumons gorgés d'eau ?

– Un noyé.

– C'est ça, un noyé. Alors si, au pire, Stevens a effectivement passé la nuit de vendredi à samedi et la matinée du samedi dans cette maison, il est décédé de toute façon au minimum vingt-quatre heures plus tard. Et ce, quoi qu'il ait pu faire ici. Tirer un coup ou prélever des fossiles marins. Tu voulais voir la maison, tu l'as vue, tu l'as examinée. Tu peux la perquisitionner tout seul, je te laisse. Il n'y a rien ici !

– Tant qu'on n'a pas fait venir les scientifiques, on ne peut pas le savoir.

– Fais la demande mais tu ne l'obtiendras pas. Tu as déjà eu celle de Mill Valley en pleurant. Demandes-en une aussi pour son labo à UC Berkeley pendant que tu y es. Ce mec s'est noyé à Roosevelt Beach en surfant comme une demi-douzaine de surfeurs se noient sur cette putain de plage chaque année. Je perds mon temps. Perds le tien si tu veux mais moi, j'ai autre chose à foutre.

– Et comment il est allé à Roosevelt Beach qui est à quarante bornes de chez lui ? En surf ? Sa voiture est restée chez lui !

– Des centaines de surfeurs peuvent emmener dans leur voiture d'autres centaines de surfeurs pour surfer à Roosevelt Beach !

– Ok. Un surfeur l'emmène mais bizarrement il ne le ramène pas et il ne signale pas sa disparition.

– Tu me les casses ! conclut Elder dont les pas lourds s'éloignèrent vers le Liberty Dock.

– Les poumons gorgés d'eau…, qu'ils aillent se faire foutre avec leurs rapports d'autopsie à la con…, grommela K. K.

À son tour il sortit en claquant la porte. Nicholas glissa dans la pénombre. En s'approchant il aperçut son ancien ami planté sur le ponton. Il contemplait la maison jaune, le doute était son fardeau. Ce type et sa bouche tordue avait décidément l'air d'avoir toujours mal quelque part.

Soudain Theresa Merryll apparut et le contourna afin de rentrer chez elle.

– Excusez-moi, madame. Lieutenant Keys, SFPD, fit-il en exhibant son insigne. Si vous avez une minute, j'aimerais vous poser quelques questions.

– Je vous en prie, fit la cougar new-yorkaise, ravie.

– J'enquête sur le dernier locataire de la maison voisine, David Stevens. Vous voyez de qui je veux parler ? Un homme d'une cinquantaine d'années.

Nicholas perdit de vue le lieutenant qui avait suivi Theresa sur sa passerelle.

– C'est lui.

Elle devait être en train de détailler la photo de Stevens que Keys lui montrait.

– Il est venu ici le week-end précédent. Il a loué cette maison le vendredi 2 juin, poursuivit Keys.

– Je l'ai aperçu en effet mais je l'avais déjà vu en début de semaine.

– Vous lui avez parlé ?

– Il m'a demandé si je connaissais le propriétaire.

– Et vous l'avez revu vendredi quand il a séjourné dans la maison ?

– Aperçu, c'est tout. Pourquoi ? Il lui est arrivé quelque chose ?

– Il s'est noyé dimanche à Roosevelt Beach.

– Oh mince…, fit-elle sur un ton qui semblait sincèrement désolé. C'était un homme très sympathique.

– Vendredi 2 juin, vous l'avez vu à quelle heure ?

– Je ne sais plus… vers neuf heures du soir ou peut-être un peu plus tard. En tout cas c'était déjà la nuit, au moins neuf heures et demie. Je l'ai croisé au moment où je fermais ma porte. Je suis ressortie ce vendredi-là à cause des hippies.

– Des hippies ?

– Oui… enfin façon de parler. Ce ne sont plus des hippies mais on les appelle comme ça ici. C'est une communauté qui vit dans le bidonville en face de ma terrasse. Ils faisaient une fête pour des fiançailles et ils avaient un groupe de rock assommant. Ça a duré toute la nuit.

– Vous êtes allée à cette fête ?

– Non.

– Vous êtes ressortie pour aller où ?

– Je suis allée rejoindre une amie qui habite dans la colline juste au-dessus de Sausalito. J'y suis restée trois heures et je suis rentrée aux alentours de deux heures du matin.

– Et vous avez vu Stevens en rentrant ?

– Non.

– Vous avez remarqué s'il y avait de la lumière dans la maison ?

– Je n'ai pas fait attention. J'étais énervée à cause des hippies. C'était pire qu'en partant.

– Et leur fête a duré toute la nuit ?

– Toute la nuit, oui ! À six heures il y avait encore un crétin qui jouait de la guitare et on en a bien profité, vous pouvez me croire ! Mais on ne peut rien leur dire à ces gens sous prétexte qu'ils étaient là avant nous.

– Et lorsque vous avez croisé Stevens vendredi soir, il faisait quoi ?

– Il arrivait. On s'est salués.

– Il était seul ?

– Oui.

– Et samedi matin ?

– Samedi matin, je dormais.

– Je vous remercie. Mrs ?

– Merryll, Theresa Merryll. Mais donnez-vous la peine d'entrer, je vais vous montrer la vue que j'ai depuis ma terrasse sur ces foutus hippies.

– Non, ça ira. Je connais l'endroit. Je peux vous demander ce que vous faites dans la vie, Mrs Merryll ?

– Rien. Je n'ai jamais rien fait.

– Ah. C'est indiscret de vous demander…

– D'où vient mon argent ? De mes maris.

– Riches ?

– Morts.

Il lui donna sa carte *au cas où vous vous souviendriez d'un détail* et leva le camp.

Allongé sur son radeau Nicholas s'interdit tout mouvement. Non pas qu'un mouvement risquait de signaler sa présence à Theresa

Merryll mais parce qu'il venait de sentir un glissement à l'intérieur de son pantalon, le long de sa jambe gauche. Un serpent. Il ne fallait plus bouger !

L'emploi du temps de Tina ne ressemblait en rien à celui de son travailleur manuel de fiancé. Après sa cueillette matinale, la milliardaire disparaissait vers huit heures derrière les vitres noires de sa limousine. Direction San Francisco. Elle s'enfermait au sommet de la tour du Wards Group, dans des bureaux feutrés aux moquettes épaisses pour des réunions interminables. Elle prenait des avions privés pour honorer des meetings essentiels à l'autre bout du pays et tenait quotidiennement des conciliabules secrets dans de discrètes arrière-salles de restaurant. Il y a longtemps qu'elle aurait pu tout lâcher pour confier les rênes de son groupe à Dailey Clark, son homme de confiance. Mais propulsée à la tête du conglomérat à la mort de son mari, Tina s'était découvert une forte addiction, celle d'user de son pouvoir pour se venger de ce capitalisme qui avait écrasé toute son enfance. Trop de larmes avaient coulé sur les joues de sa mère, sans cesse piétinée dans sa misère d'Indienne, de nécessiteuse à temps plein. Trop d'années de prison l'avaient éloignée de son père. Trop de péchés lui avaient été nécessaires pour s'extraire du marigot de la pauvreté. Toute cette première vie devait être lavée. Aussi, humilier ces hommes en col blanc pleins de morgue et de misogynie, dénués de pitié et pourtant à genoux devant sa personne, était devenu son plaisir quotidien. Cette Indienne était double, Miss Tina-Jekyll avec Nicholas et Mrs Wards-Hyde à la ville. Ainsi, lorsqu'en cette fin d'après-midi sa limousine la ramena au Liberty Dock, la vipérine milliardaire se mua en une squaw comme les autres et disparut vers la colline. Une demi-heure de marche de vallons secrets en bosquets épais et elle arriva dans le fond d'une ravine que le soleil n'éclairait jamais. Deux hommes s'affairaient autour de la clôture rudimentaire d'un petit enclos tout neuf. Ale l'Irlandais vérifiait les poteaux tandis que Carlo Davila, le beau Portoricain, travaillait à poser les derniers barbelés.

– C'est terminé ? lança Tina en approchant.

– Tu peux amener ton canasson, répondit Ale Abbott.

Octobre 1996

Pam était assise sur le muret devant la véranda avec son gros chiard dans les bras qui la tétait encore et encore. Elle fixait la décapotable bleu pétrole arrêtée à l'entrée de la Nine Farm. Ce n'était pas Robby di Marcio qui conduisait. C'était la pute, la reine. C'était Terri la rousse qui tenait le volant pailleté de cette chiotte de trois cents mètres de long. L'espoir de Pam n'avait duré que quelques secondes. Son sang se glaça quand la voiture atterrit au milieu de la cour de la ferme.

C'était le début de l'après-midi. La pute avait coupé son moteur, laissant le silence s'installer sur ce face-à-face stupéfait. Qui était le plus étonné des trois ? Difficile à dire. Terri la pute était hallucinée, ses yeux roulaient en additionnant les questions. Qu'est-ce qui avait conduit sa copine Brooke Parnell à échouer dans cette cour de ferme avec ce bout de gosse collé à son sein ? À ses sourcils figés en accents circonflexes, on devinait qu'elle avait du mal à raccrocher les wagons. À ses côtés, Robby le zombie du rock'n'roll, serré de près par sa chemise crotale, semblait lui aussi ahuri. Mais chez lui, ce n'était pas la surprise qui avait plaqué son cerveau au plafond de sa boîte crânienne, c'était le perpétuel cocktail de drogues qu'il s'enfilait par tous les orifices prévus à cet effet. Sa lèvre inférieure avait lâché l'affaire, ses pupilles avaient explosé et sa fonction oculaire n'était plus conforme aux réglages d'usine. Que comprenait-il de la situation ? Rien apparemment. Savait-il qui était cette gamine d'à peine dix-sept ans qui le dévisageait ? Et ce bébé de trois mois qui pionçait dans la chaleur de sa mère ? Avait-il une idée de la raison de sa présence dans la demeure familiale ? Au bout de son bras seringué de partout, sa main pendouillait le long de la portière en tenant entre deux doigts bagousés une bouteille de bourbon vide.

Une saloperie de tension montait.

En face des automobilistes Pam avait chaussé ses prunelles noires. L'affaire puait la pute. Comment et pourquoi Terri se retrouvait dans *cette* voiture aux côtés de *son* Robby ? Quelle succession de catastrophes avaient bien pu s'enchaîner dans cet intervalle entre février et octobre pour que la fille qu'elle avait laissée derrière elle aux confins de l'overdose se retrouve à conduire la décapotable de *son* mec, le père de *son* gosse ?

La fille dehors défiait la fille dedans.

Pam avait-elle accompli tout ce chemin de croix pour se faire voler sa place par cette épave notoire, cette pute de bar, cette traîtresse infâme ?

– Qu'est-ce que tu fous là, Terri ? balança-t-elle.

– Ben tu vois, Brooke, je suis en virée avec mon mec.

– M'appelle plus Brooke. C'est Pam maintenant.

– À cause de Pam Tillis je suis sûre ! Pam… c'est encore plus moche que Brooke ! Décidément t'as jamais été une lumière, ma chérie !

– T'as pas fait ça ! Tu m'as pas piqué Robby !

– Je me suis gênée.

– Je vais te tuer, Terri.

– Vas-y.

– Et tu l'as trouvé où ? lança Pam tandis que Robby échappait un long filet de bave sur le vernis de sa portière bleu pétrole.

– Mais au Blue Grizz, ma chérie.

– Ils sont revenus chanter au Blue Grizz ?

– Il y a deux mois. Et c'est bête que tu te sois tirée parce que figure-toi que t'es la première chose qu'il a demandée quand il a débarqué en ville. Pas vrai, Robby ?

Mais Robby n'habitait plus à l'intérieur de Robby.

– Hé, Robby, je te parle ! Vas-y, dis-lui que tu la cherchais comme un fou !

Le regard vitreux du fameux batteur ne reflétait rien d'autre que l'unique nuage de la journée.

– T'aurais été en ville, c'est sûr que j'aurais jamais eu ma chance. Tu vois un peu comme c'est idiot. Tu te tires pour aller le chercher et c'est lui qui revient. Tu serais restée, tu serais à ma place aujourd'hui.

Il était absolument certain que Pam aurait eu à cet instant précis une arme à feu à sa disposition, le cours de la vie de chacun en aurait été modifié. Mais l'unique arme que Pam avait repérée dans la ferme était le vieux six-coups du révérend planqué dans un tiroir de l'atelier de mécanique. Trop loin. Dommage.

– C'est quoi ce gosse, Brooke ?

– Appelle-moi Pam !

– Tu sais au moins qui t'a fait ce gosse ou tu cherches encore, ma chérie ?

– Tu sais très bien qui est le père ! Grosse pute !

– Peut-être que tu me l'as dit mais tu me connais, je devais être dans les vapes. Ça serait pas le jour où tu m'as collé un acide dans mon verre par hasard ?

Et Terri lui décocha un joli sourire pour ajouter *hein*, *Brooke !*

Un bruit, celui d'une portière. Le mort-vivant avait décidé de sortir. Un besoin pressant. Il déplia son interminable squelette et le peu de chair et de muscles qui s'y accrochaient, dézippa sa braguette et sortit son zob pour pisser, juste en face de Pam. Elle fixa l'engin puis remonta jusqu'au visage émacié du propriétaire illuminé d'un sourire béat.

– Robby ? fit Pam d'une voix douce.

L'appel n'engendra aucune réaction. Il pissait et l'urine n'en finissait plus de bouillonner sur le sol terreux. Une cascade sourde.

– Robby, mon amour, c'est moi… c'est Brooke.

Enfin Robby remballa son matériel et ferma la boutique pour s'intéresser à cette personne qui lui parlait.

– Brooke Parnell… le Blue Grizz… tu te souviens ?

Pam fit quelques pas avant de s'arrêter devant la rigole de pisse qui ruisselait à sa rencontre.

– Regarde, Robby…

Elle souleva son enfant pour l'exposer au père qui, à la vue de ce bébé dodu, eut du mal à reconnecter le fil rouge avec le fil rouge de son ultime neurone.

– C'est ton fils.

Mais Robby ne captait plus. Un reset était nécessaire.

– Il ne parle pas encore mais pour sûr que s'il pouvait parler il t'appellerait *papa*.

Le regard du père passa sur le visage du fils avant de repartir au hasard visiter les alentours.

– Tu connais mon nouveau prénom ?

Les yeux de Robby finirent par se reposer sur Pam.

– Pam !

Sa bouche était ouverte, son regard vide, son cerveau aussi.

– Je m'appelle Pam maintenant ! Tu vois le clin d'œil, Robby ? C'est à cause que tu m'as dit que ton rêve ça serait de jouer pour Pam Tillis ! Tu te souviens que tu m'as dit ça dans notre chambre ? Pam Tillis !

– Laisse tomber, ma poule, il n'habite plus sur terre, glissa Terri qui avait lâché son volant pour venir agripper le bras de sa prise de guerre, histoire de signifier que la chose était sa propriété.

– Toi, tire-toi avant que je te tue ! avertit Pam.

– Il se fout de ce que tu peux lui dire, ma chérie. Tu crois qu'il est vivant parce qu'il bouge encore mais dedans c'est tout mort. Il n'y a qu'une chose qui l'intéresse. Il s'est mis dans le crâne de voir ses vieux.

– Ils sont pas là ses vieux. Ils sont partis.

– Oui. Mais nous, il faut qu'on les voie rapido.

– Pourquoi ?

– Il fait une vraie fixette. Il veut absolument que ce soit son père qui s'en occupe. Il pense que c'est la seule façon de se réconcilier avec lui. C'est bien l'officier légal dans le coin ?

– Mais s'occuper de quoi ?

– Mais de notre mariage, ma chérie, lâcha la reine des putes.

Juin 2018

Une révélation électrisa Nicholas au milieu de la nuit. Évidemment qu'il avait vu ce David Stevens, puisque du lundi au vendredi il était constamment sur le Liberty Dock. Comment n'avait-il pas percuté plus tôt ? Seule explication valable : sur le dock il ne cessait de saluer tous ceux qui passaient, les habitants, les livreurs, les gosses, trop de monde. Et cet homme aux cheveux poivre et sel qui avait demandé s'il était bien sur le Liberty Dock, c'était forcément David Stevens. Pourtant dans ce souvenir confus un détail le troublait. Il était certain de l'avoir vu, moins de lui avoir parlé.

Assis sur le rebord de son lit, la tête plongée dans ses mains, Nicholas cherchait à s'en faire péter le cerveau. Il triait les passants, classait ses journées, rangeait les matinées d'un côté et les après-midi de l'autre. Un éclair venait de lui faire apparaître Stevens en train de poser une question mais rien d'autre ne lui revenait en mémoire. Il alla récupérer son carnet où il notait tous les détails de ses chantiers. Tout en recoupant ses souvenirs avec ses annotations, il situa la date de cette rencontre au mardi 30 mai.

Une demi-heure plus tard Dennac et ses questions sans réponses débarquait au *San Francisco Daily Evening* dans le bureau du stagiaire de nuit qui était lamentablement éfouassé sur son clavier. Nicholas tenta de s'asseoir sans bruit mais son fauteuil des années 80 en décida autrement. Owen se redressa comme un garenne pris dans les phares d'une voiture.

– Qu'est-ce qui se passe ? fit-il d'une voix râpeuse.

– Tu bosses ou tu dors ?

– Il est quatre heures du matin, je travaille !

– En ronflant ?

– Ça ne vous est jamais arrivé de vous endormir quand vous étiez à ma place ?

– Si. Il faut dire que c'était particulièrement chiant comme boulot.

– Ça n'a pas changé.

– Ça te dirait de travailler sur un article ?

– Quel genre ?

– Genre enquête.

– Sur quoi ?

– Accident ou crime.

– Votre surfeur ?

– J'ai besoin… disons d'un assistant. Une personne de confiance. Quelqu'un capable d'aller poser des questions à droite et à gauche. Quelqu'un capable de rédiger un article. Quelqu'un capable de fermer sa gueule.

Owen se garda de répondre.

– T'as compris ce que je t'ai dit ? fit le charpentier.

Encore une fois le jeune resta muet.

– C'est bien, fit Nicholas, le silence est un bon début.

– Vous pensez que votre géologue ne s'est pas simplement noyé ?

– Il n'est pas impossible qu'il se soit noyé. Mais il n'est pas impossible non plus qu'on l'ait assassiné.

– Qu'est-ce qui vous fait dire ça ?

– Il n'est pas impossible que je te cache des choses.

– Pourquoi ? Si vous voulez que je travaille avec vous, je dois savoir ce que vous savez.

– Oui mais figure-toi qu'un journaliste garde ses sources pour lui. C'est pas ce que tu m'as dit l'autre soir ?

– Alors que si moi j'apprends des choses, je dois vous les communiquer ?

– C'est ça.

– C'est ingrat.

– Stagiaire, c'est ingrat.

Owen prit le temps de la réflexion.

– Maintenant si tu préfères que je te laisse baver sur ton clavier, tu me le dis et je m'en vais, lâcha Nicholas.

– Qu'est-ce que je suis censé faire ?

– David Parker Stevens est venu chez moi à Sausalito sur le Liberty Dock.

– Chez vous ?

– Façon de parler. J'habite une des maisons flottantes mais qui n'est pas directement amarrée aux pontons officiels.

– Vous habitez avec les hippies ?

– Il n'y a plus de hippies.

– Des vieux babas cools délabrés qui habitent dans des débris flottants.

– Toi tu vas avoir des problèmes !

– Je vois où c'est. Continuez.

– Stevens est venu le mardi et le mercredi précédant sa mort, le 30 et le 31 mai.

– Il y a quinze jours donc.

– C'est ça. Il est venu sur le Liberty Dock. C'est là que je l'ai vu. C'est un peu brouillé mais je suis sûr qu'il a posé une question. Par contre impossible de me souvenir si c'est moi qui lui ai répondu ou si c'est quelqu'un d'autre.

– Alzheimer ?

La plaisanterie du jeune con se crasha lamentablement sur le regard noir du plus vieux.

Il y eut un silence. De ceux qui indiquent qu'on a frôlé la catastrophe. Puis le plus énervé des deux reprit le cours d'une vie normale.

– Sur mon carnet où je note tous les détails de mes chantiers, j'ai retrouvé le nom des proprios des trois maisons où j'ai travaillé ce jour-là. Je veux que tu ailles voir ces gens et que tu les questionnes sur Stevens.

– Qu'est-ce que je leur demande ?

– S'ils l'ont vu. Et si oui, est-ce qu'ils se sont parlé ? Et ce que je veux savoir aussi, c'est ce qu'il avait dans les mains.

– Pourquoi ?

– Parce que je le revois parler à quelqu'un près de moi avec un gros truc brillant dans sa main. Et je ne suis pas foutu de me rappeler quoi.

– Un gros truc brillant ?

Oui, fit Nicholas d'un hochement de tête.

– Je crois que je peux faire ça, déclara finalement Owen.

– Tina est folle.

Dailey Clark attendait la réaction de Nicholas qui, debout dans son salon, restait imperturbable. Comme si cette déclaration était une révélation, pensait-il.

– Pourquoi voulez-vous l'épouser ? Je me pose cette question depuis longtemps mais je suis incapable d'y répondre, je n'arrive pas à vous comprendre.

Clark était sur le canapé avec sa question à la con. Il devait espérer une réponse qui ait du sens, du moins un sens qu'il comprendrait, lui qui était dans le monde des affaires. Une ineptie du genre *mais pour faire main basse sur l'empire Wards et devenir milliardaire bien sûr !*

– Vous savez, j'ai connu Tina avant vous. Du temps où Tom Wards était encore vivant. Et de ce temps-là, elle était déjà folle.

Nicholas avait fait la connaissance de ce Dailey Clark dès sa rencontre avec Tina, lors du décès de Tom Wards, deux années auparavant. Avant de mourir, ce dernier avait chargé Nicholas d'un chantier à la Wards Villa, son énorme propriété de la Napa Valley. Le charpentier devait construire une connerie de maison de jardin façon Disneyland pour la femme de Wards. À cette époque Tina n'était juste qu'une bimbo blonde qui végétait dans son rôle de femme de, entre ses quinze pétards et ses innombrables lignes de coke quotidiennes. Peu de temps après l'assassinat de Tom, Nicholas était devenu l'amant de Tina. Cette relation amoureuse avait débuté en plein dans la période où elle héritait de l'empire Wards, un des plus gros groupes industriels du pays. À l'époque tout le monde s'attendait à ce que Mrs Bimbo veuve Wards ne fasse que de la figuration dans l'organigramme de l'entreprise. Mais c'était sans compter avec son caractère imprévisible. D'emblée elle avait pris les commandes, avait ignoré le casting des conseillers qu'on voulait lui imposer et avait désigné ce Dailey Clark dans le rôle du fondé de pouvoir. Ce Clark qu'elle avait croisé en visitant une usine à papier du consortium était le genre de gars hyper-compétent, honnête et solide. Il était devenu son bras droit puis l'éminence grise qui dirigeait de fait le Wards Group et ses centaines de sociétés à travers la planète.

C'était la première fois qu'il avait sollicité un entretien avec Nicholas.

– Vous savez, je n'ai jamais douté qu'elle ait épousé Tom pour son argent et pour devenir l'héritière de l'empire. Ce qu'elle est aujourd'hui. Depuis qu'elle est devenue milliardaire, je constate qu'elle est devenue encore plus folle.

Nicholas s'était réfugié dans un agacement muet. Au vu des premières circonvolutions, il ne faisait aucun doute que Dailey avait un paquet merdique à lui refiler.

– En fait, depuis la naissance de votre fille, Tina ne dirige plus le Wards Group de la même façon. Les affaires sont passées au second plan. Elle s'évertue désormais à faire souffrir les uns et les autres avec une certaine application. Et depuis vos fiançailles, je suis devenu sa cible principale.

Le langage corporel de Nicholas était clair, il s'impatientait.

– Je sais que vous détestez qu'on vous parle des affaires du Wards Group.

Juste, fit l'œil noir de Nicholas.

– Vous n'êtes pas le genre de type qui recule, Nicholas. Elle non plus, moi non plus. Nous sommes des gens entiers. C'est la raison qui m'a décidé à venir ici pour vous dire que vous devez renoncer à l'épouser.

Il approchait des limites.

– Je connais chaque détail du contrat de mariage que vous avez fait élaborer. Je sais que vous ne l'épousez ni pour son argent ni pour faire main basse sur l'empire Wards. Mais toutes les clauses de ce contrat de mariage ne suffiront pas à vous écarter des responsabilités qui vous incomberont s'il arrive quelque chose à Tina. Vous êtes le père de Yepa qui héritera le moment venu et vous serez donc son tuteur. Vous devez savoir que vous êtes déjà considéré par le monde des affaires comme l'héritier en puissance. C'est un fait.

C'était à peu près tout ce que Nicholas refusait d'entendre.

– Votre fiancée devient incontrôlable, ce qui est incompatible avec son rôle dans un groupe aussi important que le Wards Group. Je suis venu vous dire que les actionnaires ont demandé une expertise médicale. Cela pour vérifier si son état mental est conforme à la fonction qu'elle occupe. Vous serez contacté par cette commission.

Dailey suspendit son discours. Il attendait une réaction de Nicholas.

– Nous sommes tous fatigués des insupportables tensions qu'elle nous impose. Elle s'est prise d'une nouvelle lubie : se venger du capitalisme en humiliant les uns et les autres. En licenciant les plus hauts cadres, en placardisant certains dirigeants, en obligeant des hauts responsables à de perpétuels mouvements de postes et des déménagements incessants. En résumé Tina pousse tous ceux qui ont une quelconque responsabilité, moi y compris, au burn-out. De plus, elle prend des décisions abruptes et n'hésite pas à décréter le contraire quelques jours après. Ça devient n'importe quoi ! Je n'en peux plus !

Rien à foutre de ton problème mec, pensa Nicholas en fixant Dailey qui attendait désespérément une réaction.

– Si vous pensez que je délire, vous avez tort. Nous sommes dans la même barque car vous êtes en bonne position dans la liste de ses lubies.

Et voilà. Ce connard s'immisçait dans sa vie privée.

– Ce qu'elle possède de vous aujourd'hui ne lui suffit plus. Elle vous veut entièrement à elle, plus qu'avant, plus qu'aujourd'hui. Elle vous veut chez elle, avec elle, pour elle et cela sans demi-mesure. Elle veut vous contrôler et elle fait tout pour cela.

– Ça suffit ! Vous avez pété un câble ! C'est très aimable de vous préoccuper de moi, Dailey, mais là c'est bon !

– Vous avez raison, ça ne me regarde pas. Mais si elle évite de vous mettre au courant de sa vie professionnelle, ce n'est pas mon cas.

– C'est-à-dire ?

Le regard du charpentier était glacial.

– C'est-à-dire que je suis tenu au courant de *sa* vie privée, donc de la vôtre. C'est-à-dire que depuis deux ans que je suis à ses côtés, je suis devenu le confident de Tina Wards. Je précise que je déteste ce rôle. Rassurez-vous, votre compagne ne se répand jamais dans le domaine de l'intime. Mais pour le reste, j'ai droit à des rapports journaliers et je suis tenu de donner mon avis. Vous l'ignoriez, j'imagine ?

Dailey Clark s'interrompit de nouveau. Histoire de produire son effet. Nicholas tourna son visage excédé vers la baie vitrée. Il lui fallait se calmer pour réfléchir à ces saloperies de révélations qui faisaient voler en éclats la vision qu'il avait de sa relation avec Tina. Une relation en bonne intelligence débarrassée des rapports liés à l'argent, où chacun est l'égal de l'autre. Si elle se confiait effectivement à Clark, cette vérité de leur couple n'existait plus. Que cherche ce connard ? se demandait Nicholas.

– Je connais le conflit qui vous oppose. Elle ne veut plus vivre sur l'eau et vous refusez de vivre à terre. Elle a attendu que vous cédiez mais en vain. Alors elle vient de décider qu'elle irait au bout de son projet. Vous comprenez ce que cela implique ?

– Je vous ai assez entendu, Dailey. Tirez-vous d'ici, s'il vous plaît.

– Cela implique que si vous l'épousez, vous serez définitivement privé de votre vie. L'autre jour elle a fait allusion à une idée qu'elle a derrière la tête si vous résistez.

– Quelle idée ? fit Nicholas, soudain inquiet.

Clark se leva et récupéra sa veste.

– Si vous continuez à refuser d'aller vivre à terre, elle déménagera sur la côte Est en emmenant votre fille et en transférant le siège du groupe à New York.

– N'importe quoi !

– Vous ne croyez rien de ce que je vous dis ? Et si je vous dis qu'elle pleure, vous me croirez ?

– Pardon ?

– Elle pleure tous les jours.

– Tina ?

– Ça vous étonne ? Vous pensez qu'elle n'est pas du genre à pleurer ? C'est ce qu'on pourrait croire a priori mais il faut se méfier des a priori.

– Je ne vous crois pas. Tina ne pleure pas. Depuis que je la connais je ne l'ai jamais vue pleurer !

– Pourtant vous devriez me croire parce que contrairement à vous je passe mes journées à ses côtés.

Nicholas se prit à réfléchir. Et si c'était vrai ?

– Depuis quand ?

– Vos fiançailles. Savez-vous pourquoi ?

– Non…

– Moi non plus. Je pensais que vous auriez une petite idée.

Cette fois Nicholas était touché, décontenancé, muet.

– Je vais démissionner et je vais l'annoncer aujourd'hui à Tina. Elle trouvera un nouveau souffre-douleur sans problème. Il m'a semblé naturel de venir vous parler. Prenez ça comme vous voulez. C'est juste un conseil d'homme à homme. À mon avis votre fiancée est folle et une enquête psychiatrique dira si j'ai raison. Je vous conseille de faire en sorte qu'elle ne devienne pas votre femme, vous ne vous en sortiriez pas.

Il salua son hôte. Et avant de partir :

– Je ne trouve toujours pas la réponse à la question que je me pose depuis que je vous connais, Nicholas : pourquoi reste-t-il avec cette femme ? Et ne me répondez pas *parce que je l'aime*, cela ne suffit pas.

Puis il sortit.

Exaspéré, déconcerté, Nicholas se retint pour ne pas se venger sur le premier objet à sa portée. Il se colla à la vitre et se perdit dans les ondoiements de la flotte. Il chercha une autre réponse à la question de Clark mais il n'en trouva pas. Il aimait Tina. Il aimait cette folle et c'était sa réponse. Aimer ne se calcule pas. Aimer domine tout le reste.

*

– Stevens avait un casque de vélo à la main, annonça Owen Beman au téléphone.

– Tu es sûr ?

– Un casque de vélo mauve.

– Qui t'a dit ça ?

– Les Hovland, un couple de publicitaires qui possèdent une maison dans le style norvégien. Ils se sont souvenus tous les deux du casque mauve.

– Ils se rappelaient autre chose ?

– Oui. Stevens leur a demandé s'il se trouvait bien sur le Liberty Dock.

– Et les autres ?

– Sur les trois autres noms que vous m'avez donnés, je n'ai pu voir qu'une femme de ménage chez un vieux du nom de Tompkins. Elle n'a jamais vu Stevens.

– Rien d'autre ?

– Si. J'ai été abordé par une dingue de chez les hippies. Elle voulait savoir ce que je faisais là.

– Il n'y a plus de hippies !

– Alors il y a des dingues. Elle en particulier. Elle n'a pas arrêté de me poser des questions.

– Toni Dylan, devina Nicholas.

– Je ne sais pas. Elle ne m'a pas dit son nom. Elle est pire que les flics, cette bonne femme. Elle veut tout savoir.

– Et c'est tout ?

– Non. J'ai été invité à boire un verre chez une nympho. Theresa Merryll. Vous connaissez ?

– Elle t'a sauté dessus ?

– C'était à deux doigts.

– Et comment t'es-tu présenté pour obtenir ces informations ?

– Un journaliste ne livre pas ses méthodes.

Un casque de vélo impliquait un vélo. Nicholas partit à sa recherche jusqu'au petit centre commercial installé au carrefour mais ne trouva rien en dehors des quelques bicyclettes des clients du Bay Side Cafe.

Tina débarqua chez lui le soir même avec Yepa dans les bras. Sa journée au bureau avait été exécrable. Ils passèrent la soirée simplement, dîner puis coucher du bébé. Tina se garda de toute allusion à son obsession d'aller vivre à terre. Nicholas se garda de toute confidence concernant son entrevue merdique avec son fondé de pouvoir. Cette femme était un être sauvage qu'il n'avait certes pas réussi à dompter mais le problème était réciproque. Ils s'aimaient à leur façon, ils aimaient la vie qu'ils menaient ensemble, inhabituelle mais adaptée à leurs deux personnalités. C'était peut-être ça la réponse à la question malsaine de ce connard de Clark.

Cependant l'impression dégueulasse que leur discussion avait laissée ne se dissipait pas. Depuis que Clark lui avait révélé que sa fiancée pleurait tous les jours, Nicholas était ébranlé. Il passa sa soirée à repérer des signes d'une possible dépression. Il hésita cent fois à vider son sac mais le sourire de son Indienne emporta la partie.

Janvier 1997

C'est le jour de la noce que les choses basculèrent. Il n'y avait pas grand monde prévu à ce mariage, une demi-douzaine de participants seulement. Néanmoins personne ne vit Pam entrer. Mr et Mrs Di Marcio avaient pris la précaution d'éloigner Pam en lui affirmant que la cérémonie aurait lieu à Fresno alors qu'ils seraient dans la minuscule église de Five Points où le révérend dirigeait les offices une fois par mois.

Mais Pam n'était pas si débile que ça.

C'est bien à Five Points qu'elle se pointa en bicyclette avant qu'ils n'arrivent. Elle se glissa entre deux moissonneuses rouillées sur le parking du garage agricole situé en face de l'église. Les deux voitures se pointèrent une demi-heure plus tard. L'immense décapotable bleu pétrole et la Lincoln blanche. Dans la première il y avait Terri, la reine des putes, et Robby, l'amour de sa vie. Dans l'autre, il y avait les Di Marcio et un vieux couple de Mexicains, certainement des journaliers ramassés dans les vergers pour faire les témoins en échange d'un billet de dix dollars. Au milieu des marches Terri demanda à Rhonda de prendre une photo des futurs épousés. Et puis la petite compagnie disparut dans l'église miniature. Alors que le révérend commençait la cérémonie, Pam entra. En deux pas elle fut à la hauteur de la petite assemblée avec dans sa main levée le vieux six-coups du révérend. Le temps qu'elle ajuste la pute, la détente de la pétoire se coinça. La bagarre éclata. Un coup de feu détona et un hurlement s'éleva dans la maison du Seigneur. Le hurlement de Pam qui, les yeux exorbités, fixait son pied droit réduit en bouillie.

Le révérend l'évacua dans un état de semi-conscience. Et lorsque Pam émergea, elle était allongée dans le cabinet pourri d'un vétérinaire de la vallée avec une grosse seringue plantée dans les veines.

– Il n'y a pas d'autre solution, ma petite, fit le rebouteux en lui administrant une dose de cheval d'anesthésiant.

Elle tenta de se relever mais Scott di Marcio lui balança un coup de poing qui la renvoya valdinguer au fond d'un trou noir.

Pam reprit connaissance deux jours plus tard. Elle était dans sa cahute, allongée sur sa paillasse, anesthésiée par les antidouleurs. En tentant de se redresser elle ressentit une pesanteur inhabituelle au bout de sa jambe droite. Elle avait beau regarder son pied, elle ne comprenait pas pourquoi ce bandage n'avait pas la forme qu'il aurait dû avoir. Elle observa, détailla et finit par comprendre qu'il n'y avait plus de pied à la place de son pied. Plus rien. Scié, le pied droit. Amputée, Pam. Elle voulut hurler mais aucun son ne sortit. Un malaise vagal l'assomma. K-O sur sa couche cradingue, retour dans le trou noir.

C'était au début de l'hiver 1997. Terri la reine des putes était devenue Mrs Robby Di Marcio et Pam était devenue Miss Personne, Miss Sans-pied, Miss Rien, Miss Merde. Le chiot ventru de Miss Merde, qui n'avait que quatre mois, se transforma dès le réveil de sa mère en dommage collatéral. Elle l'attrapa, le colla dans un sac qui avait servi pour les engrais et le jeta illico dans le grand container des poubelles près de l'atelier. Jeté comme on jette un chiot, le petit ne fit aucun bruit. Les Di Marcio ne cherchèrent pas longtemps leur petit-fils. Le révérend attrapa la gamine par le col pour qu'elle avoue. Quand ils ouvrirent le sac il était moins une et plusieurs gifles furent nécessaires pour que l'enfant retrouve une respiration normale. D'après le révérend Scott Di Marcio, c'est ce sac qui lui avait collé le cerveau, au môme Leonard. C'est là qu'il avait viré muet comme une tombe. Pour Rhonda Di Marcio, si le gosse était muet, c'était tout simplement parce qu'il était le fils de sa mère. Leur première réaction fut de la mettre à la porte séance tenante. Mais la petite hurla que si elle partait de la Nine Farm ce serait avec son gamin sous le bras car c'était son droit. Qu'elle allait de ce pas au bureau du shérif dénoncer le révérend pour lui avoir tiré dessus et l'avoir fait amputer de force. Elle braillait ses menaces. Elle répétait en boucle qu'elle avait déclaré la naissance de son gosse au bureau de Tranquility, qu'il portait son nom et que personne ne pouvait le lui voler. Par charité chrétienne le révérend l'aurait bien collée à son tour dans le sac d'engrais, mais la perspective d'avoir à se chercher un énième Mexicain pour garder sa ferme l'en dissuada. Il lui proposa de rester à la condition que le môme vive. Il précisa que si elle allait au bureau du shérif, il réglerait le problème à sa façon. Pam n'avait pas quinze solutions. Sans travail, sans pied, sans ressources, elle refusait l'idée de remonter dans un camion pour un retour express chez les salauds de Parnell à Piltzville. Elle accepta mais en demandant un salaire pour sa peine. Une fois le deal conclu, elle passa de larbin à intendante de la Nine Farm moyennant une paie de misère. Une amélioration en quelque sorte.

Juin 2018

Le lendemain de leur soirée familiale Tina leva le camp, escortée par sa garde rapprochée, Carlo Davila et Andrew Kennedy. Nicholas s'attarda à gâtifier avec sa petite tout en retournant sur le site web d'AMPUTEE SURFING à la recherche des nouvelles dates de réunion. Il y en avait une l'après-midi à Stinson Beach, non loin de chez lui. Vers dix heures Nannie Jean débarqua à petits pas. Cette jeune coincée au chignon serré-serré et accoutrée comme une baby-sitter de partouze sado-maso – Nicholas se demandait toujours quel déguisement de latex elle pouvait porter sous sa robe noire – voulait voir s'il n'était rien arrivé à la petite. Elle fut reçue par une bordée d'insultes. Dennac ne ratait jamais une occasion de rappeler aux petits soldats de Tina qu'il était le père de Yepa. Vexée, Nannie Jean tourna ses talons vernis et repartit en laissant le sourire jovial de Miss Yepa Dennac derrière elle. Nicholas habilla sa fille, la prit sous son bras et vogua jusqu'au Liberty Dock où il l'installa à l'ombre de sa servante à outils. Pour Nicholas il était essentiel que sa gamine porte dès son plus jeune âge la salopette de la travailleuse manuelle plutôt que les déguisements à dentelles que Nannie Jean lui enfilait quotidiennement. Sous l'œil intéressé de Yepa, Nicholas le charpentier termina ses trois maisons réglementaires avant le déjeuner. Le père et la fille échangèrent toute la matinée un dialogue improbable, le babil du bébé étant censé répondre au discours posé du géniteur. On ne comprenait rien, mais on parlait beaucoup. L'important n'était pas le sens de la causerie, l'important était ce moment passé entre père et fille loin de l'univers bling-bling de la nurse.

– Il faudrait lui mettre de la crème sur le visage !

Nicholas, qui travaillait sous une passerelle, découvrit que Toni Dylan, la diplômée ès casse-couilles, avait pris Yepa dans ses bras.

– Elle a son chapeau, maugréa-t-il.

– Le chapeau, c'est pour le crâne. Tu n'as pas de la crème ici ?

– Dans la boîte à outils à côté du tube de graisse. Confonds pas.

Toni entreprit de tartiner la petite tandis que Nicholas reprenait son ouvrage.

– Alors comme ça tu sais ? fit-elle.

Il lui adressa un regard interrogatif.

– Pour la maison jaune. Ale m'a dit que tu étais au courant qu'elle était à lui.

– Ça te pose un problème ?

– Aucun. Mais t'en reste là. La maison jaune, tu ne dis rien, c'est pour Ale.

– Pourquoi tu te mêles de ça, Toni ?

– Je t'explique, c'est tout.

– Tu n'as rien besoin de m'expliquer. Tu vas faire ton cirque ailleurs et tu vas arrêter de te prendre pour le flic du quartier. Tu ne me conseilles rien et surtout tu ne me dis plus jamais ce que j'ai à faire. Tu reposes ma gamine et tu vas promener ton cul ailleurs.

Toni reposa la gamine, rangea le tube de crème et disparut du paysage. Ça, c'était fait. À la pause, Nicholas remit sa fille, heureuse avec sa salopette toute dégueulasse, dans les bras de la perverse SM avec qui il échangea une sorte de moue dégoûtée.

Nicholas récupéra sa vieille planche de surf et sa combinaison et mit le cap sur Stinson Beach, de l'autre côté des collines de Sausalito. Il emprunta la Panoramic Highway qui traversait la fameuse forêt de séquoias de Muir Woods, une route qui à la montée offrait des vues à couper le souffle sur la baie de San Francisco puis sur l'époustouflante côte pacifique à la descente. La promenade eût été parfaite si la climatisation de son vieux truck n'avait recommencé à faire des siennes. Pas un gramme d'air pour le charpentier qui atteignit la jolie plage moite de transpiration.

Dès son arrivée Nicholas repéra cinq surfeurs unijambistes très aguerris qui affrontaient avec assurance les vagues de ce spot réputé costaud. Debout sur le rivage, l'instructeur se contentait de jouer les vigies. D'un coup d'œil Nicholas vérifia qu'aucun flic ne traînait dans les parages. Il enfila sa combinaison, prit sa planche et tailla droit vers le type.

– Bonjour. Vous êtes le responsable ?

Cheveux rasés, court sur pattes et les muscles débordant d'un tee-shirt kaki, l'homme avait tout du gradé à la retraite. Il toisa Nicholas.

– Oui. Curtis Reilly, je suis le créateur d'AMPUTEE SURFING.

– Nicholas Dennac. J'ai entendu parler de votre association par un ami et j'ai vu sur votre site que vous recherchiez des volontaires.

– Vous surfez depuis longtemps ?

– Depuis que je fume de l'herbe. J'ai commencé le même jour.

– C'est le genre de truc qui arrive. Et vous avez déjà donné des leçons ou bien appris à quelqu'un à surfer ?

– À deux blondes. Mais il y a trente ans ou plus.

– Ici, ce serait plutôt des blonds et des bruns.

– Ça me semble envisageable.

– Il faudrait voir ça. Mais je vous mets en garde, ce ne sont pas des gens comme tout le monde. Ils ne viennent pas chez moi uniquement pour apprendre à monter sur une planche. Quand ils débarquent à AMPUTEE SURFING, c'est déjà qu'ils ont fait un drôle de chemin de croix.

– J'imagine.

– Ce sont des vétérans. Afghanistan, Irak, Syrie, des blessés graves. Certains sont passés à deux doigts de la mort et ils ont suivi des années de rééducation à San Diego avant d'arriver ici. AMPUTEE SURFING n'est qu'une étape pour ces gens-là. Le surf n'est qu'un moyen pour qu'ils se remettent la tête à l'endroit.

Ils admiraient les prouesses de ces étonnants surfeurs. Les vagues étaient un cran au-dessus de celles de Half Moon Bay. Et si leurs curieuses épingles métalliques n'apparaissaient pas au hasard des vagues, rien ne pouvait révéler qu'ils étaient handicapés.

– Ils sont jeunes, remarqua Nicholas.

– C'est l'âge de la chair à canon.

La repartie glaça Nicholas.

– Beaucoup de gens viennent se proposer mais au final on en a très peu qui restent. Les instructeurs doivent aussi être des guides de haute montagne en quelque sorte. Il faut aider ces héros à gravir les sommets qu'ils ont encore devant eux. C'est très dur dans les deux sens. Il faut être solide pour être bénévole. Dans la tronche je veux dire.

– Je comprends.

– Qui vous a parlé de nous ?

– Un ami de Mill Valley. Je suis de Sausalito.

– Stevens ?

– Oui.

– Mais… vous êtes au courant ? fit Reilly, troublé.

– Oui.

L'ancien gradé observait maintenant Nicholas avec défiance. Ils se toisaient. Les vagues grondaient. Les amputés glissaient.

– Vous avez appris comment il est mort ? reprit Reilly.

– J'ai lu qu'il s'était noyé à Roosevelt Beach. Une amie de la chorale me l'a appris hier.

– Quelle chorale ?

– La chorale de Mill Valley. Vous ne saviez pas qu'il faisait partie d'une chorale ?

Non, fit Reilly de la tête.

– Bon écoutez, si ça vous intéresse, je suis volontaire. C'est quand votre prochaine séance ? demanda Nicholas.

– Samedi qui vient. Half Moon Bay, neuf heures du matin.

– J'y serai.

Nicholas s'avança vers la mer.

– Qu'est-ce que Stevens vous a dit à propos de notre association ? demanda Reilly.

Les pieds dans l'eau glacée Nicholas accrochait la cordelette du surf à sa cheville.

– Pas grand-chose. Qu'il y était instructeur. Que c'était pour la plupart des amputés des membres inférieurs, des soldats polytraumatisés. À peu près la même chose que ce que vous venez de me raconter.

– Et vous avez surfé avec lui ?

– Le seul truc que j'aie fait avec lui, c'est boire des cafés. Pourquoi ?

– Pour rien.

– C'était un bon surfeur ?

– Excellent, fit Reilly Curtis en détachant les syllabes.

Nicholas entra dans l'eau, se décala de l'escouade des amputés et commença sa session par un take off parfait. Pour Reilly, dès la fin du premier ride, la cause était entendue. Ce Dennac qui portait une belle cinquantaine avait largement le niveau pour coacher ses héros de guerre. Nicholas resta une bonne heure dans l'océan tandis que les uns après les autres les surfeurs bioniques regagnaient la plage. À peine débarrassés de leurs combinaisons, ils remontaient au robinet de la paillote du Siren Canteen où chacun rinçait sa prothèse à l'eau douce.

Quand Nicholas sortit de l'eau, les premières voitures quittaient déjà le parking. Il ôta le haut de sa combinaison et s'allongea sur le sable. Il était bien. Cette matinée avec sa fille et cette session de surf inattendue lui avaient lavé la tête. Le temps suspendait son vol. Tina et ses problèmes de Tina était loin.

– Tenez. C'est pour vous.

En relevant la tête Nicholas tomba sur la truffe luisante d'un berger allemand puis sur une prothèse de jambe décorée d'un drapeau américain moulé dans une résine brillante. Plus haut, un jeune blond aux cheveux bouclés, Ryan O'Neal aux débuts de Ryan O'Neal, lui tendait un papier.

– Enchanté. Ryland Shilling. C'est Curtis qui m'a demandé de vous donner ça.

Nicholas récupéra une feuille de calepin annotée d'une série de chiffres.

– C'est le code pour s'inscrire sur le site de l'association. Vous remplissez le formulaire. Et je crois qu'il y a des documents à fournir.

– Ok, je vous remercie.

La jambe artificielle avait déjà fait demi-tour. Nicholas resta un moment à savourer sa difficile californian way of life et en profita pour faire le point sur son enquête. Un mot lui était resté de la conversation avec Curtis Reilly : Stevens était-il un bon surfeur ? *Ex-cel-lent*, avait-il répondu, suggérant qu'il doutait qu'il se soit noyé en surfant. Il devenait difficile de croire à la thèse de l'accident. Même s'il n'avait aucune certitude, Nicholas envisageait de plus en plus sérieusement que le sang sous la maison jaune soit bien celui du professeur. Cependant le rapport d'autopsie évoqué par le capitaine Elder faisait remonter sa mort à dimanche fin de matinée, soit vingt-quatre heures *après* son départ de la location. Si on imaginait que Stevens avait perdu du sang dans le Airbn'b entre le vendredi vingt et une heures et le samedi midi, mais qu'il était toujours vivant le dimanche matin, alors il y avait deux possibilités.

Soit Stevens, blessé, était parti se cacher pour mourir ailleurs, comme les oiseaux. Élégant, discret mais peu crédible. Car si sa blessure lui avait permis de sortir de la maison jaune, pourquoi n'avait-il laissé aucune trace de sang sur le ponton du Liberty Dock ? Et surtout, pourquoi n'avait-il pas ameuté le voisinage ?

Soit quelqu'un l'avait sorti vivant de la maison jaune, exsangue et vraisemblablement inconscient. Plus plausible. Mais sortir un corps inanimé devant une centaine de fêtards, c'était osé. Sauf dans le chien et loup de l'aube, alors que les noctambules avaient vidé les lieux. Là il devenait possible d'extraire un corps de la maison d'Ale Abbott. Nicholas penchait pour cette hypothèse.

Il revint à la réalité de cette magnifique fin d'après-midi sur la plage de Stinson Beach où le soleil ambrait l'horizon océanique. Quand il eut fait le plein de doré, il rejoignit le blond Ryland Shilling qui sirotait une blonde au Siren Canteen.

– Une Coors, commanda Nicholas à la serveuse.

Il mit le cap vers la table haute face à la mer et s'assit aux côtés du jeune Ryland et de son chien fidèle allongé à ses pieds.

– Je peux ?

– Je vous en prie, répondit Shilling.

Avec ses boucles blondes et son visage carré, Ryland évoquait un de ces anges peints par les maîtres de la Renaissance. Mais certains détails trahissaient son époque. Ainsi les tatouages patriotiques qui couraient sur ses bras à la musculature impeccable, saillante et huilée. Ryland arborait tous les codes corporels du bel homosexuel californien.

– Je ne me suis pas présenté tout à l'heure. Nicholas Dennac. Ça fait longtemps que vous êtes à AMPUTEE SURFING ?

– Quatre mois.

– Quatre mois ! Vous vous débrouillez plutôt pas mal.

– J'ai pratiqué à San Diego à l'hôpital de la Navy, le centre de rééducation pour les vétérans.

– Ça vous est arrivé où ? demanda Nicholas en désignant le membre amputé.

– Irak, 2011.

Sept ans qu'il avait été blessé ! Et pourtant à détailler son visage encore adolescent on lui donnait vingt ans tout au plus.

– Quoi ? lança Ryland qui avait perçu le trouble de Dennac.

– Vous faites vraiment jeune.

– J'avais seize ans, j'en ai vingt-trois. C'est arrivé en novembre, un mois avant le retrait définitif. Nous étions à un barrage au sud d'Al Küfa quand deux voitures blindées d'explosifs nous ont foncé dessus. On était six. Il y a eu trois survivants mais aucun de nous n'a gardé ses quatre membres intacts.

– Désolé.

– Ça ne me dérange pas. Nous devons apprendre à le raconter. On nous entraîne pour ça. Au début, c'est impossible. Mais maintenant je commence à m'y faire. Sauf si vous me demandez les détails. Je bloque encore pas mal sur les détails. Parce que c'est dans les détails que je revois le visage de mes copains. Les trois qui sont restés ne sont pas morts tout de suite. Ils sont morts dans nos bras.

Troublé, Nicholas colla ses lèvres au goulot de sa bière. Il avait déjà croisé ces gosses en treillis dans des couloirs d'aéroport ou des gares routières mais sans vraiment réaliser ce qu'impliquait l'expression *chair à canon*. Ne pas se poser de questions, une manière comme une autre de fermer les yeux.

– Vous êtes resté combien de temps à San Diego ? reprit Nicholas.

– Quatre années. Quand ils m'ont récupéré après l'explosion, j'avais des éclats plein la jambe droite. En Irak ils ont réussi à sortir les plus gros et du coup ils m'ont laissé entier. Quand je suis arrivé à San Diego j'avais encore mes deux jambes. C'est après les premières opérations que ça s'est infecté. Quarante-sept opérations pour retirer le reste des éclats. Ça s'infectait de partout. Ils ont fait des greffes mais ça n'a pas pris. Début 2015, ils ont coupé et j'ai commencé la rééducation.

Nicholas vida sa blonde d'un trait. Il alla au comptoir et revint avec deux bières.

– Vous aviez fait du surf avant ?

– Seulement du skate. C'est pour remonter sur mon skate que je fais du surf.

– C'est difficile de surfer avec une prothèse ?

– Tout est difficile avec une prothèse.

Je suis vraiment trop con, pensa Nicholas.

– Ne vous en faites pas, j'ai l'habitude, glissa Ryland dans un sourire.

– Vous êtes d'où ?

– Pleasantville, Iowa.

– Et vous vous destinez à quoi ?

– Photographe. Je photographie les vétérans comme moi. Les amputés, les grands blessés. Mais moi, c'est plutôt des photos sexys.

Une fois de plus Nicholas fut surpris par la réponse du beau blond.

– C'est un travail personnel. Je cherche à casser les stéréotypes à propos des victimes de guerre. Je voudrais qu'on les regarde autrement, comme des personnes à part entière. Je les photographie nus la plupart du temps. Un peu le style photos de calendrier gay. Vous voyez ?

– J'essaie.

Pour illustrer son propos Ryland Shilling sortit son Smartphone et montra deux magnifiques clichés sophistiqués à la lumière très léchée. L'un montrait un homme superbe à la musculature impeccable, crucifié sur une croix avec un cache-sexe très succinct. Quand on y regardait de plus près, on découvrait que ce christ des temps modernes était amputé des deux jambes au niveau des mollets.

Le second cliché était plus troublant encore. Une très belle jeune femme amputée des deux bras exhibait une sublime poitrine nue tatouée de roses rouges et roses. Elle dissimulait ses jambes dans des drapés de soie. Nicholas était hypnotisé par ce corps féminin dont la pose assumée évoquait la *Vénus de Milo*. Mais une Vénus aux chairs meurtries, belle, excitante et forcément dérangeante.

– Elle vous plaît ? Je peux vous la présenter si vous voulez, on travaille ensemble.

Content de lui, Ryland échappa un rire.

– J'ai réussi mon coup !

Nicholas cherchait à comprendre.

– Je vous ai troublé ! Elle vous a troublé ! Vous êtes troublé, dérangé par cette fille. C'est normal. Elle est sacrément excitante, non ?

– Oui… je dois le reconnaître.

Nicholas ne quittait plus la fille des yeux.

– Vous voyez ! Elle vous fait l'effet qu'une belle femme fait sur un homme.

– Y a-t-il beaucoup d'amputés qui acceptent votre démarche ? Ça ne doit pas être évident.

– Au début personne ne voulait. Maintenant que ces photos existent, je n'ai pratiquement aucun refus, que des demandes. C'est un projet que j'ai soumis au programme de rééducation à San Diego. Ils l'ont approuvé et désormais ils le proposent comme un travail pour mieux s'accepter. Je m'applique à embellir les physiques et du coup les gens sont fiers de leur corps et de le montrer. Ceux qui viennent me voir travaillent dur sur eux-mêmes avant de m'appeler. Ces photos, c'est comme le surf, c'est une victoire, une revanche sur la vie.

Nicholas écoutait l'ange blond mais son attention était ailleurs. Fixée sur cette Vénus du XXIe siècle. Fixée sur cette superbe poitrine tatouée de roses rouges et roses, de tiges et de feuilles vertes grimpant comme des serpents pour enserrer ce buste fier où se fixaient ses deux moignons. Vraiment troublant.

Rentré chez lui, Dennac se connecta au site d'AMPUTEE SURFING où il entra son code secret. Il accéda ainsi à la page « Images » où chaque séance était répertoriée. Il suffisait de cliquer sur une des dates proposées et une page de photos s'ouvrait. Nicholas y dénicha Stevens aux sessions du 20 et du 27 mai. Cinq photos le montraient dans la même attitude : dans l'eau jusqu'au torse, maintenant la planche d'un apprenti surfeur. Sur ces cinq photos Nicholas lui attribua trois élèves. Il y avait la Vénus vue sur les photos de Ryland, une grande rousse maigre amputée sous le genou gauche et un chauve, trapu, hyper-musclé et amputé de la jambe droite. À bien observer le visage lisse de ce type on devinait qu'il avait subi une reconstruction faciale. Nicholas chercha les noms de ces stagiaires mais aucune photo n'était légendée. C'était certainement intentionnel. Quand Nicholas abandonna ses recherches il était trois heures du matin et il était encore trop agité pour aller se coucher. Se polariser sur cette affaire lui évitait de réfléchir aux confidences de Dailey Clark. Apprendre que

Tina pleurait chaque jour au bureau était si choquant qu'il préférait croire ce qu'il voyait quand il était avec elle. Tina, pleurer ? C'était tellement loin de la femme qu'il connaissait. Il ne pouvait imaginer que son refus d'habiter sur la terre ferme était la raison de ces crises de larmes. Pas pour ce genre de broutille. Tina était la reine des chieuses mais pas une pleurnicharde.

Pourquoi se prenait-il la tête avec ces conneries ?

Agacé, Nicholas s'empara de ses jumelles pour observer la maison jaune qui flottait paisiblement au centre du Liberty Dock. Comment avait-on extrait Stevens blessé de la maison ? Quand l'ondulation d'un animal aquatique vint troubler la surface des eaux, Nicholas se prit à imaginer que Stevens, ou le corps de Stevens, avait quitté la maison dans ou sur l'eau jusqu'à un rivage, hors de la vue de tous. C'était sans doute la façon la plus discrète de quitter cet endroit sans être vu, et a fortiori à l'aube naissante.

Imaginer, c'était tout ce qu'il pouvait faire à ce stade.

1997-1998

À la Nine Farm les trois mois qui suivirent sa mutilation ne furent pas de trop pour que Pam réussisse à se débrouiller avec ce nouveau corps sans pied droit. Elle profita des absences des Di Marcio pour investir l'atelier de mécanique afin de se fabriquer une prothèse. Son vieux avait été soudeur à Piltzville, elle se trouva vite des talents naturels dans ce domaine. Lorsque à son retour le révérend découvrit que son atelier avait été violé, il entreprit de régler son compte à Pam mais se calma en découvrant la prothèse de la gamine. Elle lui expliqua comment elle avait découpé la lame ressort d'une remorque, comment elle l'avait forgée et soudée. Un travail d'orfèvre qui força le respect de Di Marcio. Son opinion sur Pam changea du jour au lendemain. Il ne réfléchit pas longtemps avant de lui proposer de travailler sur les remorques. Pam discuta de sa paie, ils tombèrent d'accord et c'est ainsi qu'en 1997 l'une devint l'assistante de l'autre. Le révérend l'initia aux secrets du reconditionnement des remorques et à la fin de l'été elle régnait déjà sur son nouveau monde, l'atelier de mécanique. Une nouvelle amélioration dans les conditions de vie de Pam Parnell. Mais la vraie métamorphose survint une année plus tard lorsqu'un coup de tonnerre claqua dans le ciel bleu de la San Joaquin Valley.

Un après-midi de la fin du printemps 1998 les Di Marcio débarquèrent précipitamment à la Nine Farm. Ils venaient d'être prévenus que suite à une overdose leur fils Robby était entre la vie et la mort dans un hôpital de Los Angeles. Le temps de récupérer quelques affaires, ils étaient déjà repartis. Une semaine plus tard ils ramenaient le zombie dans une ambulance qui s'arrêta sans bruit dans la cour. Lorsqu'on sortit le mort-vivant de cette boîte blanche, il était évident qu'il n'était plus en état de fonctionner normalement. Déjà qu'à l'ordinaire il accusait quelques difficultés avec la réalité, cette fois son cerveau s'était éclipsé dans une galaxie très éloignée de la planète Terre. Disparu dans un trou noir. Ses fonctions vitales tournaient au ralenti mais le reste avait switché sur off. C'était un légume et il était logique de le ramener dans la San Joaquin Valley, le potager de l'Amérique. Quant à la Terri, elle avait disparu de la circulation.

Robby fut installé sur une chaise roulante et passait ses journées inerte, la tête penchée, le regard vide, un vrai meuble d'ornement sur roulettes. Malgré tout, la vie reprit son cours avec cette grosse différence que Pam avait à ses côtés le père de son enfant. Dès que les vieux repartaient, elle devenait la responsable en chef de Robby Di Marcio, l'amour de sa vie. Elle le traînait partout derrière elle du matin au soir et l'allongeait dans son lit pour passer les nuits à ses côtés. Papa sans cerveau à côté de maman sans pied et le gros chiot sans langue au pied de la couche des parents. Le bonheur. Ces quelques mois furent sans aucun doute les plus beaux de la vie de Pam Parnell.

Le mariage de Five Points avait duré à peine onze mois et lorsque le divorce de Robby et Terri fut prononcé, tout changea à la Nine Farm.

– Pam, c'est fini pour nous ici, lui balança le révérend alors qu'elle était allongée sous une remorque. Rhonda et moi, nous partons nous installer plus loin, dans le nord de la vallée. Mais j'ai quelque chose à te proposer. On te laisse la ferme.

Les outils à la main, elle cessa sa mécanique.

– On te la donne.

Elle observait la seule chose qu'elle pouvait voir du révérend, ses pieds.

– Tu continues les remorques. Je te paierai le prix qu'il faut. Et tu t'installes dans la maison avec ton gosse.

– Et avec Robby !

– Non. Robby vient avec nous.

– Robby est divorcé maintenant. C'est le père de mon enfant. Je veux l'épouser !

– Hors de question.

– Je m'occuperai de lui. Vous n'aurez plus à vous en soucier.

– Impossible. Il a besoin de soins et tu es incapable de t'en occuper. Et son tuteur légal, c'est moi.

– Alors c'est non !

– Ok. Tu prends tes affaires et ton gosse, et tu te tires. La ferme sera vendue dans la semaine. J'ai un acheteur.

Les Di Marcio déménagèrent de la Nine Farm trois jours plus tard avec leur fils. Ils n'allèrent pas très loin, ils s'installèrent à Firebaugh, une petite ville du nord de la vallée. Bien entendu Pam n'avait pas eu d'autre solution que d'accepter la proposition et resta à la ferme. Sans l'homme de sa vie, sans son pied mais avec Leonard-Raymond, le dommage collatéral. Dorénavant elle avait une maison à elle et un travail qui lui assurait un avenir possible dans cette région qui s'enfonçait chaque jour un peu plus dans le trou du cul du monde.

Juin 2018

Le jeudi matin Nicholas ramait vers son chantier quand l'énigme de la maison jaune l'arrêta à mi-chemin du Liberty Dock. En supposant que Stevens, encore vivant, ait été sorti du Airbn'b et emmené sur une embarcation, il se demanda où son corps avait pu être débarqué. D'un coup d'œil panoramique il observa toute la bande côtière de la baie de Sausalito intégralement urbanisée. Le seul endroit resté à l'état naturel était une petite plage sous le pont de l'autoroute. C'était aussi le seul coin à l'abri des regards.

Il retourna chez lui et partit à pied vers la plage en longeant le rivage. Il s'imaginait être le type qui avait sorti Stevens de la maison jaune. Pour l'embarcation il avait l'embarras du choix entre les innombrables barques, planches de paddle-board et autres radeaux de toutes sortes amarrés aux pontons. Il suffisait d'aller en détacher un dans la nuit, de faire l'aller-retour avec le corps jusqu'à cette plage et de le remettre à sa place au petit matin. Dans ce scénario une évidence lui apparut : pour être ainsi déplacé sur l'eau, Stevens ne pouvait être qu'inconscient.

Cinq minutes de marche le long du rivage et Nicholas s'immobilisa au seuil de la petite plage. Il voulait s'imprégner de l'endroit afin de reconstituer la scène. Cette plage était un terrain vague couvert de déchets. Le rivage à droite, la bande de sable au centre et à gauche les bosquets qui grimpaient jusqu'aux voies de circulation. Un chemin de terre filait jusqu'au parking du Bay Side Cafe à cinq cents mètres de là. En se retournant vers la baie, Nicholas constata qu'on ne voyait plus aucune maison. Ce qui était vrai dans un sens l'était obligatoirement dans l'autre. Aucun habitant de la baie ne pouvait voir ce qui se passait sur cette plage. C'était bien le seul emplacement pour évacuer un corps.

Sur le sol des détritus s'étalaient çà et là. Canettes, seringues, préservatifs, revues, bidons d'huile et autres papiers gras, portés par le courant, jetés par des visiteurs ou bien balancés depuis l'autoroute. Nicholas fit un inventaire détaillé de tout ce qui jonchait le sol et les fourrés. L'affaire lui prit une heure. Il regardait les déchets en les laissant dans leur contexte et allait voir de plus près si nécessaire. Mais rien ne retint son attention. C'est sur le chemin du retour vers la Waldo Coop qu'il remarqua un objet de couleur mauve flottant dans un marécage. Un casque de vélo. La prise était magnifique. Rentré, douché et changé, il entreprit d'explorer l'objet de sa pêche. D'aspect le casque était en parfait état, le séjour dans l'eau ne l'avait pas encore altéré. À l'intérieur il trouva un papier coincé dans le fond sous des sangles. C'était un prospectus en piteux état car mouillé, déchiré aux deux tiers et maculé de boue. Sur la seule partie lisible Nicholas déchiffra un sigle : SJDA. Et une phrase :

SCHISTES DE MONTEREY : ARRÊT IMMÉDIAT DES EXPLORATIONS !

*

– Ça fait quoi ? Trente ans ? fit une voix dans le dos de Nicholas.

Affairé à poser ses colliers sous le ponton du Liberty Dock, il leva les yeux vers cette voix, vers ce visage qui s'était collé en plein dans son soleil. Exprès à coup sûr.

– On s'évite pendant trente ans et voilà qu'on se croise deux fois la même semaine. Comment t'appelles ça, toi ? Le hasard ?

Cette voix revenue du fond des souvenirs, c'était celle de Kevin Keys.

– Moi, je dirais la malchance. Et toi ? renchérit K. K.

– Deux fois ? lança Nicholas.

– Ah oui, c'est vrai ! J'avais oublié cette habitude que tu avais de prendre les autres pour des cons. T'as pas changé, Dennac.

– Je croyais qu'on ne se parlait pas ou plus ?

– Moi aussi. Mais vu que je te croise deux fois sur les lieux de mon enquête, disons que je me force.

– C'est jamais bon de se forcer, Kevin.

– C'est professionnel. Et évite de m'appeler Kevin. Qu'est-ce que tu fais ici ?

– Mon boulot. Je prépare le chantier pour l'évacuation des eaux usées.

– Ça consiste en quoi ?

Nicholas avait beau mettre sa main en visière, il ne distinguait rien du visage du lieutenant auréolé des rayons du soleil.

– À dégager les accès et poser les colliers pour les futurs tuyaux.

– Tu fais ça depuis quand ?

– Début mai.

Keys nota sur son carnet.

– Tu as fait la maison jaune là-bas ?

L'ombre chinoise tendit le bras et l'index vers la baraque d'Ale Abbott.

– Bien sûr.

– J'enquête sur le décès du dernier locataire de cette maison.

Keys guetta une réaction. Flashé par le soleil, sa main en coupe au-dessus des yeux, Nicholas entrouvrit imperceptiblement les lèvres, histoire de rendre sa stupéfaction crédible.

– Tu es au courant ?

– Pas du tout. C'est qui ?

– C'est drôle comme j'ai toujours l'impression que tu te fous de moi. Et donc en dehors de ton boulot de… de quoi déjà ?

– Charpentier.

– Charpentier ! Parce que tu fais de la charpente là ?

– Non. Là, je pose des colliers pour rester près de ma fille cet été.

– Ah oui, c'est vrai. J'ai vu ça dans la presse people. Le charpentier et la milliardaire. Un vrai conte de fées.

– Bon. Qu'est-ce que tu veux savoir ? Parce que là tu commences à me les casser.

– Pourquoi fais-tu de la bicyclette le dimanche du côté de Mill Valley par exemple ?

– Parce que c'est à côté de chez moi.

– À côté de chez toi ! Tu ne faisais pas vraiment de vélo à l'époque où on se connaissait.

– Et maintenant j'en fais. Incroyable, non ?

– Oui, incroyable. Et si je te demande pourquoi précisément du côté de Tamalpais Street, je suppose que tu vas me dire que c'est parce que c'est ton itinéraire habituel ?

– C'est mon itinéraire habituel.

– Bien sûr !… David Parker Stevens, c'est le nom du dernier locataire de cette maison jaune et c'est aussi le nom du propriétaire de la maison de Tamalpais Street où nous nous sommes croisés dimanche dernier. Comment t'appelles ça, toi ? Le hasard ?

– Certainement. Je ne vois pas autre chose. Il est mort comment ton Stevens ?

– On cherche. T'as accès à toutes les maisons ici ?

– Oui. Tous les propriétaires ont été informés par l'association du Liberty Dock. Ils sont censés me laisser libre accès, mais je n'ai pas besoin de pénétrer dans les maisons.

– Et la maison jaune ?

– Inoccupée.

– Tu as posé tes colliers ?

– Oui. Tu peux aller voir.

– C'est ce que je vais faire. Et t'as fait ça quand ?

Nicholas récupéra son carnet et y chercha la date.

– La maison jaune… le numéro 273… le 5 juin.

– Lundi 5 juin ? Et tu n'as rien remarqué ?

– Non. J'aurais dû remarquer quelque chose ? fit l'innocent aux mains sales.

– Ce type, le mort, il a loué la maison ce week-end-là justement. Du vendredi 2 au samedi 3 juin.

– Il est mort dans la maison ?

– Non.

– Alors qu'est-ce que j'aurais dû remarquer ?

– Lui. Ce locataire.

– Si tu penses que je remarque toutes les personnes qui passent sur ce ponton. Quelle tête il avait ?

– Cette tête-là, fit Keys en sortant une photo dudit locataire.

Nicholas la détailla tranquillement. C'était justement la photo de la chorale de Mill Valley, mais recadrée, étalonnée et bien imprimée. Nicholas surjoua à peine une moue d'ignorance pour affecter une certaine vraisemblance.

– Non, franchement, ça ne me dit rien du tout.

– Il serait arrivé le vendredi dans la soirée, aux alentours de vingt et une heures. Et il serait reparti le lendemain dans la matinée.

– Rappelle-moi son nom…

– David Parker Stevens.

Les sourcils froncés, le charpentier feignit une courte réflexion. Puis il balança la tête d'un bord à l'autre. Non vraiment il n'avait rien remarqué. L'ombre chinoise resta méfiante et pas complètement dupe.

– On cherche un vélo, finit par lâcher Keys. Tu t'y connais en vélos, non ?

– Quelle sorte de vélo ?

– VTT mauve. Il est venu avec. Il a été filmé le vendredi soir juste derrière le Bay Side Cafe, à l'angle de Miller Avenue et de Camillo Alto. Il l'a vraisemblablement laissé quelque part sur un des parkings mais on ne l'a pas retrouvé.

– Il est peut-être reparti avec.

– Les caméras de circulation n'ont rien filmé le samedi.

– Il y a les chemins le long de la lagune. C'est par là que passent les vélos d'habitude. Il venait d'où ton type ?

– De chez lui, Tamalpais Street, Mill Valley.

– Et pourquoi il a loué une maison ici ?

– On cherche. Donc tu n'as pas vu de VTT mauve ?

– Je n'ai pas cherché, répondit l'ingénu.

– Et un casque de vélo mauve ? Il portait un casque de la même couleur que son vélo.

– Non… Mais il y a un rapport entre le vélo et sa mort ?

– Pas qu'on sache.

Soudain Keys se tut et se mit à le dévisager lourdement.

– T'as pas changé, Dennac.

– Si tu faisais un pas sur le côté, tu sortirais peut-être du soleil où tu t'es collé exprès.

L'ombre chinoise finit par s'écarter et Nicholas dévisagea la gueule de travers de Keys.

– Toi non plus.

– Trente ans de plus quand même.

– Peut-être mais on te reconnaît.

C'était au tour de Keys de froncer les sourcils.

– Je sais. Une fois qu'on a vu ma gueule, c'est difficile de l'oublier. Pas vrai ?

Oui, fit le charpentier. Ce qui vrilla la bouche du lieutenant dans le sens inverse des aiguilles d'une montre.

– Pour le vélo, regarde autour de toi, lâcha-t-il.

– J'essaierai.

– Dans la flotte, on ne sait jamais.

– C'est une bonne idée.

– Tu épouses une milliardaire et tu installes des tuyaux pour les égouts. T'es à l'ouest, Dennac. T'as vraiment laissé tomber le journalisme ?

– Comme tu vois.

– Oui. Mais quand je t'écoute je ne crois à rien.

– C'est tout ? Tu n'as pas d'autres questions ?

Keys resta un instant à le dévisager puis il lui tendit sa carte.

– Si t'as des infos, tu me téléphones, on n'est pas obligés de se voir. Et si on peut s'éviter, ça m'arrangerait, conclut-il en s'éloignant.

LIEUTENANT KEVIN KEYS
BUREAU DES HOMICIDES
SAN FRANCISCO POLICE DEPARTMENT

En lisant la carte Nicholas constata que son ex-ami était toujours lieutenant, trente ans plus tard. C'était comme si Keys lui avait donné cette carte pour lui dire *tu n'as pas fait que détruire mon apparence physique, tu as aussi détruit ma carrière professionnelle.*

SJDA. Pas le moindre résultat sur Internet à propos de ce sigle imprimé sur le prospectus trouvé dans le casque mauve. Nicholas s'intéressa alors à la phrase qui suivait. Là, en revanche, il tomba sur deux rapports signés par le professeur en géologie David Parker Stevens consacrés aux schistes de Monterey, rapports datés de l'année en cours. Nicholas découvrit une prose impénétrable dédiée aux différents schistes présents dans la région centrale californienne. Les amphiboliques, les micaschistes, les schistes à paragonite et à séricite. Bref, il n'y avait là que de l'imbitable, en long, en large et en travers. Surtout en travers du crâne de Nicholas Dennac qui, sur le coup de trois heures du matin, releva les yeux de son écran avec une chiée de migraine schisteuse.

Juillet 2011

En 2011, quatorze années s'étaient écoulées derrière la haie de la Nine Farm où la vie se déroulait en silence. Chaque jour Pam s'enfermait dans son atelier de mécanique pendant que Leonard-Raymond, dit Lennie-Ray, s'évadait dans ses vergers. Entre la mère et le fils il n'y avait aucun échange, que le service minimum. Lennie-Ray ne lui parlait jamais, il n'était pas muet, il était silencieux.

De son enfance à son adolescence le corps de Lennie-Ray n'avait cessé d'enfler dans tous les sens. Il n'était pas obèse, il était massif. À quinze ans c'était une montagne de muscles d'un mètre quatre-vingt-cinq pour quatre-vingt-dix-sept kilos. Sa vie se cantonnait au quadrilatère parfait formé par les vergers d'amandiers qui entouraient la propriété. Pour certains, cela aurait ressemblé à une prison mais pour lui, cela représentait un monde infini. Les médecins – à cause de son soi-disant mutisme – avaient déconseillé à la mère la fréquentation des salles de classe. Un alibi médical qui avait poussé Pam à priver son gosse d'école.

Cet enfant n'est pas muet, il est certainement un peu attardé mais il a toutes les capacités pour parler et s'il ne vous dit rien, c'est simplement qu'il en a décidé ainsi, avait pourtant annoncé un psychologue du camion médical à Pam Parnell. Vexée, la mère avait haussé les épaules et s'était adressée à des spécialistes qui avaient orienté Lennie-Ray vers des établissements hors zone, hors de prix, hors de question. En fait, si Lennie-Ray ne parlait pas, c'est qu'il avait compris au cours de sa courte existence que personne ne s'intéressait à lui. Surtout pas sa mère qui l'avait foutu à la poubelle et qui depuis se contentait de l'interpeller comme on s'adresse à un clebs.

Bien entendu il était sorti plusieurs fois de la ferme. Il était monté à l'arrière de la voiture de sa mère pour filer à Tranquility où les gosses le surnommaient *l'ordure*, suite à cette histoire de poubelle. Certains dimanches, lorsqu'il ne faisait pas trop chaud, elle l'emmenait pique-niquer le long de la San Joaquin River. Et chaque année, au mois d'octobre, ils se rendaient pour deux jours à la foire de Fresno. Et puis il y avait eu cette sale fois où elle l'avait forcé à passer un dimanche de printemps chez ceux qu'elle appelait ses grands-parents, les Di Marcio. Ce dimanche-là, le jour de ses sept ans, était resté pour lui *le dimanche Raymond*. Parce que toute la journée ces deux vieilles choses malfaisantes l'avaient appelé Raymond. À chaque fois qu'il se remémorait cet anniversaire, le souvenir l'empêchait de respirer. Les cris, les menaces et même les coups de ce mélodrame familial, tout avait été un cauchemar. Mais le pire, c'était la tête de ce type immobile dans sa chaise roulante, la tête de ce mort-vivant autour de qui toute cette famille s'écharpait. Sa mère voulait l'épouser coûte que coûte et les vieux ne voulaient rien savoir. Lennie-Ray avait tout entendu, tout compris, mais il avait rangé ça en boule dans un tiroir de son crâne qu'il avait cadenassé à double tour.

Un jour par semaine, le service social de Tranquility envoyait une institutrice à la retraite pour faire la classe au garçon. Avec elle il parlait. Quand il était sûr que sa mère était enfermée dans son atelier. Pour Pam, ces leçons n'étaient que du temps gâché, mais pour cette femme qui comprenait le traumatisme du garçon, leurs conversations étaient essentielles. Cette relation particulière avait ouvert Lennie-Ray au désir d'apprendre. L'enfant qui n'était pas du tout idiot avait atteint au fil des années un niveau très correct dans les rares matières dispensées par cette femme qui était décédée alors qu'il avait onze ans.

Les années suivantes, Lennie-Ray avait grappillé son savoir dans l'antique télévision en couleur du salon. Il se cultivait en regardant les documentaires et les informations, et en répondant aux questions des jeux télévisés. Il interpellait les acteurs de publicités ou de feuilletons, il encourageait les sportifs, il félicitait les astronautes. Il leur parlait mais à voix basse. Il rêvait devant les décors merveilleux aux couleurs saturées. Il se projetait dans ces paradis qu'étaient les séries où la vie retombe toujours sur ses pattes. Pour lui, il ne faisait aucun doute qu'un jour il franchirait la haie qui le séparait de la route pour aller découvrir ce monde en couleur. Son rêve.

Cependant apprendre n'était pas son activité principale. À partir de ses sept ans le fils de Pam Parnell et Robby Di Marcio avait entrepris la remise en état du vieux tracteur de la ferme. Un vestige qui rouillait sous une bâche depuis les années 50. Conseillé par Erwin, le garagiste de Five Points Machinery & Equipment, le gosse avait fini par remettre l'engin en route. L'affaire lui avait demandé quatre ans. Dès lors, son périmètre s'était élargi. Il s'installait sur le siège élimé du tracteur et quittait la cour de la ferme pour rôder dans les vergers alentour. D'abord pour y faire d'incessants rallyes puis pour considérer le verger d'amandiers abandonné comme son verger, son territoire, le pays de Lennie-Ray. Un pays où il trouverait des trésors comme dans les films en couleur où les héros trouvaient des trésors en couleur.

À cette époque, dans le champ d'amandiers desséchés, Lennie-Ray s'était aménagé une cabane sous un arbre. Il y avait apporté de quoi dormir, manger et boire et avait ajouté quelques commodités dont une douche solaire qu'il avait achetée au Tranquility Market. C'est en prenant sa douche un matin qu'il avait remarqué sur le sol gris une étrange et jolie petite coque de couleur mauve tirant sur le vert. C'était joli, c'était la coque d'une amande. Il avait levé la tête et cherché dans l'arbre. Il en avait trouvé d'autres, les seules de tout le verger. L'eau de ses douches avait ressuscité l'amandier. Soudain le pays de Lennie-Ray était devenu un pays en couleur, le pays des possibles. Une année plus tard il était passé de gros à colossal. Débordant de vigueur, il avait trimé chaque jour pour remettre l'irrigation en état. Et les deux tiers de ses amandiers étaient verts. Si sa première récolte avait peu donné en quantité, elle était d'une qualité telle qu'elle avait fait le tour du voisinage. *L'ordure fait les meilleures amandes de la vallée !* Elle lui avait valu la visite d'Enrique Urea, le président des cultivateurs d'amandiers. Sous prétexte de conseils pour augmenter le rendement des vergers, le vieux salaud – qui représentait les chimiquiers – lui avait refourgué à crédit une commande d'engrais. Lennie-Ray avait treize ans, il n'y connaissait rien, et il avait cru aux boniments commerciaux d'Urea. Grâce aux engrais sa deuxième récolte avait rapporté plus de quatre mille dollars à sa mère. Impressionnée par la réussite de son fils, elle lui avait libéré une partie de son atelier afin qu'il y entrepose son matériel et entasse ses sacs d'engrais. Leurs rapports n'avaient pas changé. Elle parlait, encaissait les bénéfices tandis qu'il se taisait et s'activait à ses cultures.

L'année de ses treize ans, il vendit pour sept mille dollars d'amandes et l'année de ses quatorze ans, la récolte rapporta dix-sept mille dollars ! Mais ce fut Lennie-Ray qui encaissa les dollars cette année-là car sa mère était à l'hôpital de Stockton à suffoquer sous une tente à oxygène. On accusa tout d'abord la cox, la coccidiose, une maladie du poumon causée par le champignon qui décimait les agriculteurs de la San Joaquin Valley. Puis il fallut se rendre à l'évidence. Ses difficultés respiratoires, sa toux et ses crachats teintés de sang étaient dus à un empoisonnement aux engrais. Ces foutus engrais qu'Urea avait vendus à son fils. En allant jeter un œil aux recommandations imprimées sur les sacs, Lennie-Ray comprit vite qu'il n'aurait jamais dû les entreposer dans un local habité. Cette merde verte était un poison violent à garder dans un local isolé et ventilé. L'exact contraire de l'atelier où Pam s'enfermait pour y passer ses journées. Quand l'adolescent alla se plaindre, l'enfoiré d'Urea se réfugia derrière la législation. Il lui fit répondre par un courrier du fabricant que la société déclinait toute responsabilité à partir du moment où les précautions d'usage mentionnées sur les sacs n'avaient pas été respectées. Démuni, trop jeune, trop seul, trop ignorant de ses droits, Lennie-Ray cessa de se plaindre.

C'est en fauteuil que Pam revint de l'hôpital de Stockton. Désormais Lennie-Ray avait ses deux parents cloués sur des chaises roulantes. Pam Parnell avait juste la trentaine et était incapable de respirer sans une bonbonne d'oxygène. Quand elle essayait de traverser la cour à pied pour se rendre dans son atelier, elle s'effondrait au bout de trois mètres. Son essoufflement continuel ne lui permettait de se lever que pour faire sa toilette, se nourrir et se coucher. À partir de ce jour, Lennie-Ray culpabilisa. Persuadé d'avoir empoisonné les poumons et le sang de sa mère, il entreprit de se venger sur ceux qu'il jugeait être les vrais coupables. Ne pouvant rien contre Enrique Urea ni contre le fabricant, il équipa son tracteur d'une pelle avec laquelle il déracina ses rangées d'amandiers.

Quant à Pam Parnell, elle passa ses journées à ruminer après Terri la pute et les Di Marcio, car elle avait décidé une fois pour toutes que c'était eux qui avaient ruiné sa vie.

Fin de la mécanicienne. Fin du cultivateur. Fin du pays au trésor. Fin du monde en couleur.

Juin 2018

River était un mustang noir qui avait été élevé dans le Wyoming par Joseph Reid, le père de Tina. Depuis peu le cheval gambadait dans un petit enclos secret dans les collines de la baie de Sausalito. Chaque matin aux aurores, Tina passait le nourrir et le monter. Le reste de la journée Carlo Davila – en congé de son poste de chauffeur – était chargé de le surveiller et de le sortir. C'était le cas ce vendredi matin. Le magnifique Portoricain chevauchait le superbe River près des crêtes. De là-haut, Carlo observait un cortège funéraire au pied de la colline dans le Fernwood Cemetery, le cimetière commun à Sausalito et à Mill Valley. Carlo s'interrogea, était-ce triste ou agréable de se faire enterrer par une si belle matinée ?

Cet enterrement était celui de David Parker Stevens.

Nicholas n'avait pas commis l'imprudence de se mêler aux invités. Il avait emprunté le sentier qui serpentait sur les collines. Par cet itinéraire qu'il connaissait depuis l'enfance il était certain d'éviter les rencontres policières. Arrivé au-dessus du cimetière, il se cacha dans la verdure en surplomb de la cérémonie. Une vingtaine de personnes accompagnaient le professeur en sa dernière demeure. Alors que le géologue se préparait à partir pour son ultime expédition à six pieds sous terre, Nicholas se demanda s'il s'était équipé d'un casque, de sa frontale et de son piolet. Il lui souhaita que la zone soit riche en minerais exceptionnels afin qu'il puisse occuper ses longues soirées d'hiver sous les pissenlits. Nicholas promena ses jumelles pour dénombrer les flics mais il n'en trouva qu'un seul du côté de l'entrée, le lieutenant Keys. À part lui, le SFPD ne prenait manifestement pas la mort de Stevens très au sérieux.

Il se focalisa ensuite sur les trois visages recueillis à côté du cercueil. Une femme accompagnée de sa fille dans la vingtaine et de son garçon adolescent. Ces trois-là, la main dans la main, essuyaient des larmes sincères. Il s'agissait sans nul doute de Mrs veuve Stevens et de ses deux enfants. Nicholas, qui n'avait pas trouvé trace de vie familiale au domicile de Mill Valley, en déduisit que Stevens et madame étaient séparés. Derrière se tenaient deux couples, vraisemblablement des frères armés de belles-sœurs voire l'inverse. Passé le carré des VIP, on abordait un deuxième cercle où se tenaient une petite série d'intellectuels mal fagotés dans des costumes ou des tailleurs fatigués. Cela sentait le corps enseignant, le collègue nouveau ou le collègue ancien, le chercheur ou bien l'ancienne élève amoureuse discrètement éplorée. Les jumelles de Nicholas abordèrent le troisième rideau. Moins de larmes, des regards tristes mais cependant absorbés par leurs Smartphones. Peut-être des amis ou des connaissances, des voisins ou des relations d'affaires, mais dans tous les cas rien de remarquable dans ce rang d'oignons d'inconnus.

C'est dans la quatrième rangée, aux périphéries de l'adieu, que Nicholas trouva une figuration bien plus intéressante. Ses jumelles arrêtèrent leur vol sur une brillance inopinée, un éclat de soleil sur le chrome d'une jambe artificielle. Il piqua vers le sol et entrevit une prothèse de membre inférieur. Il y avait là deux amputées serrées l'une contre l'autre, comme les adeptes d'une congrégation. Deux amputées que Nicholas reconnut illico : la grande rousse et la Vénus. Cette Vénus que Nicholas voyait enfin en chair et en os, même si l'expression était avec elle totalement déplacée. En tee-shirt noir, elle exposait sans complexe ses deux moignons de peau blanche au soleil matinal. Le visage d'un ange, brune aux reflets rouge vif, une coupe sage au carré, des yeux en amande vert d'eau, un discret anneau doré pluggé dans les narines. Nicholas ne décollait plus du visage de cette beauté. Elle était fascinante, il était fasciné. En s'attardant, il chercha à la naissance de son cou l'amorce de son tatouage fleuri de roses. Aux côtés de ces deux femmes se tenaient Curtis Reilly et un homme d'une soixantaine d'années modèle mexicain. Un musculeux à la peau tannée. Un humain qui avait tous ses membres. Les jumelles firent une dernière inspection, histoire de débusquer un habitant ou une habitante du Liberty Dock dans le rôle éventuel d'une maîtresse ou d'un amant, mais la recherche se révéla vaine.

Vers dix heures du matin David Parker Stevens entama sa dernière descente dans le substrat rocheux de la terre tordue de Californie. À peine le géologue enterré, Nicholas reprit le sentier du retour quand un détail le troubla. Dans la petite baie de Sausalito, à la pointe de la rive opposée, deux hors-bords étaient amarrés à un ponton qu'il connaissait bien. Le ponton d'une propriété où il avait travaillé deux années auparavant. Cette sublime mais sinistre maison avait appartenu à un type que Nicholas avait rencontré le jour même de son trépas. La demeure avait été fermée depuis mais ces bateaux indiquaient qu'elle était l'objet d'une visite. Vraisemblablement en vue d'être achetée. Nicholas pointa ses jumelles sur les quatre personnes qui descendaient vers le rivage où elles discutèrent un moment. Puis chacune remonta dans son embarcation. Trois dans le premier hors-bord – sûrement les agents immobiliers – tandis que la quatrième – probablement l'acheteur – embarquait dans le second. Visiblement une acheteuse. Elle mit le cap sur le Liberty Dock. Ses deux puissants moteurs soulevèrent deux grosses gerbes d'écume. Et tandis que l'embarcation approchait, la femme se coiffa d'un Seminole blanc qui claqua au soleil. Et bien entendu cette belle blonde, cette chieuse hors catégorie qui grossissait dans la visée des jumelles, c'était Tina Wards, sa squaw, sa milliardaire, sa promise, sa croix.

En traversant le parking du Bay Side Cafe Nicholas aperçut la Vénus et sa copine attablées avec Reilly. Il fila récupérer sa voiture et se gara en retrait du bar. Son plan était de suivre la Vénus pour l'interroger sur son professeur de surf. Quand la troupe ressortit du café, la rousse partit dans son antique combi Volkswagen repeint aux couleurs du drapeau américain – sans doute pour remercier le gouvernement de l'avoir envoyée se faire exploser la jambe dans un coin d'Afghanistan ou d'Irak – et la Vénus resta discuter avec Reilly à la porte de son 4 × 4.

C'est alors que le vieux Mexicain vu à l'enterrement sortit du Bay Side Cafe. Un mètre cinquante au garrot, la peau passée au gril, coiffé d'un vieux chapeau de cowboy auréolé par des années de suées, le taureau musculeux monta dans un truck Nissan rouge garé juste devant Nicholas. Il fit sa manœuvre, ce qui permit à Nicholas de remarquer un autocollant jaune siglé SJDA collé au cul de la benne. Le même que celui du tract trouvé dans le casque mauve. Il put même déchiffrer les caractères imprimés en cercle autour du sigle : San Joaquin Defense Association. Il délaissa la Vénus pour filer le train au vieux Mexicain.

Le Nissan contourna la baie de San Francisco et Nicholas s'appliqua à conserver la bonne distance, celle qui garantissait son anonymat. Une heure plus tard le Mexicain s'engageait plein sud en direction de Los Angeles sur la 5, l'autoroute qui traversait la Californie centrale du nord au sud. Sur sa droite, les petites montagnes désertiques des Coast Ranges, et sur sa gauche les champs de la Vallée centrale d'un vert trop flashy pour être honnête. Dennac roula ainsi durant trois heures. Vers deux heures de l'après-midi la chaleur rendit l'air irrespirable dans l'habitacle dépourvu de climatisation. Quelques miles après la station Shell de Firebaugh, le clignotant du Nissan indiqua qu'il sortait de l'autoroute. Au milieu de nulle part, le truck rouge s'engagea sur une route droite sans fin, la route de la San Joaquin Valley. À ce stade plus question de se fondre dans le trafic, il n'y avait plus de trafic.

Nicholas roulait sur ce trait de bitume décoloré à force d'avoir cuit des années de rang sous un soleil infernal. La route traversait une campagne verte et plate sans aucun point de repère. De temps en temps d'énormes systèmes d'arrosage balançaient de colossales gerbes d'eau au milieu d'hectares de vergers d'amandiers, d'avocatiers et de pistachiers. À deux cents mètres derrière le Nissan, Nicholas gardait une distance raisonnable mais sans illusion. Soit il avait déjà été repéré depuis un bon moment, soit ce type était aveugle. La réponse vint quelques minutes plus tard lorsque le Mexicain s'arrêta à un carrefour. Nicholas n'eut pas d'autre solution que de s'arrêter derrière son cul qui ne redémarrait pas. Rien ne venait de la droite ni de la gauche. Arrêtés l'un derrière l'autre, seuls à cet endroit de la planète, ils demeurèrent immobiles de longues secondes. Nicholas fixait le conducteur qui lui-même le fixait dans son rétro. Le type eut alors un lent mouvement vers le sol indiquant qu'il était en train de se saisir d'un objet, sûrement une arme, puis il reprit sa position derrière son volant. Quelle option choisir ? Nicholas lista deux alternatives. Klaxonner ou improviser. Jouer au con ou jouer au con ? Il fit confiance à son talent naturel et opta pour la seconde solution.

Sans quitter le Mexicain des yeux, il se pencha lui aussi pour récupérer son revolver sous son siège et se le coincer contre la cuisse droite. Ce n'était ni discret ni ostentatoire, juste prudent. Il s'apprêtait à sortir mais le taureau mexicain l'avait devancé. Les yeux plissés sous son galure noir, le cube avançait avec le canon de son revolver braqué sur le cerveau de Nicholas qui cherchait en urgence un plan B. Arrivé sur zone, le Mexicain le dévisagea comme s'il allait le buter d'abord et lui parler ensuite. Nicholas ne pouvait détacher le regard de la peau grillée de son visage. Constellée de minuscules vésicules, la couenne était rouge vif et des larmes coulaient entre ses rides. Carbonisé le Mexicain. Ce vieux paysan avait la face plissée de partout. Un frère à Charles Bronson mais en plus strié. C'était à coup sûr dans une de ces rides qu'il cachait ses yeux. Nicholas se fia à l'anatomie humaine pour deviner où regarder.

– Vous êtes d'ici ? fit-il.

Ça partait mal. C'était con ce préambule. Pourtant assez crédible car basique. C'était le genre de type avec qui il fallait être basique.

– Jette ton arme, répondit le basique.

Nicholas s'exécuta en jetant par la vitre son revolver que le vieux envoya balader dans le fossé.

– Tu cherches quoi ? reprit le type.

– La San Joaquin Valley.

– Si tu te fous de ma gueule, je ne suis plus d'humeur. C'est encore les fermiers qui t'envoient ?

– Mon journal.

La prise de risque était minimum mais les plis supposés du regard ne cillèrent pas. Il fallait mettre plus gros sur la table pour se sortir de ce merdier. Histoire de ne pas finir son existence à ce stupide carrefour.

– Je suis journaliste. Je viens pour l'enquête.

Cette fois un des plis supérieurs s'entrouvrit. Il y avait effectivement deux billes noires, un rien surprises, au fond de cette faille-là.

– Sur les schistes de Monterey, enchaîna Nicholas comme au poker.

Là, il y eut le soupçon d'une secousse sismique sur la surface du Mexicain. Genre 1 sur l'échelle de Richter.

– Je travaille au *San Francisco Daily Evening.*

Ce qui n'était ni faux ni vrai mais plus faux que vrai. La main gauche du vieux vint doucement soutenir sa main droite qui commençait à lâcher l'affaire.

– Tu veux voir qui ? demanda-t-il.

– En fait, je l'ignore. Je débarque. C'est une sorte de repérage, vous voyez. Pour savoir ce qui se passe ici et qui fait quoi parce que…

Les mots ne venaient plus, les idées non plus.

– Parce que ?

– Sur internet on ne peut pas dire qu'on trouve beaucoup d'informations sur votre SJDA.

– Tu ne trouveras rien nulle part. À chaque fois qu'on poste quelque chose, c'est systématiquement effacé une heure après. On a arrêté.

– Effacé par qui ?

– T'es journaliste ?

– C'est ce que je viens de vous dire.

– T'as une idée de qui je suis ?

– Aucune idée.

– Aucune idée ! Pourquoi tu me parles de la SJDA alors ? Pourquoi tu me files le train depuis trois heures ?

Un silence. Le Mexicain suspendit le cours de cette relation naissante, tendue mais pleine de promesses.

– D'habitude les vrais journalistes, ceux qui veulent me parler, ne me filent pas le train pendant des heures. C'est pas des façons de journaliste.

– Désolé mais comme on ne trouve rien sur internet j'ai décidé de vous suivre jusqu'ici.

– Donc tu étais à l'enterrement ? Je ne t'ai pas vu.

– J'y étais. Moi, je vous ai vu et j'ai surtout vu l'autocollant à l'arrière de votre voiture. C'est pour ça que je vous ai suivi.

– Pourquoi ne pas m'avoir abordé là-bas ? Tu attendais peut-être d'être seul avec moi, sans témoin ?

– Écoutez, on va se calmer. Je suis désolé de vous avoir suivi comme ça mais vous pouvez appeler mon journal et vous verrez que je travaille bien pour eux.

– Tu crois que j'ai que ça à foutre ?

– Je suis venu pour savoir ce qui se passe ici avec les schistes de Monterey, pour essayer de comprendre le but de votre SJDA : vous êtes qui ? Qu'est-ce que vous voulez ? Qu'est-ce que vous faites ? Voilà c'est tout. C'est basique ! J'imagine que vous pouvez me renseigner. Après tout, c'est bien votre association qui demande l'arrêt de l'exploitation des schistes de Monterey. Pourquoi ?

– T'es un marrant, toi ! T'es journaliste et tu ne sais pas pourquoi on veut faire arrêter ces putains d'exploitations.

– Expliquez-moi ce qui se passe.

– Il se passe que tous les gens sont fous !

– Pourquoi ?

– Parce que l'argent rend fou !

– L'argent de l'exploitation des schistes de Monterey ?

– L'argent de ceux qui vont tout faire péter !

– Qu'est-ce que vous avez au visage ? demanda Nicholas en regardant la peau calcinée du vieux paysan.

Le cube allait pour répondre mais se retint au dernier moment.

– Vous avez été agressé ?

– Parce que tu t'imagines que je me suis fait ça volontairement ?

Le revolver changea de cible et visa le pneu avant qu'il déchiqueta d'un coup de feu puis le pneu arrière auquel il fit subir le même sort. Le truck de Nicholas prit immédiatement un gros coup de gîte.

– Ça, c'est la route de la San Joaquin Valley, fit le Mexicain en désignant la route en face.

L'écho des coups de feu finit par s'estomper. Le vieux le braqua à nouveau.

– Et là, derrière toi, c'est la route de San Francisco. Retourne d'où tu viens, c'est plus prudent pour tout le monde.

Une minute plus tard, le Nissan poussiéreux démarrait tranquillement et l'autocollant SJDA s'éloignait vers l'horizon.

Le cours des choses venait de se compliquer. Nicholas n'avait plus de réseau, qu'une seule roue de secours et qu'une option, la marche à pied. Il récupéra son arme et se mit en route vers la San Joaquin Valley. Début juin, à trois heures et demie de l'après-midi, le soleil en position gril, tout était réuni pour une délicieuse promenade au cœur de ce four. La route toute droite transperçait un damier de champs d'amandiers verts à perte de vue. Tous rectangulaires, tous de la même taille, tous couverts de cette même verdure improbable qui exhalait une fine pestilence, témoignage d'une agriculture toujours plus toxique. À force de cheminer dans ce paysage immuable, Nicholas avait la sensation d'être sur un tapis roulant où l'on faisait défiler la même toile de fond. Des amandiers, encore des amandiers, toujours des amandiers. Enfin, dans les brumes de chaleur se dessina la silhouette d'une antenne GSM. Le réseau revint et il débusqua sur internet le numéro d'un garage.

Une heure plus tard Erwin le déposait avec sa voiture devant son garage agricole, le Five Points Machinery & Equipment. L'établissement se trouvait à l'entrée de Five Points, un village qui avait organisé en son centre une partouze de cinq routes. L'entrée de

Five Points était proche de la sortie de Five Points, Deux cents mètres seulement séparaient l'une de l'autre. Entre les deux, on trouvait le garage du dépanneur, le Five Points Cafe, une minuscule église et le Five Points Grocery & Liquor Store, un drugstore post-office. En résumé, plus de panneaux routiers que de bâtiments et plus de bâtiments que d'habitants manifestement car il n'y avait personne dans les cinq rues de ce patelin.

En attendant sa réparation, Nicholas fila au café avaler le seul plat au menu, un chili à tomber, cuisiné par la patronne mexicaine. L'établissement qui n'avait pas de fenêtre était baigné par la lumière riante d'un néon rose. Deux tablées d'ouvriers agricoles mexicains discutaient paisiblement et le moment eût été parfait si Nicholas n'avait pas été dévisagé par l'œil fixe du fils de la patronne. Assis au fond de la salle, le gosse, quatorze ou quinze ans, était gravement attardé. Et comme si ça ne suffisait pas, une malformation de la main droite lui tordait l'avant-bras posé sur la table comme un objet inerte. La bouche ouverte, le regard perdu, il ne bougeait pas. Nicholas repensa alors aux odeurs chimiques des champs alentour. La cause et les effets. Bienvenue dans la San Joaquin Valley.

Quand il revint au garage, sa voiture était toujours perchée sur la dépanneuse et l'atelier était fermé. Il téléphona au garagiste qui était à Stockton pour y chercher ses pneus, la réparation était remise au lendemain matin. La messe était dite, il lui était donc impossible de se rendre à Half Moon Bay pour la session d'AMPUTEE SURFING. Il se chercha une chambre pour la nuit chez la patronne du café, qui l'envoya au Five Points Grocery & Liquor Store, qui le renvoya au garage d'où il venait. Résigné, il s'installa sous un abri de tôle en face de la petite église et passa la fin de l'après-midi à admirer l'ombre du clocher s'étirer sur le terre-plein du garage agricole. Le soir il alla s'enfiler une nouvelle ration de chili. Cette fois il visa une table hors de portée du regard du gosse – la mère ne fut pas dupe, l'assiette fut moins garnie.

Quand le garagiste pointa ses deux phares, il n'était pas loin de vingt-trois heures et Nicholas était déjà endormi sur la banquette de son truck toujours perché sur la dépanneuse.

*

Vers quatre heures du matin une secousse le réveilla en sursaut. Immédiatement l'idée d'un tremblement de terre le tétanisa. Des éclats de gyrophares orange illuminaient l'habitacle de son truck. Nicholas se redressa. Derrière sa vitre, un convoi spécial passait lentement sur la route en faisant trembler le sol. À première vue il s'agissait de grosses baraques de chantier. Trois gigantesques cubes posés sur d'énormes remorques que tiraient de gros poids lourds. Ces cubes étaient bardés d'une tuyauterie improbable qui les faisait ressembler à de petites usines à gaz. Le convoi spécial s'éloigna et il devint impossible de détailler précisément ces étranges engins. Petit à petit les gyrophares disparurent dans la nuit et la terre s'arrêta de trembler. Nicholas replongea dans son sommeil.

2012-2016

C'est au milieu de l'été 2012 que Pam entendit la voix de son fils pour la première fois..

– Je m'en vais, dit-il.

Elle était assise sous la véranda comme à son habitude. Son gamin était sur le seuil de la porte, un sac à l'épaule. Lennie-Ray venait d'avoir seize ans. Lui parler enfin, c'était lui avouer seize années de mépris. Tout ça pour lui dire *je m'en vais*. Cette phrase, c'était un crachat au visage de la mère.

– Où ? répondit-elle, glaciale.

– À l'armée. Je me suis engagé hier à la foire de Fresno.

– C'est tout ce que tu as à me dire ?

– Oui.

Il lui tourna le dos et quitta à pied la maison de son enfance sans un au revoir. Elle suivit du regard la masse inquiétante qui finit par disparaître derrière la haie. Ce départ libéra sa poitrine d'un poids omniprésent depuis seize années. Avec ce gros gosse s'éloignait la trace d'une maternité non désirée, bâclée comme le reste de sa vie. Lennie-Ray laissait derrière lui la carcasse de son vieux tracteur, le verger d'amandiers dévasté et une mère ravagée. Une chape de silence ensevelit alors la cour de la Nine Farm.

Six mois plus tard le jeune marine Leonard-Raymond Parnell errait avec ses compagnons d'armes adolescents dans les couloirs d'un aéroport américain, les épaules chargées de son treillis et de son lourd paquetage. Au milieu des touristes et des hommes d'affaires pressés qui ne lui prêtaient aucune attention, il attendait le transport militaire vers l'enfer.

À son arrivée à Kaboul à l'âge de seize ans et sept mois, on l'affecta à Camp Bastion, dans le sud du pays. Protégée par des batteries d'équipements électroniques dernier cri, la base de Camp Bastion était le nec plus ultra des bases militaires en Afghanistan. Édifiée en plein désert, elle abritait vingt-huit mille personnels militaires. Assigné à la garde des prisonniers, Lennie-Ray fut tout de suite choqué par les traitements infligés aux détenus. Il s'en plaignit à ses supérieurs, qui le transférèrent à l'entretien des véhicules, tâche subalterne pour un jeune qui s'était engagé pour faire la guerre. Après deux mois d'attente on accéda à son souhait. Sa première mission fut d'escorter en blindé deux snipers sur un spot d'opération. C'est durant ces trois jours qu'il commença à fumer de la marijuana imbibée de formol. Un puissant cocktail réputé à Camp Bastion pour être le meilleur remède au stress qui précédait et suivait les combats. Ce qu'on se gardait de dire entre soldats c'est que cette drogue snippait les neurones les uns après les autres.

Ce qu'il vécut durant cette mission le perturba suffisamment pour qu'il écrive une longue lettre à son père qu'il n'avait vu qu'une fois, lors du dimanche Raymond, et qu'il savait incapable de lire. Dans ce courrier de trois pages il évoquait l'invraisemblable tuerie opérée par ces deux héros de Camp Bastion.

Ces enfoirés de snipers tuent sans regarder. Ils ne font aucune différence entre les militaires et les civils, les hommes, les femmes, les vieillards et même les enfants. J'ai vu une mère assassinée avec son bébé dans les bras et une gosse d'environ sept ans frappée par une de leurs balles qu'ils balancent à plus d'un mile de distance ! Ces types sont des porcs, des bouchers. Papa, est-ce que la guerre c'est ça ? Papa, dis-moi ! Papa, réponds-moi !

Sur la route du retour le blindé sauta sur une mine. Les cinq marines eurent la vie sauve et se réfugièrent derrière la carcasse de leur véhicule pour riposter à l'embuscade d'une troupe de talibans. En plein désert, en pleine nuit, et en plein trip formolo-cannabique, aucun d'entre eux ne vit surgir un énorme camion qui vint percuter le véhicule militaire. Sur les cinq marines, deux furent tués sur le coup, un troisième décéda un mois plus tard et les deux survivants subirent de très graves blessures. Le premier – un des snipers – perdit les deux jambes et les deux mains et le deuxième – Leonard-Raymond Parnell – perdit la jambe droite et son visage fut brûlé au deuxième degré. Sur ses trois camarades décédés, la perte de son capitaine, Jason Young, traumatisa Lennie-Ray. Ce jeune gradé qui était son seul ami sur la base venait souvent se confier à lui. Il lui racontait avec force détails sa jeunesse difficile dans une ferme du côté de Lincoln dans le Nebraska. Une jeunesse qui ressemblait trait pour trait à celle de Lennie-Ray. Les deux garçons essayaient à chaque conversation de se remonter le moral mutuellement. Jason Young avait été un frère d'armes, un frère de vie, le seul qu'il ait jamais connu. Des mois après l'attaque, Lennie-Ray gardait de lui une chose qui rendait sa mort plus insupportable encore : son sourire lumineux. Le seul sourire depuis celui de son institutrice.

Dès 2013 Lennie-Ray commença une très longue convalescence d'hôpital militaire en hôpital militaire, d'amputation en reconstruction faciale et en greffes de peau. Lorsqu'il sortit de ce calvaire médical, le jeune homme n'avait plus ni cheveux, ni sourcils, ni cils, la peau de son visage, lisse et brillante, semblait avoir été passée à l'acide et il portait une prothèse de ferraille à la place de sa guibole droite. Son escapade au pays de la guerre, la vraie, était terminée.

Deux années plus tard le vétéran Parnell, âgé de dix-neuf ans, fut admis à l'hôpital de la Navy à San Diego pour sa rééducation fonctionnelle. Très vite opérationnel, Lennie-Ray demanda à intégrer l'un des rares programmes qu'on proposait aux mutilés qui voulaient encore servir la nation. Parti à Katmandou encadrer des équipes d'humanitaires à la suite du tremblement de terre de 2015, il se retrouva propulsé dans la frénésie de l'urgence post-tragédie. En fait d'encadrer les personnels, il fut désigné pour trier les corps des blessés d'entre ceux des morts. Beaucoup de petits corps passèrent par ses bras. Trop pour son cerveau saturé par ces enchaînements de violence. C'est à Katmandou qu'il plongea plus encore dans les psychotropes. Il tenait des propos incohérents, persuadé qu'il était poursuivi, écouté, menacé. Un jour qu'il donnait sa ration à un enfant affamé, un supérieur voulut l'en empêcher. Lennie-Ray se jeta sur lui et si une escouade entière de la police népalaise n'était intervenue, il lui aurait broyé la tête. *On ne m'a pas formé pour récupérer les corps de bébés sous les immeubles*, se plaignait-il à une humanitaire avant de la menacer de mort. D'après le médecin, ce séjour le marqua encore plus profondément que l'Afghanistan. Malgré ses nombreux dérapages l'armée lui décerna la médaille du service humanitaire.

En 2016, à vingt ans, c'est un jeune homme amputé, défiguré et brisé qui réintégra l'hôpital de la Navy de San Diego. Mais cette fois il n'était plus question de rééducation motrice. Le marine Leonard-Raymond Parnell fut admis en psychiatrie.

Itinéraire d'un adolescent américain.

Juin 2018

Erwin le garagiste monta les pneus dès l'ouverture. Nicholas en profita pour lui demander de jeter un œil à son vieux compresseur de climatisation qui avait rendu l'âme. Selon Erwin, il était bon à foutre à la décharge mais il en existait de compatibles sur des épaves chez un collègue non loin de Five Points. Nicholas lui laissa son numéro de portable avant de demander :

– C'était quoi ces engins cette nuit ?

– Vous avez vu la caravane de la fortune ? Trois énormes machines tirées par des bahuts ? fit Erwin.

– Oui. Vers quatre heures du matin.

– Ils font des forages.

– Du pétrole ?

– Oui. Ils appellent ça l'huile de schiste.

– Les schistes de Monterey, fit Nicholas.

– Je ne sais pas, je n'y connais rien. C'est à cause de Trump. Depuis qu'il a autorisé les recherches, c'est devenu le cirque par ici !

– Mais ils prospectent même la nuit ?

– La nuit, le jour ! Normalement, depuis la semaine dernière, il y a un arrêté qui interdit les recherches entre ici et Tranquility. Mais si vous les avez vus, c'est qu'ils vont sûrement reprendre.

– Vous les appelez comment ?

– *La caravane de la fortune*. C'est les paysans qui les appellent comme ça. Parce que si vous avez la chance qu'ils débarquent dans votre ferme, c'est la fortune assurée !

– Ils prospectent où ?

– Partout. Un jour ils sont au sud vers Kerman, un autre jour au nord du côté de Firebaugh et le lendemain ils sont partis ailleurs.

– Et vous dites que les prospections ont été officiellement arrêtées ?

– Lundi dernier la Panoche, la seule compagnie qui prospecte par ici, a soudain annoncé qu'ils suspendaient les recherches.

– Pourquoi ?

– Aucune idée.

– Le pétrole ? C'est plutôt agricole par ici ? relança Nicholas.

– Oui, enfin… à force d'être agricole, c'est surtout complètement pourri. Ça a été déclaré la zone la plus polluée des US ! Alors un peu plus, un peu moins… Vous avez senti les secousses ?

– Non. Pourquoi ? Il y a des secousses sismiques ?

– Ah oui ! Depuis qu'ils prospectent, ça n'arrête plus ! Vous travaillez dans la vallée ?

– Je ne suis là que depuis hier.

– Eh ben si vous restez dans le coin, vous y aurez droit.

Nicholas quitta Five Points sur ses quatre pneus et à l'intersection des cinq routes, tout en se posant la question du chemin à prendre, il repensa aux rapports scientifiques de Stevens. Il avait dû louper un paragraphe car le peu qu'il avait retenu de cette histoire de schistes de Monterey – la ville de Monterey était à cent cinquante miles vers l'ouest – était qu'ils se situaient sous les Coast Ranges. Se pouvait-il que le gisement s'étende jusqu'à cette fichue San Joaquin Valley ?

Il concentra son regard sur les énormes traces de pneus qui filaient sur la route de Kerman. Il enclencha la vitesse et l'antique pick-up quitta lentement le carrefour de Five Points. Le tapis roulant se remit en marche, et la toile de fond recommença à défiler. Nicholas cherchait la silhouette de son convoi spécial parmi les vergers d'amandiers mais les alignements d'arbres formaient un rideau opaque. De temps en temps les gerbes puissantes des systèmes d'arrosage traversaient le ciel, des chemins s'enfonçaient dans les vergers, et de rares fermes apparaissaient derrière des touffes d'arbres. Fermes dénudées, pelées par les flammes du soleil et par les prêts bancaires. Certaines étaient encore en activité mais la plupart avaient périclité. C'était ça le paysage de désolation de la San Joaquin Valley.

La petite ville de Kerman, haute comme trois pommes, était traversée par la ligne de chemin de fer, ce qui en faisait le centre névralgique des exploitations des environs. Il y avait nombre d'entreprises liées à l'industrie agraire, des grossistes en graines, en systèmes d'irrigation, en saloperies chimiques et en rutilantes machines agricoles. Et bien sûr pléthore de banques qui arboraient sur de belles affiches des banquiers aux tronches de tueurs en série, promettant des prêts d'enfoirés à des taux d'enculés.

En traversant Main Street Nicholas remarqua que le parking le plus rempli ce samedi matin était celui du dispensaire médical. Il ne put s'empêcher de faire le rapport avec la puanteur des cultures et le bras tordu du gamin. Preuves qu'il ne faisait pas bon vivre dans cette vallée sinistrée.

Il se gara devant l'unique supermarché, entra et se dirigea vers le tableau des petites annonces. A priori c'était là que les associations diffusaient leurs avis. Son intuition se révéla juste puisqu'il trouva une annonce pour une manifestation de la SJDA le lundi suivant devant la centrale nucléaire de Diablo Canyon Power Plant à Avila Beach. Un slogan suivait l'invitation :

SAUVONS LA VALLÉE ! ARRÊTEZ LES PROSPECTIONS !
NE TOUCHEZ PAS AUX SCHISTES !

Il remarqua que la petite annonce avait été griffonnée d'un « Allez-y, bande d'enfoirés, on va tous vous descendre ! » agrémenté d'une succincte tête de mort. La formule était claire. Nicholas prenait une photo du papier lorsqu'il sentit une présence à ses côtés. Il se tourna vers les regards méprisants d'un couple de femmes au bord de l'agression verbale. Elles portaient des vêtements qui avaient dû être de couleur mais qui ne l'étaient plus depuis longtemps. Elles devaient avoir autour de la quarantaine mais c'était difficile à dire.

– Qu'est-ce qu'il y a ? Qu'est-ce que j'ai fait pour que vous me dévisagiez comme ça ? fit Nicholas sans prendre de gants.

– J'ai fait un pari, fit la plus ancienne des deux, celle qui avait le plus envie d'en découdre.

– À mon sujet ?

– J'ai parié que pour vous intéresser à ces merdeux de la SJDA, vous n'étiez pas d'ici.

– Je suis de la baie de San Francisco.

– Tu vois ! Qu'est-ce que j'avais dit ! fit-elle à sa camarade, qui passa direct du mépris au dégoût. On vient vous pourrir la vie dans la Baie ? aboya-t-elle.

– En quoi ça vous pose un problème que je regarde cette annonce ? Je ne les connais même pas ces gens, ni cette association ! On n'a plus le droit de lire des petites annonces dans votre vallée ?

– Dans notre vallée on a le droit de crever ! C'est le seul droit qu'on nous a laissé ! Alors laissez-nous vendre notre pétrole ! Pour une fois que ça pourrait nous rapporter autre chose que des cancers ou des gosses sans bras ! On voudrait bien décider par nous-mêmes sans que des connards d'écolos de la Baie viennent foutre leur merde !

– Moi aussi je voudrais bien venir de la baie de San Francisco ! fit l'autre qui puait la connerie à vingt mètres. Moi aussi je voudrais bien en être, de la Baie !

– La San Joaquin Valley, c'est une poubelle depuis un siècle ! Alors évite de soulever le couvercle ! vint murmurer la première à Nicholas avec une haleine de décharge. Vas-y à leur réunion ! On a des gars qui vont y aller aussi ! Histoire de faire la liste de tous ces merdeux qui sont avec Urea et qui veulent nous forcer à arrêter les prospections ! Et fais-nous confiance, on n'en oubliera aucun !

– Et le jour venu, on saura de qui se débarrasser ! conclut la seconde qui fit volte-face en s'appuyant sur une canne vert fluo.

Elles ne lui crachèrent pas dessus mais le cœur y était. En regardant ces mégères s'éloigner, Nicholas trouva ce pays décidément riant.

Le samedi après-midi il rentra à Sausalito et proposa à Tina une virée en couple, loin des vicissitudes. Quelque chose d'inopiné s'imposait, un truc de l'ordre du tête-à-tête. Tina étrenna une décapotable jaune flambant neuve dans le style week-end californien. Le fiancé s'installa aux commandes et sa future, coiffée de son Seminole plus vraiment blanc, prit place à ses côtés.

Deux heures de route plus tard, ils poussaient la porte d'un chalet situé face au miroir d'un lac dans les forêts de la Sierra Nevada. Azur technicolor du ciel, camaïeux verts de la nature, bleu acier du lac et bruns vifs du chalet, une vraie carte postale. Ils employèrent la première heure à s'aimer sauvagement – ça c'était fait – puis passèrent la soirée devant un magnifique feu de camp. Ils grillèrent quelques variétés de mauvaises herbes qui engourdirent les choses. Fascinés par les flammes, leurs visages flamboyèrent, leurs corps réchauffés se serrèrent et quelques milliers d'escarbilles commencèrent leur trip vers les étoiles. Un samedi soir en Californie. Enculés de Californiens.

Dimanche matin, rien. Ronflements.

Après-midi, réveil mais pas que.

Fin d'après-midi, retour au bercail.

Voiture. Silence autoroutier. Torpeur autoroutière.

Et cela jusqu'au cent deuxième mile où monsieur attaqua madame par la face nord :

– J'ai repensé à ton idée, lâcha l'homme.

– Quelle idée ? répondit la femme.

– Habiter sur la terre ferme.

Depuis combien de temps Tina attendait ce moment ? Depuis le début de leur relation tout simplement.

– Ce n'est peut-être pas impossible, précisa-t-il.

À ce stade elle jugea que toute parole pouvait se révéler maladroite. Puisque son homme se libérait, il fallait laisser faire, laisser dire. On était dans le fragile.

– Ça pourrait se faire, mais progressivement. Je suis incapable de quitter la Waldo Coop du jour au lendemain. Et puis j'aimerais choisir l'endroit.

La partie d'échecs venait de commencer.

– Mais en tout cas, plus au bord de l'eau, ajouta-t-il.

Il avait avancé son pion.

– Pourquoi ? répondit-elle, étonnée.

– Ça fait quelques décennies que je vis dans cette baie. Alors si je dois changer, ce n'est certainement pas pour me retrouver encore près de la flotte. Vivre sur la terre ferme, j'y ai déjà pensé. Ça devait même se faire.

– Quoi ? Je ne te crois pas ! fit-elle, estomaquée.

– Si je n'avais pas eu cet accident le jour du tremblement de terre en 89, il y a longtemps que j'aurais quitté la baie.

– Tu ne m'as jamais dit ça !

– Je ne l'ai jamais dit à personne. J'avais même pris une option sur un hangar dans les collines de Corte Madera et j'avais fait des plans pour le reconstruire. Et puis il y a eu l'accident.

Tina la connaissait par cœur son histoire.

– Je roulais sur le Bay Bridge quand il y a eu cette énorme secousse sismique. Les plaques de la chaussée se sont écroulées les unes après les autres, juste devant moi. J'ai écrasé la pédale de frein et là, en à peine une seconde, j'ai compris que j'allais mourir. Combien de temps il a duré ce coup de frein ! Tu vois le vide, tu fonces, tout s'écroule et toi, tu continues inexorablement à déraper vers le gouffre. Même aujourd'hui lorsque j'appuie sur la pédale de frein j'ai mal au ventre… C'est uniquement pour cette raison que j'habite sur l'eau, parce qu'il n'y a que là que je pense être à l'abri d'un nouveau tremblement de terre. Ce n'est pas du tout par goût de la flotte. En aucun cas.

Nicholas avait provoqué cette discussion par calcul. D'abord pour en savoir plus sur cette visite immobilière qu'il avait surprise et ensuite pour sonder Tina sur ce mal-être qui la faisait soi-disant pleurer. Jusque-là cependant, il avait joué la carte de la sincérité.

– De toute façon tu n'avais pas prévu de chercher cette maison sans moi, j'imagine, reprit l'hypocrite.

– Ce que je n'avais pas prévu, c'est que tu acceptes de déménager.

– Donc ça ne te dérange pas qu'on cherche ensemble ?

– Pas du tout.

– Tu as déjà visité des choses ?

– Bien sûr que non ! mentit Tina.

– Tu voudrais aller où ? demanda-t-il tout aussi innocemment.

– Le plus simple serait d'aller habiter chez moi à la Wards Villa.

– Jamais de la vie. C'est sinistre. Elle est vide.

– Elle est vide parce qu'on n'y est pas.

– Tu n'as pas d'autre idée ?

– Je suis prise de court. Je n'arrive même pas à croire que tu aies imaginé quitter cette foutue communauté.

– Je ne l'ai jamais dit aux gens de la Waldo Coop.

– Ça va. On s'en fout des gens de la Waldo Coop ! La plupart des anciens se sont barrés il y a longtemps, sans se soucier de savoir s'ils allaient trahir ou non. Et puis trahir qui ? Quoi ? Le soi-disant esprit de la Waldo ? Foutaises ! Et puis ce n'est pas la Waldo Coop que tu as peur de quitter, c'est cette foutue bonne femme ton problème. Elle parle et tu obéis depuis quarante ans.

– Lâche-moi avec Toni !

– Je te lâcherai quand tu auras les couilles de la lâcher. Et il va falloir faire vite parce que je n'attendrai plus très longtemps.

Tina retourna son regard excédé vers le paysage. Elle avait touché juste et une colère froide fit taire Nicholas. Un calme autoroutier tendu s'installa entre le cent quatrième et le cent cinquième mile. Il savait qu'elle avait raison, la peur du tremblement de terre n'expliquait pas tout. On était dans le domaine de l'émotionnel car son attachement viscéral à la Waldo Coop l'avait toujours empêché d'avoir une réflexion raisonnable au sujet d'un éventuel déménagement. Il avait déclenché les hostilités et il se sentait incapable d'aller plus loin. Aussi jugea-t-il opportun de détourner le cours de la discussion :

– Tu as des problèmes en ce moment ?

La question cueillit Tina.

– C'est quoi ces insinuations à la con ?

– C'est à cause de moi tes problèmes ?

– Mais de quels problèmes tu parles ?

– Pourquoi tu pleures ?

– Pardon ? Qu'est-ce que tu dis ?

– Je te demande si c'est à cause de ces conneries de Toni Dylan et de fiançailles que tu pleures continuellement au bureau.

Interloquée, Tina resta sans voix.

– C'est ton connard de fondé de pouvoir qui est venu me raconter que tu passais tes journées à pleurer ! Alors c'est vrai ou c'est faux ?

Cette fois il avait élevé la voix comme s'il s'adressait à une gamine.

– Tu penses sérieusement ce que tu viens de dire ? Tu m'as déjà vue pleurer, Nicholas ?

– Écoute, Tina, je sais qui tu es. Je sais que tu es la pire des chieuses et je sais aussi que je ne t'ai jamais vue pleurer. Mais là, j'ai besoin que tu me dises la vérité.

– Il ne manque pas d'air, murmura-t-elle. Dailey Clark et moi ne sommes plus d'accord sur rien. Le moindre problème engendre un conflit. Il vient de me proposer sa démission, que j'ai refusée… je ne sais plus quoi faire…

– Pourquoi ?

– Sans lui, je suis incapable de diriger ce groupe. Je suis la pire des chieuses mais ça ne suffit pas pour diriger le Wards Group. Il faut des gens compétents et de confiance. Alors merde, oui !

– Oui quoi ?

– J'ai craqué, putain ! J'ai chialé comme une grosse conne l'autre jour à cause de ce crétin. Ça peut arriver. S'il me quitte je n'ai personne pour le remplacer.

– C'est la vérité ?

– Arrête ! Moi aussi je pourrais t'en demander des vérités. Il est où ton anneau ?

Les deux mains bien en évidence sur le volant, Nicholas marqua le coup.

– Tu ne l'as plus ? Tu l'as jeté ? Tu n'en voulais plus ?

– Je l'ai perdu je ne sais pas où.

– Certainement chez Toni quand tu as été nettoyer la barge. Elle fait tout pour empêcher notre mariage. Tu n'as plus ton anneau parce que tu ne veux plus te marier. C'est clair. Elle t'a convaincu.

– T'es dingue !

– Tu veux toujours te marier ?

– Mais évidemment !

– Ok. Alors je tiens à te dire une chose importante. Cette fois-ci ce sera un vrai mariage… Pour moi en tout cas.

– Pour moi aussi. Moi, je ne peux pas comparer, je ne me suis jamais marié. Ce sera une première.

– Mais pour ça, tu dois me prouver que tu es un homme. Car si tu ne me le prouves pas, je ne t'épouserai pas.

L'ahurissement de Nicholas lui fit perdre le fil de la conduite. La décapotable jaune quitta sa voie de circulation pour dériver dangereusement vers le terre-plein central quand le puissant klaxon d'un poids lourd le ramena à la réalité et à la voie de droite.

– Chez nous les Blackfeet, les femmes épousent les hommes s'ils sont de vrais cavaliers, des guerriers puissants, de bons chasseurs et s'ils sont économiquement stables. Je t'épouserai quand tu rempliras ces conditions.

Elle plaisantait. Il se mit à sourire mais plus il souriait, moins elle souriait. En fait elle était sérieuse. Abasourdi, il comprit que quelque chose n'allait plus.

– T'as pété un câble ?

– Sinon, c'est hors de question, conclut-elle.

Et la décapotable se remit inexorablement à dériver vers le terre-plein central.

Une fois à la Waldo Coop chacun rentra chez soi. Tina avec l'impression d'avoir été comprise, Nicholas avec l'impression de ne plus rien comprendre à sa fiancée. Que cherche-t-elle ? Peut-être ne le sait-elle pas elle-même.

– Ça s'est bien passé ? lança Toni alors qu'il passait devant chez elle.

– Merde ! répondit Nicholas.

Septembre 2017

C'était un de ces après-midi brûlants où Pam Parnell avait l'habitude de se réfugier derrière la moustiquaire de sa véranda. Un point de vue qui lui permettait d'observer toute la cour derrière le tulle crasseux. De temps en temps le bruit d'un outil s'élevait depuis l'atelier où Eric Campa, son mécano mexicain, s'affairait sur les remorques.

Pam était désormais une chose toute recroquevillée sur elle-même. Elle avait à peine trente-sept ans et on lui en donnait soixante. Soudée au skaï usé de sa chaise roulante, elle ressemblait à une gargouille de science-fiction avec ses tuyaux d'oxygène enfoncés dans les naseaux. Derrière son voile elle tourna soudain son regard vers la haie où des bruissements de pas précédèrent l'apparition d'une ombre sur les graviers. Pam ne connaissait qu'une seule ombre de cette taille. Revêtu de son treillis, son sac à l'épaule, sa prothèse en sautoir, Lennie-Ray était planté au bout de l'allée et fixait le tulle. En un instant un poids revint écraser la poitrine de Pam quand elle découvrit qu'il manquait une jambe droite au bout du corps de son fils. Se pouvait-il que le destin soit cruel au point de l'avoir amputé lui aussi ? Et de la jambe droite en plus ! Quant à son visage, il avait certes la forme de celui de Lennie-Ray mais ce n'était plus le même. Il avait vingt et un ans et le corps détruit. Lennie-Ray Parnell, parti avec deux jambes, revenu avec une seule. Lennie-Ray Parnell, parti avec une tête, revenu avec une autre.

De l'autre côté de la cour, le fils fixait sa mère derrière son voile. Puis son regard balaya la ferme où rien n'avait bougé depuis son départ. La cour et ses carcasses rouillées écrasées par le soleil, l'épave du vieux tracteur que personne n'avait eu l'idée de mettre à la casse, et tout autour les champs d'amandiers dévastés.

À la Nine Farm, c'est Pam qui vira muette quand la vie familiale reprit son cours. Accablée par le retour de ce fils brisé, elle vivait dans la crainte de sa voix et des reproches qui pourraient l'achever. De son côté Lennie-Ray avait réintégré sa chambre d'enfant qu'il avait ornée de ses médailles militaires et d'une photo de lui aux côtés de son père lors du fameux dimanche Raymond.

Hyperactif car gorgé de substances chimiques censées équilibrer son métabolisme, Lennie-Ray avait réorganisé la vie de la Nine Farm autour de ses projets. Il s'acheta une voiture qu'il confia à Erwin pour qu'il la modifie en fonction de son handicap. Il donna congé au mécano mexicain pour reprendre l'atelier. Et quand il demanda à Pam qu'elle lui explique les termes de l'accord passé avec les Di Marcio, la première dispute éclata entre le fils et la mère.

Il revêtit alors son uniforme de marine et monta dans sa voiture. En chemin il s'arrêta au Tranquility Market pour s'équiper de deux boîtes de balles pour son fusil à pompe. Il trempa son joint quotidien dans sa petite flasque de formol et c'est armé et défoncé qu'il débarqua au numéro 2022 de l'avenue 21 ¼ devant la si jolie villa des Di Marcio perdue dans la plaine déserte de

Firebaugh. Quand le révérend se présenta sur le pas de la porte, Lennie-Ray imposa ses nouvelles conditions financières pour les remorques. Nullement impressionné, Scott l'envoya se faire foutre. Son petit-fils arma son fusil et explosa une fenêtre de la belle façade blanche. Puis il pulvérisa le sol tout autour de Scott Di Marcio devenu pâle comme une merde de laitier. Il réitéra ses conditions et pour s'assurer que le vieux avait bien compris il demanda à être payé d'avance pour la remorque en cours de chantier. Le révérend, qui était désormais un homme fatigué, alla chercher une liasse de billets tandis que Lennie-Ray obligeait Rhonda à sortir Robby le légume.

Lorsqu'il découvrit l'état de son père, Lennie-Ray se glaça. La vieille Rhonda gardait la main sur l'épaule de son fils qui arborait son éternel sourire triste et figé. L'homme avait vieilli depuis le dimanche Raymond mais il était tiré à quatre épingles, entretenu et brillant comme une poupée de cire. Trop bien habillé, trop bien coiffé avec ses longs cheveux blonds lissés en arrière, c'était une véritable momie souriante. Lennie-Ray repéra un bout de papier dans sa poche de chemise et s'en saisit. C'était une petite photo jaunie, la photo du mariage de Robby et Terri sur les marches de la petite église de Five Points, une vingtaine d'années auparavant. Lennie-Ray détailla le couple en s'attardant sur le regard de son père, déjà perché, puis sur le visage de Terri qu'il découvrait pour la première fois. Ses yeux cernés, sa peau pâle, son sourire coincé et ses longs cheveux roux qui dégueulaient sur sa robe blanche. Terri ne semblait pas une mariée très enjouée. Lennie-Ray sortit son Smartphone et il faisait un cliché de la photo quand Scott revint avec les billets.

– Alors c'est celle-là, Terri la pute ? demanda Lennie-Ray à son grand-père.

Personne ne jugea opportun de répondre.

– Qu'est-ce que ça peut vous foutre que Robby épouse ma mère ? Pourquoi vous ne voulez pas ?

Lennie-Ray colla le canon brûlant de son arme sur le front de son grand-père.

– À quoi il te sert sur sa chaise roulante ? À décorer ton jardin ?

Scott et Rhonda, qui avaient eu vent de son dossier médical, se tenaient sur leurs gardes.

– Moi, je sais ce que j'y mettrais bien dans ton jardin…

Son gros doigt tremblait sur la gâchette.

– Un bout de ta cervelle.

Le vieux Scott ne bougeait plus un cil.

– Je ne sais pas ce qui me retient.

Ses respirations étaient courtes. La peur était là.

– Ma mère n'a plus son pied, ni ses poumons. Mon père n'a plus son cerveau et moi, j'ai plus de gueule, ni de jambe droite. Et toi ?

Le canon du fusil se posa sur la narine du révérend.

– Il te manque rien à toi ! Tu trouves ça juste ?

Il appuya jusqu'à ce que le révérend finisse par faire non de la tête.

– On va réfléchir à ça tous les deux, et la prochaine fois, je veux que tu me fasses une proposition. Si on est de la même famille, ça doit se voir.

Le fusil vint se poser sur les narines de Rhonda.

– Et puis on ajoutera un bout de ta sale gueule.

Il les dévisagea l'un après l'autre.

– On s'est bien compris ?

Il remit la photo dans la poche de Robby et rejoignit sa voiture.

– Un jour je viendrai chercher mon père. Et puis un autre jour je le marierai à ma mère. C'est le but de sa vie, donc de la mienne. Ensuite je quitterai votre saloperie de vallée une fois pour toutes.

Juin 2018

Au lendemain de son week-end avec Tina, Nicholas sortit à l'aube et se retrouva nez à nez avec un cheval noir. L'animal était tenu par une longe au bout de laquelle se trouvait la main de l'éphèbe Carlo Davila.

– C'est quoi ça, Carlo ?

– River.

– Merci, je le reconnais. Qu'est-ce qu'il fout là ?

– C'est pour vous. Vous devez le monter.

– Il est cinq heures du matin !

– Vous devez le monter.

Nicholas prit sur lui pour ne pas insulter ce pauvre Carlo qui n'était pour rien dans le plan débile de l'Indienne.

– Tu vas aller dire à ta patronne qu'on va arrêter les conneries ! Et tu ajouteras qu'il n'y aura pas de cheval, pas de cavalier, pas de guerrier à la con et pas de chasseur sachant chasser ! Ok ?

– D'accord. Mais vous savez comme moi que votre fiancée est folle et que je serai obligé de revenir tous les matins devant votre porte avec cet abruti de mustang tant que vous n'aurez pas accepté de le monter au moins une fois dans les collines…

– Pardon ? Ma fiancée est quoi ? Répète.

Carlo se retrancha dans un silence prudent.

– On va tous arrêter de dire qu'elle est folle !

– Oui… non… bien sûr mais elle est persuadée qu'elle va vous perdre. Vous refusez de quitter Waldo Coop. Elle pense que vous ne voulez plus d'elle, que vous ne voulez plus vous marier. Votre squaw est paniquée. Partez faire un tour de cinq minutes dans la colline sur ce mustang et on aura la paix, vous et moi…

Nicholas attrapa le bellâtre par le col.

– Ce n'est pas ma squaw ! Je n'ai pas de squaw, putain ! Arrête avec ça ! Je ne suis pas un de ses foutus Indiens ! Et la prochaine fois que je te retrouve devant ma porte, je vous fous à la baille, toi et ton canasson.

Fin du clash matinal.

Que cherchait Tina ? Hors de lui, Nicholas se creusait la tête. À peine deux années qu'ils se connaissaient. Est-ce suffisant pour vraiment se connaître ? se demanda-t-il. Finalement il bénissait l'idée de Toni Dylan d'imposer ces fiançailles. Dans cette période d'essai entre le célibat et le mariage, il commençait à douter. Avait-il le cursus pour endosser le rôle du mari de la dingue ?

*

Cinq heures du matin. Voiture, autoroute, cap au sud vers le rendez-vous de la SJDA, la centrale nucléaire de Diablo Canyon Power Plant à quatre heures de route. En chemin Nicholas reçut un appel d'Owen Beman.

– Je ne vous réveille pas ? demanda le jeune homme.

– Tu plaisantes ! Qu'est-ce que tu veux ?

– Un rapport de votre géologue David Stevens vient d'être publié dans le *Los Angeles Times* de ce matin.

– Qu'est-ce que ça raconte ?

– C'est long, mais en substance ça dit que les études qui ont conduit à lancer les prospections d'huile de schiste dans la San Joaquin Valley ont été bidonnées.

– Dans quel sens ?

– Les chiffres ont été artificiellement gonflés. Toutes les évaluations ont été surestimées.

– Par qui ?

– Des experts qui selon Stevens ont été payés par les compagnies pétrolières elles-mêmes.

– Les chiffres sont erronés de beaucoup ?

– D'après Stevens ils ont été surévalués de 96 %. Ce n'est pas difficile d'imaginer que son rapport en a rendu furieux plus d'un. Je pense que ce serait quand même pas mal d'aller faire un tour à la Panoche ce matin, ils vont être obligés de réagir. Qu'est-ce que vous en pensez ?

– Écoute, c'est moi qui décide ce qu'il faut penser ou pas. Là je suis sur l'autoroute. Je te rappelle plus tard.

Vers neuf heures Nicholas atteignit San Luis Obispo puis la plage d'Avila Beach. Une piste de terre parsemée de multiples systèmes de surveillance menait au portique ultrasécurisé de la centrale nucléaire. Les véhicules des participants à la manif étaient garés en vrac au hasard des dunes. À neuf heures et demie l'endroit était déjà envahi par une cinquantaine de manifestants. Une soixantaine de policiers anti-émeutes les empêchaient d'approcher du portail d'El Diablo Canyon Power Plant. Quelques membres actifs distribuaient le rapport de Stevens ainsi que le *Los Angeles Times*. Un florilège de pancartes étaient portées à bout de bras par les manifestants. « L'huile de schiste dehors ! », « Non à la fracturation de la San Joaquin Valley ! », « Les compagnies pétrolières dehors ! », « Huile de schistes = Big One = Tremblement de terre ! », « El Diablo Nuclear = Fukushima ! », etc. La confrontation était calme et bon enfant.

Nicholas resta en retrait au sommet de la dune. Il prit son temps pour faire un tour d'horizon des personnes présentes et repéra le petit Mexicain belliqueux qui avait pulvérisé ses pneus. Enrique Urea, apprit-il. Le type était grimpé dans la benne d'un tracteur. Cette fois il s'était tartiné la face d'une crème jaune qui avait séché au soleil. C'est lui qui, protégé par une paire de gros bras, invectivait l'assemblée en gueulant en boucle des slogans dans son mégaphone :

– Les compagnies pétrolières doivent accepter le rapport Stevens ! Les évaluations des compagnies sont erronées ! Les chiffres sont faux, l'État a été trompé ! Les secousses sismiques sont trois fois plus élevées dans la vallée depuis le début des prospections ! Protégeons la centrale nucléaire d'El Diablo d'un tremblement de terre si nous ne voulons pas d'un Fukushima sur les côtes californiennes ! Exigeons dès aujourd'hui l'arrêt des forages de prospection !

Les manifestants soutenaient et encourageaient leur leader avec force cris et applaudissements. Quand l'orateur cessa son speech, il invita une élégante femme noire à venir le rejoindre dans sa benne.

– Puisque notre ami le géologue David Stevens n'est plus parmi nous, laissez-moi vous présenter sa collègue, le professeur Erika Koestel, qui vient elle aussi du laboratoire de géologie de UC Berkeley. Elle travaille depuis cinq années sur les phénomènes collatéraux liés aux recherches pétrolières partout sur la planète.

Le professeur Erika Koestel entama un discours où elle exposa les risques liés à la fracturation hydraulique. Elle rappela que sept millions de personnes vivant dans l'Oklahoma, le Kansas, le Texas, le Colorado, le Nouveau-Mexique et l'Arkansas étaient régulièrement exposées à des secousses telluriques. À chaque fois il avait été prouvé que ces tremblements de terre étaient le fait d'activités liées à la fracturation hydraulique, donc à la prospection d'huile de schiste. Erika Koestel termina en exposant une carte édifiante des centaines de séismes relevés entre 2012 et 2018 et dont la magnitude était égale ou supérieure à 2,5 sur l'échelle ouverte de Richter. De nombreuses acclamations conclurent son intervention.

À l'issue des discours, deux équipes télé interviewèrent Enrique Urea puis Erika Koestel. Il était à peine dix heures et demie lorsque fut donné l'ordre de dispersion. Les premières voitures quittèrent les dunes, les forces de l'ordre remontèrent vers leurs bus et les télés s'éclipsèrent. Nicholas profita de ce mouvement général pour s'approcher d'Enrique Urea. Mais celui-ci avait déjà demandé à ses deux gorilles, Savierno Sandoval et Bobby Solis, de lui faire barrage. Visiblement ces gars étaient à cran.

– Mr Urea, je ne lâche pas comme ça ! Il faudra beaucoup plus que crever mes pneus et foutre vos gorilles en travers de mon chemin pour m'empêcher de vous parler ! lui balança Nicholas.

Urea s'arrêta.

– Vous avez peur de qui ? insista Dennac. D'un journaliste ? D'un fermier ? Des compagnies pétrolières ? Qui vous menace ?

Urea murmura un ordre à l'oreille de Bobby Solis, qui vint palper Nicholas des pieds à la tête. Quand il fut assuré qu'il ne représentait aucun danger, Urea approcha. Nicholas détailla alors son visage couvert de cette pâte jaune qui se craquelait de partout.

– Qu'est-ce que tu me veux à la fin ! demanda Urea.

– Pourquoi vous protégez-vous comme ça ? Qu'est-ce qui vous est arrivé au visage ?

– Un fou. Je t'ai déjà dit que c'était plein de fous par chez nous !

– Quel fou ?

– Tu travailles pour quel journal déjà ?

– Le *San Francisco Daily Evening.*

– Et ton nom ?

– Dennac Nicholas.

– Et t'es avec qui, Dennac Nicholas ? T'es avec nous ou contre nous ?

– Je ne suis avec personne. Je suis journaliste. Je viens pour comprendre ce qui se passe dans votre putain de vallée avant de savoir s'il y a quelque chose d'intéressant à écrire.

– *Avant de savoir s'il y a quelque chose d'intéressant à écrire !* Les gars du *Los Angeles Times*, eux, ils ont su qu'il y avait quelque chose d'intéressant à écrire !

– Il y a un fou qui vous menace, c'est ça ? lança Nicholas.

Mais le cube mexicain tourna les talons sans répondre, suivi de ses deux molosses. Nicholas récupéra le rapport de Stevens ainsi que le *Los Angeles Times.* Il tenta d'interroger des membres de la SJDA pour en savoir plus sur l'association mais Bobby Solis avait donné le mot pour qu'on l'évite.

Nicholas quitta les lieux mais ne fit qu'une centaine de mètres. Dès les premiers virages qui redescendaient vers la plage, il se gara derrière un container à ordures. Tout en guettant les véhicules, il parcourut le début du rapport Stevens et constata qu'il datait du 15 mai. Il commençait à peine à lire l'article quand il reconnut la géologue Erika Koestel au volant d'une Lexus grise. Il la suivit. Au premier embranchement elle rejoignit la station-service sur le port de pêche. Dennac se rangea à la pompe d'à côté.

– Vous remontez aussi vers la Baie ? lui lança-t-il.

Il se présenta :

– Nicholas Dennac, du *San Francisco Daily Evening.* Ça fait quand même une trotte depuis Berkeley, non ? Moi aussi je suis de la baie de San Francisco.

– Vous écrivez un article ?

– Oui, et je me focalise sur les répercussions humaines. Sur ce que l'exploitation des schistes va changer dans le quotidien des gens et des familles.

– Ah oui ! répondit-elle avec un sourire sarcastique. Sans indiscrétion, vous vous focalisez sur les gens et les familles de quel endroit ? De quelle région ?

– La San Joaquin Valley.

– À mon avis vous devriez élargir le spectre de votre focalisation.

– Élargir jusqu'où ?

– Commencez déjà par toute la Californie. Parce que le jour où ça va craquer par ici, ça ne se focalisera pas uniquement sur la San Joaquin Valley. Le tremblement de terre qui risque de survenir par ici à cause de ces compagnies pétrolières changera le quotidien de quelques millions de personnes. Faites-moi confiance !

Elle avait fait son petit effet et finit de remplir son grand réservoir. Puis elle partit payer. Nicholas termina son plein en contemplant les explosions de brume océanique dans le contre-jour du soleil matinal.

– Et pour votre article vous allez voir les gens de la vallée ?

Erika Koestel était revenue à ses côtés.

– Ceux qui sont pour les prospections ou ceux qui sont contre ? précisa-t-elle.

– Tous. Mais il n'y en a pas beaucoup qui sont contre, répondit-il.

– Effectivement. On ne peut pas dire qu'il y avait foule ce matin. Depuis que Trump a autorisé la prospection de l'huile de schiste, les prix des terrains ont flambé. Quelques propriétaires de la San Joaquin Valley ont déjà fait de belles opérations et d'autres attendent avec impatience qu'on vienne prospecter dans leurs vergers. D'ailleurs on se demande pourquoi il y en a encore qui sont contre. Mais avec cet article du *Los Angeles Times* les choses vont commencer à changer. Vous l'avez lu ?

– Pas encore.

– Et le rapport Stevens ?

– Quand je rentrerai. Je viens de voir qu'il est daté du 15 mai, il y a plus d'un mois. Cela veut-il dire que la compagnie qui prospecte n'a jamais eu ce rapport ?

– Si. Le professeur Stevens l'a fait parvenir à la compagnie Panoche le 15 mai précisément.

– Et ils n'ont rien fait ?

– Bien sur que si ! La Panoche a une peur panique de la médiatisation. Donc le 5 juin ils ont publié un communiqué de presse pour annoncer la suspension des opérations.

– Alors pourquoi j'ai croisé une caravane de prospection samedi dernier ?

– Aucune idée. Mais il paraît que la Panoche est revenue prospecter dans une ferme de Tranquility sans le dire à personne. Urea et la SJDA ont réussi à les arrêter.

– Qui a commandé cette étude à Stevens ?

– La SJDA. Aller casser le sous-sol de l'Oklahoma, ce n'est déjà pas raisonnable. Mais il faut être vraiment dingue pour faire ce qu'ils font ici. C'est ce que dit son rapport. Ces compagnies et les gens qui les dirigent sont irresponsables. Ces capitalistes se foutent de tout !

– Vous pensez vraiment qu'un tremblement de terre, je veux dire un gros, un vrai, peut se déclencher comme ça ?

– Venir injecter de l'eau sous haute pression dans une des régions les plus dangereuses de la planète, ça équivaut à monter sur le dos d'un grizzly pour le chatouiller.

– Effectivement… Vous faites partie de la SJDA ?

– Non. Ils avaient besoin d'un géologue pour le blabla aux médias. Mais je n'ai pas travaillé sur ce dossier. C'était le domaine de David Stevens. Vous le connaissiez ?

– Non. Stevens ne travaillait que sur les schistes de Monterey ?

– Depuis six mois il travaillait exclusivement sur ce problème. Il était très préoccupé, comme je le suis devenue depuis sa disparition. De fait il m'a refilé le bébé et c'est en train de devenir une mission tellement prenante que j'avoue délaisser mes propres travaux en ce moment.

– Je comprends.

– On peut reparler de tout ça si vous voulez. Commencez par lire le rapport. Vous verrez, c'est édifiant. Bon retour.

Elle lui donna sa carte, retourna à sa voiture et démarra.

Rentré à Sausalito, Nicholas se plongea dans la lecture du fameux rapport. Stevens disait que suite à l'élection de Trump les compagnies pétrolières avaient jeté leur dévolu sur la région de la San Joaquin Valley car d'après les études de l'EIA[1] les schistes de Monterey contenaient l'équivalent de plus de treize milliards de barils. Soit deux fois la totalité des gisements actuellement exploités aux États-Unis. Gigantesque. L'exploitation de ce pétrole devait donc créer deux millions huit cent mille emplois en 2020 et rapporter plus de vingt-quatre milliards de taxes à l'État de Californie. L'eldorado. Mais ça, c'était avant. Avant que la SJDA ne demande au professeur David Stevens d'y fourrer son nez. Et là, la chanson n'était plus la même. Stevens avait découvert que les prévisions de l'EIA – qui avaient été commanditées par les compagnies pétrolières – étaient fausses. Il apportait les preuves que ces soi-disant spécialistes avaient surestimé les réserves de 96 %. Autrement dit 96 % de moins de pétrole, 96 % de moins d'emplois et 96 % de moins de taxes. Assurément le genre de publication qui fâche.

La seconde partie du rapport était consacrée aux risques liés à la technique dite de *fracturation hydraulique*. Là, Nicholas retrouva

1. Energy Information Administration.

ce qu'il savait déjà. À savoir que ces forages avaient multiplié les séismes dans les États déjà exploités. Et lorsqu'il se pencha enfin sur l'article du *Los Angeles Times*, il constata qu'il ne faisait que résumer les dix pages du rapport Stevens.

Tout cela était une très mauvaise publicité pour l'huile de schiste dans la San Joaquin Valley. Il ne fallait pas être sorcier pour deviner que ce rapport en avait rendu furieux plus d'un. Si furieux qu'il s'en était peut-être trouvé un plus enragé que les autres pour décider de vider de son sang le professeur.

En début de soirée Owen appela Nicholas car il voulait le voir. Dennac vint le pêcher au journal et l'emmena dans un bar du quartier de Mission. Un établissement qui n'était pas tout à fait dans le style du jeune stagiaire.

– Tu n'as jamais vu de bar ? demanda Nicholas, exaspéré par son air ahuri.

– Je n'imaginais pas que ce genre de truc pouvait encore exister !

Ce genre de truc était un de ces vestiges des années 50 baignant encore dans son jus fétide. Un long couloir sombre partagé d'un côté par un bar orné d'une patronne et de trois putes vintage et de l'autre par des alignements de box pour quatre aux saletés douteuses. Les deux hommes s'installèrent au fond de la salle.

– Je te signale que *ce genre de truc* était le QG de la rédaction du *San Francisco Daily Evening* quand j'y travaillais.

– Je m'en doute. Et c'est ici votre place préférée ? demanda Owen. Vous préférez l'odeur des chiottes au parfum des putes ?

– T'as fini ?

– Les putes aussi datent de l'époque où vous étiez journaliste ?

– Du temps où j'étais journaliste, cher Owen, le *San Francisco Daily Evening* était le premier quotidien de la Baie. Toi, tu prends sûrement tes cafés con leche dans des bars bio mais ton canard n'est plus qu'un torchon.

– La seule différence avec le bureau, c'est qu'on nous a retiré les tabourets à putes et les vieilles personnes qui sont dessus.

– On va dire que tu es plein d'humour mais il est tard et je rirai demain.

– Vous ne m'avez pas dit pourquoi vous aviez cessé soudain d'être journaliste.

– Parce que quand tu es charpentier, tu n'as plus à te fader ce genre d'humour à la con. Ça repose, fais-moi confiance.

– On ne dirait pas que vous êtes très reposé. Vous avez plutôt l'air à cran.

– Quand je te vois. Sinon je suis particulièrement reposé. Tu voulais me parler, je t'écoute.

– Non, moi je vous écoute ! Vous m'avez dit la moitié de ce que vous savez à propos de David Parker Stevens. Je veux bien faire semblant d'être béat d'admiration devant votre talent d'enquêteur, mais je n'ai plus trop envie d'être pris pour le petit con de service. Je pense moi aussi. Et je n'ai pas l'habitude de demander l'autorisation à quiconque pour le faire. Si vous voulez que je continue à vous aider, racontez-moi pourquoi vous vous intéressez à la mort de ce type. Et évitez de me dire que c'est parce que vous étiez à Roosevelt Beach ce matin-là. Je suis certain qu'il y a autre chose.

– C'est dingue ce que tu me fatigues.

– C'est réciproque. Écoutez, moi aussi je mène mon enquête. Vous m'avez invité et maintenant je suis là, je suis journaliste, j'enquête et je pense. Vous habitez une de ces maisons flottantes de Sausalito et c'est justement là-bas que vous l'avez vu avant sa mort. Alors racontez-moi ce que vous savez. Dites-moi ce que vous avez vraiment vu.

– T'es en train de m'interroger là ?

– Ça ne se voit pas ?

– D'accord. Eh bien il n'est pas impossible qu'il ait été assassiné.

– J'en étais sûr ! Vous l'avez vu se faire descendre ?

– Non. Parce que si je l'avais vu se faire descendre, je ne serais pas en train d'enquêter pour savoir si on l'a bien assassiné et qui l'a assassiné.

– Alors qu'est-ce que vous avez vu ?

Nicholas vida son verre, en commanda un autre puis révéla ce qu'il avait découvert concernant la maison jaune. Il s'en tint à cette partie. Quand il eut terminé, Owen resta pensif quelques secondes.

– Vous avez pensé à votre copain ? fit le jeune stagiaire.

– Ale Abbott ?

– Bizarre qu'il nettoie sa maison à la javel le lundi matin…

– Je connais Ale Abbott depuis que je suis gamin. Qu'il ne soit pas franc du collier, c'est certain. Mais de là à égorger ses locataires…

– Égorger ?

– Je ne sais pas. Il y avait beaucoup de sang.

– Beaucoup de sang n'implique pas qu'on a été égorgé. On peut perdre beaucoup de sang avec une fracture ouverte par exemple.

– Mais on ne meurt pas d'une fracture ouverte.

– Alors peut-être que Stevens a découvert la magouille d'Ale Abbott avec cette maison. Peut-être que ça s'est mal passé entre eux. Après tout, ça peut arriver. Ils se battent, un mauvais coup sans le vouloir, votre copain le tue, il l'égorge ou autre chose, et puis il se fait aider par quelqu'un pour évacuer le corps. Vous avez pensé à votre bonne femme qui joue au flic sur vos pontons ?

– Toni Dylan ?

– Étrange, non ?

– N'y pense même pas ! Je connais ces gens depuis toujours.

– Et alors ? On croit connaître les gens et en fait…

La réflexion était suffisamment avisée. Elle instilla un doute chez Nicholas.

– Mais peut-être avez-vous raison. Vous connaissez ces personnes mieux que moi. Après tout, il s'est peut-être passé autre chose. Quelqu'un qui voulait empêcher Stevens de publier son rapport.

– Vu les enjeux, c'est plutôt ce que je pense, affirma Nicholas.

– Mais qui ?

– Une compagnie pétrolière, des dizaines de sous-traitants, un millier de propriétaires terriens. Ajoute à ça les familles de la vallée, plus les intermédiaires. Ce qui devrait nous faire aux alentours de... deux à trois mille candidats à vouloir la mort de Stevens.

À nouveau Owen se perdit dans ses pensées. Puis :

– Cela dit, c'est quand même spécial de prendre un Airbn'b à deux miles de son propre domicile.

– Je ne te le fais pas dire.

– Votre enquête, c'est vraiment pour écrire un article ?

– On verra s'il y a matière.

– Vous avez déjà écrit quelque chose ?

– J'écrirai quand j'aurai de quoi écrire. Pour l'instant je n'ai que des doutes, des intuitions, des trucs qui se recoupent mais rien de tangible.

– Alors moi, je l'écris ! lança Owen.

– Pardon ?

– Je commence par la maison jaune, j'enchaîne sur Roosevelt Beach, je vais voir Ale Abbott, je le cuisine et...

– Tu ne fais rien du tout ! C'est mon enquête ! Mon article ! Si je décide d'en écrire un, ok ?

– C'est ça. En fait vous n'écrivez rien parce que vous ne savez plus. Vous êtes juste capable de taper sur des clous mais pour le reste vous êtes complètement has been. Vous n'écrivez rien parce que vous n'êtes plus journaliste, c'est tout !

– Je crois que je vais te passer par la fenêtre !

– On est au rez-de-chaussée.

– On écrit quand on a des faits, des preuves. On n'écrit pas parce qu'un jour on a mis les mains dans une flaque de sang. Sinon on passe pour un con.

– Laissez-moi l'écrire ce papier. Je vous le fais lire, vous corrigez, vous commentez, vous pouvez même m'engueuler. Quand j'aurai terminé, je vous le laisse, vous le signez, mais laissez-moi l'écrire !

– C'est juste dingue ce que tu me fatigues.

– C'est bien ce que je disais. Vous êtes vieux et fatigué.

– Un mot de plus et je t'envoie t'écraser contre les putes du comptoir !

– Ok. Là j'arrête.

Owen sortit un stylo et écrivit une adresse sur une serviette en papier qu'il donna à Nicholas.

– Si vous n'êtes ni vieux ni fatigué et encore un journaliste capable de rédiger des notes… ça, c'est mon adresse. Ne m'envoyez rien par mail, on ne sait jamais. Sinon, rentrez vous coucher. À votre âge, c'est pas raisonnable de traîner dehors à cette heure. Je vous laisse avec vos copines.

Owen J't'emmerde se leva et laissa Nicholas J't'emmerde fulminer à la table près des chiottes.

*

Piqué au vif, Dennac rentra chez lui pour rédiger des notes toute la nuit. Il remit en ordre tout ce qu'il avait vu, remarqué et pensé depuis ce lundi où il avait mis les mains dans le sang rouge de la maison jaune. Cette fois il n'omit rien. Quand il eut terminé, il glissa le tout dans une enveloppe à l'adresse du petit con, avec l'idée de la lui faire parvenir au moment où il le jugerait nécessaire.

À cinq heures du matin il releva le regard vers la petite baie où l'aube commençait à détacher les formes des fonds. Il surprit Tina et Ale qui cheminaient sur le ponton du Liberty Dock. Tels deux compères, ils partaient pour leur moisson quotidienne. Il les observa en se disant que décidément ces deux mabouls allaient bien ensemble. Il finit aussi par repérer la silhouette noire de la chienne de garde Toni Dylan qui prenait son café sur le toit de sa maison. Alors lui revint ce qu'avait dit Owen à propos d'Ale et d'elle. Il était indubitablement troublant qu'Ale Abbott ait nettoyé sa maison à la javel le lundi matin. Était-il possible que Toni, qui passait son temps à espionner tous les faits et gestes autour d'elle, n'ait rien vu cette nuit-là ? Était-il possible qu'Ale, qui surveillait sa baraque aux jumelles depuis son vaisseau, n'ait rien vu non plus cette nuit-là, voire le lendemain matin ? Des suspicions qu'il rangea dans un coin de sa tête avant d'aller la poser sur son oreiller. Les neurones fatigués, Nicholas lâcha l'affaire et ronfla toute la journée.

Quand il ouvrit les yeux, c'était déjà la fin de l'après-midi. Une odeur de café froid planait dans la pièce. Tina était passée préparer sa médecine indienne qu'il fit réchauffer et but à petites lampées – il fallait être un initié pour se délecter de cette chose-là. Puis il se planta derrière la baie vitrée pour observer son paysage familier. La maison jaune se trouvait désormais au centre de son attention. Pourquoi Stevens était-il venu cette nuit-là dans cette putain de boîte ? Pour voir qui ? Trois réponses lui paraissaient possibles.

Soit le professeur avait besoin de faire des prélèvements nocturnes de l'eau de la Baie. Mais pourquoi louer une maison pour faire ces prélèvements ? Peut-être pour opérer à différentes heures de la nuit.

Soit il avait un simple plan cul. Une raison qui peut impliquer de louer une maison une nuit entière. Plus sympa qu'une chambre de motel. Alors avec qui ?

Soit il avait besoin d'approcher un des habitants du Liberty Dock. Pas une démarche que l'on entreprend d'emblée, mais une tentative qui vient en dernier ressort.

Des trois hypothèses, la deuxième était la plus crédible et la dernière la plus improbable. Pourtant c'était celle-là qui retenait son attention.

Mais qui Stevens serait-il venu voir ? Et pour parler de quoi, en dehors de ce qui le préoccupait depuis six mois, à savoir l'huile de schiste de Monterey ? Qui, sur le ponton du Liberty Dock, pouvait parler de ce sujet-là ? Qui, dans ces jolies maisons flottantes, était d'une manière ou d'une autre impliqué dans l'huile de schiste de Monterey ?

Nicholas détaillait les habitants un à un. Il s'attardait à épier un homme ou une femme, un adolescent ou une enfant, une Theresa Merryll ou une Toni Dylan, une perverse Nannie Jean ou un Ale Abbott. Tout un voisinage en apparence innocent.

Janvier 2018

Vers la mi-janvier Lennie-Ray Parnell alla chercher des pièces au dépôt ferroviaire de Kerman. Alors qu'il chargeait ses colis, des gyrophares orange attirèrent son attention de l'autre côté de la rue. Trois usines à gaz bardées de tuyauteries étaient posées sur d'interminables remorques accrochées à trois poids lourds. Le fameux convoi spécial de la Panoche était garé juste en face ! Quatre mois après son retour de l'armée, il voyait enfin ce mystérieux machin que tout le monde surnommait *la caravane de la fortune*. Il fallait voir les regards s'illuminer quand les chiffres circulaient. Certains murmuraient que les fermiers chanceux avaient signé des cessions de terrain à trois chiffres, payées cash, avec des commissions de 50 % sur les volumes annuels d'huile de schiste. Mais si on posait des questions directement à ces mêmes fermiers, les bouches se fermaient aussitôt. On détestait étaler ses bonnes affaires dans la vallée.

Lennie-Ray fila vers la caravane de la fortune qui se préparait à partir.

– C'est qui le responsable ? demanda-t-il à l'un des conducteurs.

– Le responsable de quoi ?

– Celui qui décide des propriétés à prospecter.

Le gars le renvoya à un gars qui portait une tenue plus propre que les autres, le chef. Le chef examina sa figure toute cirée avec une expression de dégoût mais Lennie-Ray avait l'habitude.

– Je suis Lennie-Ray Parnell de la Nine Farm.

– La Nine Farm ?

– Plus haut vers le nord sur l'avenue 9.

– Je vois très bien, fit le gars, pressé de remonter dans sa voiture.

– Vous venez quand prospecter chez nous ?

– Ce n'est pas moi qui décide, mon garçon.

– Vous êtes qui ?

– Ernie Hanson, le chef de chantier.

– Et faut faire quoi pour qu'on vienne prospecter chez moi ?

– Il faut aller remplir un dossier au bureau de Fresno.

Le chef Hanson donna les coordonnées à Lennie-Ray, qui s'y rendit aussitôt. La Panoche avait ouvert un bureau dans une ancienne boutique du centre-ville. Une fois son dossier rempli Lennie-Ray demanda à quelle date les machines allaient venir chez lui.

– C'est pas ici que ça se décide. C'est dans les bureaux de la Panoche.

– C'est où ça ?

– Le site d'exploitation est sur la Panoche Road dans les Coast Ranges.

Une heure plus tard, le truck de Lennie-Ray grimpait les lacets d'une piste poussiéreuse au cœur des petites montagnes désertiques. Arrivé au milieu de nulle part, il trouva le site opérationnel de la Panoche désert et les grilles électrifiées fermées. Quelques baraques de chantier, du matériel éparpillé, mais aucune présence humaine et surtout aucun bureau. Rentré à la ferme, il appela les numéros de téléphone qu'il avait trouvés çà et là, il écrivit des tonnes de mails mais sans succès. Pourtant la semaine d'après, alors qu'il s'échinait à souder ses remorques, la longue caravane de la Panoche se pointa sur l'avenue 9. Son cœur s'emballa et il claudiqua sur sa prothèse de ferraille pour les accueillir. Mais les véhicules passèrent sans s'arrêter. Il s'interposa devant le capot de la dernière voiture.

– Qu'est-ce que vous foutez ? Vous ne voyez pas que l'entrée c'est ici ? gueula Leonard.

– Tire-toi de là, lui cria le chef Hanson.

– On s'est vus la semaine dernière à Kerman. Je suis allé remplir ma fiche. Je suis Lennie-Ray Parnell, la Nine Farm c'est ici !

– Et alors ? Qu'est-ce que tu veux que j'y foute à la Nine Farm ?

– Vous n'êtes pas là pour prospecter chez moi ?

– Non. Toute la zone de Tranquility est désormais interdite. On était à la ferme Harvy depuis hier quand ils ont débarqué pour recommencer à nous les briser. Alors pour l'instant, on oublie toute cette zone et on repart au nord.

– Qui est venu vous les briser ?

– L'association des emmerdeurs. La SJDA.

– Et pourquoi la zone de Tranquility est interdite ?

– À cause d'un rapport de la Nasa qu'ils viennent de nous sortir.

– Qu'est-ce qu'il dit ce rapport ?

– Que tout le coin de Tranquility s'enfonce. Tire-toi de là !

Un coup d'accélérateur et l'amputé au masque de cire s'écarta avant de se faire tailler la prothèse. Lennie-Ray Parnell regarda s'éloigner la caravane de la fortune.

Juin 2018

– Tu n'as écrit aucun article dans le *San Francisco Daily Evening* ! fit la voix menaçante d'Enrique Urea au téléphone.

Il était aux alentours de deux heures du matin. L'oreille collée à son portable, Nicholas cherchait une porte de sortie mais l'appel d'Urea le réveillait en plein sommeil et il était dans le coaltar.

– J'imagine que tu nous prends pour des ploucs, c'est-à-dire pour des cons. Tu t'es dit qu'on ne vérifierait pas. Mais moi j'ai vérifié, figure-toi. Et dans ton canard, il n'y a aucune trace de toi. Aucun article, aucun blog, rien. En fait, tu bosses pour la Panoche.

Le risque de sortir des conneries à tout bout de champ, c'est qu'une nuit ou l'autre ça vous pète à la gueule.

– C'est faux. Si vous aviez lu l'ours, vous auriez trouvé mon nom, inventa Nicholas, trop dans le cirage pour inventer autre chose.

– L'ours ? C'est quoi ça l'ours ?

– C'est le petit encart où l'on trouve les noms de tous les collaborateurs du journal.

– T'es peut-être dans l'ours mais quand j'ai appelé, on m'a affirmé que tu n'écrivais pas d'articles dans ce canard. Alors t'es qui, ducon ? T'es payé par qui pour venir nous espionner ?

Pourquoi avait-il décroché ?

– Je suis Nicholas Dennac.

– Ça, tu l'as déjà dit. Mais t'existes nulle part. J'ai juste trouvé un Nicholas Dennac qui est charpentier à Sausalito. T'es charpentier à Sausalito, ducon ?

– J'ai été journaliste au *San Francisco Daily Evening*, mais ça date de...

– Écoute-moi bien. Je ne tiens pas à y passer, comme Stevens. J'en ai marre des dingues qui veulent me casser la gueule ou me descendre parce que je défends ma vallée.

– Qui veut vous descendre ? Qui vous a cassé la gueule ? C'est pour ça que vous avez le visage brûlé ?

– T'occupe ! Demain matin je vais envoyer un de mes gars à l'adresse de ce charpentier de Sausalito. Et s'il te trouve, il va te ramener ici pour te casser les jambes.

– Vous êtes un grand malade ! Pourquoi vous voulez me casser les jambes ? Qu'est-ce que je vous ai fait ? N'envoyez personne, je viens.

– Tu sais même pas où j'habite, ducon.

– Bougez pas. Vous allez voir si je ne sais pas où vous habitez !

– Si tu débarques ici, je te casse les jambes. Je ne suis pas le père Stevens, moi.

– Pourquoi vous dites ça ? Vous savez ce qui est arrivé à Stevens ?

– Ça t'inquiète ? T'es pas au courant ?

– Au courant de quoi ?

– Viens ici, ducon ! Je t'attends !

Urea raccrocha et ducon monta dans sa voiture.

Deux cents miles plus tard, Nicholas mettait son clignotant pour quitter l'autoroute à la sortie 365. Tandis que la voûte céleste se colorait d'un joli bleu nuit, ses phares balayèrent le vert fluo du panneau autoroutier « San Joaquin Valley ». À l'intersection il s'enquilla sur la rectiligne, direction la Viñeda Farm qui se trouvait quelque part entre l'avenue 18 et l'avenue 19. Il ne faisait pas encore jour et il devait se démerder avec un foutu problème de géométrie. Les avenues étaient des droites est-ouest alors que les routes étaient des droites nord-sud. Le GPS rendit son tablier et durant plus d'une heure Nicholas tailla ce mikado sans solution. Quand le ciel ajouta du jaune dans son rose, ducon était scotché à son cinquante-troisième carrefour, au bord de la crise de nerfs. Enfin le soleil pointa un rayon sur deux écriteaux : « Route 18 ¾ » et « Avenue 18 ¾ ». Sympa le soleil. Nicholas pila un mile plus loin devant l'allée de la Viñeda Farm plantée au milieu d'un champ d'avocatiers. Il se gara à une centaine de mètres, coupa le contact, planqua l'enveloppe destinée à Owen sous son siège où il récupéra son arme. Une fois dehors, il s'engagea dans l'allée qui longeait la haie. Il détailla le matériel agricole, la maison basse de style adobe et une remise façon abri aérien dont la tôle avait gondolé sous des décennies de chaleurs accablantes. En approchant de la cour il découvrit le Nissan rouge d'Urea.

La porte-moustiquaire était fermée, mais il entrevit à travers le tulle que la porte d'entrée était ouverte. Il perçut le son d'une publicité télévisée, un filet de musique joviale s'échappait de la cuisine. Il composa le numéro d'Urea qui, après trois sonneries, bascula sur le répondeur. Il vint frapper à la porte. Pas de réponse. Il pénétra dans la maison, arme en main. Canapé, table et fauteuils renversés, assiettes et verres cassés sur le sol, le salon-salle à manger était dévasté. Il trouva la cuisine dans le même état, la télévision bloquée sur une chaîne en langue espagnole gisant sur le carrelage. Un couloir sombre aboutissait à l'unique chambre.

Revolver pointé, Nicholas entra. À travers les rideaux safran la lumière jaune du soleil enflammait la pièce. Du sang partout. Sur le lit dont les draps étaient trempés, sur le papier peint où les éclaboussures avaient dégouliné et sur la moquette à longs poils verts. Dans le miroir, Nicholas aperçut le sol de la salle de bains traversé par une longue traînée sanguinolente. Partout du sang mais aucun corps. En ressortant, il nettoya du mieux qu'il put la poignée de la moustiquaire extérieure – sans illusion. Puis il contourna la maison jusqu'à la porte de la salle de bains. Là il trouva des traces de sang qui filaient jusqu'à la grande remise au fond de la cour.

À ce stade, il n'était pas trop tard pour arrêter son enquête et appeler Keys. En pénétrant dans la Viñeda Farm, il savait qu'il laissait tout un bouquet d'indices dans une affaire qui venait de prendre des proportions graves. S'il téléphonait au lieutenant Keys, il n'allait certes pas vers des explications faciles, mais il restait dans un cadre légal. Mais si après ce qu'il venait de découvrir il n'informait personne, il pénétrait dans une zone gris foncé d'où il aurait les pires difficultés à s'extraire.

Qu'y avait-il dans cette remise ? Un cadavre ? Plusieurs ? Un emmerdement ? Plusieurs ? Il pensa retourner à sa voiture, à sa vie, à ses fiançailles, au mustang noir, à sa squaw et à ses problèmes de squaw. Mais il décida qu'il lui était impossible de ne pas chercher à savoir ce que ce hangar cachait. Après tout, pourquoi ne pas aller voir d'abord dans le hangar et appeler Keys ensuite ? Les emmerdements, c'était un sixième sens chez Nicholas Dennac.

Ce long demi-cylindre de tôle ondulée avait l'aspect d'un hangar aéronautique des années 50. Arrivé à la hauteur du bâtiment, il tendit l'oreille et perçut d'infimes et régulières percussions. Il s'arrêta à la hauteur d'un interstice au sol, il s'allongea et y glissa un œil. À l'intérieur des dizaines de faisceaux éblouissants perçaient l'obscurité : la paroi métallique était criblée d'une multitude d'impacts de balles. Des fatras agricoles étaient disséminés aux quatre coins. À première vue, personne. Pourtant la poussière voletait intensément dans les stries ensoleillées comme si l'on venait de bouger. Il distingua une grosse cuve posée sur un piètement d'acier érigé sur une dalle de béton. Le rythme cadencé venait de là. *Plic-ploc-plic-ploc.* Un goutte-à-goutte. L'éclat d'un rai de soleil révéla la couleur du liquide. Rouge. Vermillon. Un goutte-à-goutte de sang vermillon s'écoulait de cette cuve. Il y avait fort à parier qu'elle contenait de l'humain fraîchement abattu. En fixant cette fuite sanguinolente, Nicholas acquit la conviction d'avoir trouvé la cachette d'Urea. Sur le côté de la cuve une courroie rejoignait la poulie d'un moteur. Ce devait être une broyeuse agricole. Et dans la broyeuse la viande devait être hachée menu.

Au premier plan quelque chose bougea. Nicholas se focalisa sur cette forme scintillante et longue qui s'élevait. Peut-être une barre métallique. Les contours se précisèrent. Il s'agissait d'un tube d'inox qui rejoignait un drôle d'engrenage. Nicholas tressaillit quand il comprit que ce tube était emmanché dans une chaussure de type ranger. Une prothèse de jambe ! Une rafale de pistolet automatique balaya la tôle. Il se jeta sur le côté. Un seul mot d'ordre : fuir.

Une demi-seconde plus tard Nicholas Dennac décampait tandis que les balles déchiraient la carapace de métal. Il pénétra dans un verger. Dans son dos son agresseur ouvrait avec fracas la porte de la remise. Nicholas traversa les allées d'avocatiers en obliquant dans l'espoir de rejoindre la route et sa voiture. À une vitesse vertigineuse les avocatiers succédaient aux avocatiers. Une giclée de balles fusa, le projetant à terre derrière un tronc. Le type rechargeait constamment, les salves étaient incessantes. Nicholas espéra qu'un amputé marchait moins vite qu'un valide mais les détonations se rapprochaient. Il se remit à cavaler buste penché en se servant des troncs d'arbre comme de piquets de slalom. Un zigzag de folie dans un océan d'arbres. Le visage déchiré par les éraflures des branches, il n'y avait plus de souffrance, plus de limites physiques, plus d'émotions.

Des détonations.

Des branches.

Les battements du cœur.

Le ciel et des éclats de soleil sur le canon de son revolver.

Rester vivant.

Courir.

Un tas de branchages. Se cacher.

Éteindre le Smartphone pour éviter les appels intempestifs.

Garder le silence.

Et plus rien.

Avril 2018

Dès le printemps Lennie-Ray se mit à tourner en rond. Toute la journée, tous les jours. Dans sa chambre, dans la cour de la Nine Farm, dans son atelier. Et quand il n'en pouvait plus d'attendre la caravane de la fortune, il prenait sa voiture pour tourner en rond dans la San Joaquin Valley. Il espionnait chaque propriété, chaque verger, à la recherche de la silhouette de la foreuse de la Panoche. Son petit jeu se révéla fructueux car à chacune de ses virées il repérait un site de prospection et en marquait l'emplacement d'une croix sur sa carte toute froissée. Il s'aperçut vite que les croix peuplaient le nord et l'ouest de la vallée et évitaient l'est et le sud. Et sa Nine Farm était justement plantée au sud-est. Au lieu de le calmer, ses tournées ne firent qu'attiser sa colère. À chaque fois qu'il dénichait la caravane de la fortune, il ne cessait de harceler les responsables. La Panoche finit par lui envoyer ses hommes de main. Mais si la caravane de la fortune l'évitait, c'était la faute de cette association de défense de la San Joaquin Valley. C'est Pam Parnell qui le lui avait assuré.

– Ça suffit ! lui hurla-t-elle, planquée derrière son tulle, alors qu'il repartait une fois de plus à l'assaut des prospecteurs.

Lennie-Ray s'arrêta net.

– Viens ici !

Il n'avait pas rêvé. C'était bien à lui qu'elle s'adressait ! Il se tenait là, comme un idiot, la main sur sa portière, tout en fixant le tulle d'où elle aboyait.

– Qu'est-ce que tu crois ? Que tu réussiras à les faire venir ici simplement parce que tu vas leur pourrir la vie tous les jours ?

S'il n'avait pas réussi à faire venir la caravane de la fortune, il avait réussi à faire parler sa mère. Il lâcha sa portière et s'approcha, aimanté par la voix de Pam.

– Si ça continue, ils repartiront et on va encore se faire avoir !

– C'est à moi que tu parles ?

– Tu vois un autre crétin dans cette cour ?

– Et pourquoi tu me parles aujourd'hui ?

– Parce que si je continue à me taire, tu continueras à taper sur des remorques toute ta vie. T'es bon qu'à ça.

– Et toi, t'es bonne à quoi ?

– À t'expliquer ce que tu dois faire pour qu'ils viennent prospecter dans tes amandiers.

Derniers pas avant de se planter devant la moustiquaire.

– Parce que tu le sais mieux que moi ?

– Oui et c'est pas difficile, toi tu ne sais rien.

Derrière le voile les yeux de Pam le fixaient.

– Sais-tu seulement pourquoi ils ne viennent pas ici ?

– À cause de l'association.

– Et tu n'as pas une idée de ce qu'il faut faire ?

Lennie-Ray réfléchissait.

– Tu vas aller la voir cette association, lança Pam, énervée.

– Tu me prends pour un crétin. Je les vois chaque jour. Ils manifestent devant la caravane de la Panoche.

– Et tu leur as parlé ?

– Pourquoi je leur parlerais ? La SJDA veut qu'ils s'en aillent et moi je veux qu'ils viennent. Impossible de discuter avec ces cons-là.

– On va encore rester un siècle ici ! s'exclama Pam. Toi à scier tes remorques et moi à reluquer cette cour crasseuse pendant que les autres prendront tout le fric pour se tirer loin. C'est ça ton plan, Lennie-Ray ? C'est eux qu'il faut arrêter ! Il faut que la SJDA la mette en veilleuse. Débrouille-toi. Alors la Panoche viendra prospecter chez nous. C'est pas compliqué.

Ses vociférations avaient gonflé le voile opaque, qui finit par retrouver son immobilité. Il devinait Pam à son tuyau à oxygène.

– T'es pas obligée de me crier dessus, dit-il d'une voix blanche.

Chacun était bouleversé par l'importance de l'instant. La maladresse était des deux côtés du voile.

– Je veux bien que tu me parles. Je veux bien que tu me dises ce qu'il faut que je fasse. Mais ne me crie pas dessus, Pam.

– Je ne sais pas comment il faut te parler pour que tu comprennes.

– Il faut que tu m'expliques les choses simplement. Je t'écouterai, je ne suis pas compliqué.

– Enlève-moi ça.

– Quoi ?

– Ce tulle pourri. Il pue.

D'un coup il arracha le voile. Leurs regards étonnés se découvraient sous un jour inédit, comme de nouvelles connaissances. Ils se parlaient. Ils se considéraient. Ils existaient ensemble.

– Merci, Lennie-Ray.

– De rien, maman.

– On ne va pas se laisser faire, toi et moi.

– Non, maman. On nous écrase.

– Oui, Lennie-Ray.

– Depuis le début on nous écrase.
– Oui, Lennie-Ray.
– Faut qu'ils arrêtent ça.
– Oui, Lennie-Ray.

De ce jour Leonard-Raymond cessa de tourner en rond. Comme si son sang avait inversé son cours pour couler enfin dans le bon sens. Écouter sa mère, c'était la chose à faire pour se sortir de là, pensait-il. Après tout, peut-être avait-elle raison. En tout cas, ça valait le coup d'essayer. Pam prit les commandes de Lennie-Ray. Les directions, c'est elle qui les donnait. Les gens à aller voir, c'est elle qui les lui indiquait et les devoirs à faire, c'est elle qui les fournissait.

Pour commencer Lennie-Ray dut aller s'inscrire sur la liste de la San Joaquin Defense Association. Pour cela il fit amende honorable auprès des gros bras avec qui il avait eu maille à partir. Il récita un laïus selon lequel, ayant pris conscience de la gravité de la situation, il s'engageait pour la cause mais à la condition d'être un membre actif. Il rencontra Enrique Urea, le patron, qui au vu de leur passif, de son handicap et de son parcours militaire lui confia un poste d'éclaireur. Urea lui demanda de reprendre ses rondes dans la vallée afin de compléter son état des lieux. Répertorier toutes les exploitations déjà visitées par les engins de prospection. C'était une mission importante car à but scientifique.

– C'est bien, Lennie-Ray.
– Merci, maman.
– Fais ce qu'ils te demandent.
– Oui, maman.

Tout avait un sens désormais chez les Parnell.

Juin 2018

La terre tremblait. C'était réel. Une putain de secousse.

Allongé sur le sol, camouflé sous un amas de branchages morts, Nicholas ouvrit les yeux. Il était tétanisé par cette terre qui frappait son corps. Ses doigts se plantèrent comme des griffes dans le sable du verger. Les secondes passaient, le tremblement de terre durait, les branches vibraient, des brindilles se cassaient, une pluie de poussière verte voletait autour de lui. Collé au sol, il ressentait les vibrations dans ses organes. Il attendait que la terre s'ouvre sous lui. Puis plus rien. En quelques secondes, le calme revint. Un silence étrange et dans ce silence les battements du cœur de Nicholas.

Depuis combien de temps était-il enseveli ? Au-dessus de sa tête, une montagne de bois mort, de minuscules trouées comme des étoiles multicolores, là-haut l'azur du ciel, là-bas le vert des avocatiers. Sur ses mains l'ocre de la terre et sur ses vêtements le rouge de son sang. Des griffures, des estafilades, le résultat de sa course dans les vergers. Il commençait à faire chaud. Nicholas estima qu'il pouvait être dans les neuf heures du matin.

Un cri lointain se répandit en écho dans les avocatiers :

– T'es où, le journaliste ?

L'appel tétanisa Nicholas. *Le journaliste !* Comment ce type pouvait-il savoir ?

– T'es qui, le journaliste ? Sors de là !

Une rafale claqua au loin.

– Je vais te trouver !

Quatre détonations claquèrent à environ un mile. Puis le silence à nouveau. Craignant que le type ne revienne inspecter le verger une dernière fois, Nicholas patienta une demi-heure avant de s'extraire de l'entassement de bois mort.

Maintenant il marchait comme un chat sentant le danger, scrutant les alentours. Avocatiers devant, avocatiers derrière, à droite, à gauche et partout un sinistre silence. Soudain au bout de la rangée un truck apparut roulant au pas à environ trois cents mètres sur la route. Le temps de se jeter à plat ventre, le truck était devant lui. Un putain de truck avec un énorme logo sur la portière : Mobile Chapel. Et derrière le volant, cet étrange visage lisse comme un masque de cire. Un flash. Ce masque de cire asymétrique, c'était le surfeur. Le troisième élève de Stevens. Le truck s'éloigna et disparut.

Nicholas sortit des vergers et s'engagea sur la route 18 ¾. Marcher, le revolver à l'avant-garde. Apercevoir sa vieille guimbarde et découvrir ses quatre pneus à plat. Le résultat des quatre détonations. Soudain dans la plaine, l'écho d'une sirène. Les flics. Déjà. Récupérer ses clés sous le siège ainsi que l'enveloppe destinée à Owen. Trop tard pour aller vérifier si la cuve de la remise contenait bien un hachis de cadavre. Il fallait se tirer vite et sans réfléchir. Ailleurs. Dans un autre patelin. Dans la merde.

Fuir, c'était laisser son vieux Ford garé devant la Viñeda Farm. Fuir, cela s'apparentait à un sabordage. Les flics n'allaient pas mettre cinq minutes avant d'avoir son nom et il allait devenir le coupable désigné de cet assassinat. Nicholas traversa un verger de citronniers. Il courut une vingtaine de minutes avant que l'essoufflement ne l'arrête. L'urgence s'éloignait. Dans sa poche, un téléphone inutilisable, les clés d'une voiture désormais pièce à conviction, et quelques billets dans son portefeuille. Son visage sale, ses vêtements déchirés, le beau charpentier californien était passé par la case habillage-maquillage pour endosser le rôle du fugitif aux abois. Le rôle du mec qui voit le mur d'en face en se disant *tiens, je vais me le faire.*

Revenir sur ses pas ? Il hésitait. Il pesait le pas très pour et le plutôt contre. Revenir sur ses pas, c'était la voie de la raison. Mais c'était aussi la certitude de filer direct dans une prison d'État. En revanche, la fuite en avant, c'était l'illusion de repousser à plus tard des tonnes de complications.

Revenir, c'étaient les emmerdements tout de suite. Partir, c'étaient les emmerdements plus tard.

Il se tira.

Il chemina de citronniers en amandiers toute la matinée, évitant les routes et avenues. Il traversa le lit d'un rio asséché, glissa sur des radiers pierreux résonnant de serpents à sonnette et tailla au large des rumeurs des moteurs agricoles. Vers deux heures de l'après-midi, il traversa la San Joaquin River puis les domaines résidentiels de la localité de Firebaugh. Il profita d'un petit bois pour s'arranger du mieux qu'il put. Mais il put peu et c'est en piéton cradingue et faussement décontracté qu'il fila jusqu'à Main Street. Il repéra une tirette à l'extérieur du Fiesta Market, une supérette mexicaine qui cramait ses murs blancs sous un soleil de plomb. L'endroit était calme. Visage baissé, sous l'œil d'une caméra de vidéosurveillance, il prit mille dollars avec sa carte professionnelle tandis que la seconde – sa carte privée – était avalée. Les flics l'avaient déjà signalée. Dans le Fiesta Market il se fit un ravitaillement éclair et cinq minutes plus tard il avait disparu du décor.

Son portable éteint, il n'avait accès à aucun GPS et sa seule connaissance de la région se résumait au fait que la San Joaquin River coulait du nord vers le sud. En sortant de Firebaugh, s'il suivait la rivière vers la droite, il descendrait vers Los Angeles ; vers la gauche, il remonterait vers San Francisco. Il s'engagea dans le lit de la rivière et fila plein nord.

La tentation de rallumer son portable devint insupportable. Déconnecté, douloureux. Il aurait d'abord appelé Tina pour la rassurer et organiser avec elle un rapatriement via les petits soldats de sa troupe. Puis il aurait tapé Mobile Chapels sur internet, histoire d'en savoir plus sur cet enculé d'amputé au visage de cire. Son Smartphone dans la main, il n'avait plus qu'à appuyer sur « On » et le tour était joué. Mais il savait qu'il ne se passerait pas une heure entre le moment où son numéro de téléphone allait se reconnecter au réseau et l'instant où les chiens policiers allaient aboyer à ses basques. Craignant de céder à la tentation, il sortit sa carte SIM puis balança son portable dans la rivière.

Il marcha trois heures. L'eau et les feuillages rafraîchissaient le parcours. Il faisait quarante-cinq degrés dans les champs écrasés de soleil. À la fin de l'après-midi, le rotor d'un hélicoptère de la police remonta depuis le sud et s'éloigna vers l'ouest.

C'était officiel, Nicholas Dennac était un fugitif.

*

Le jeune Owen Beman n'avait aucune disposition pour la navigation mais les nécessités de son enquête avaient prévalu sur ses appréhensions. Il avait subtilisé le canot de Nicholas avec l'ambition de voguer vers les eaux troubles de la baie de Sausalito.

Au moteur il fit cap vers la silhouette du *Stout* que le bon sens – s'il en avait eu – lui aurait commandé d'éviter. Tout en fendant les flots bleus il ne put retenir un sourire à la vue de l'esquif, mais l'approche du navire irlandais lui fit ravaler sa gaieté. Le *Stout* faisait son effet. Et pour ceux qui ne connaissaient rien des détails de la chose, l'ensemble se révélait hostile. Prudent il en fit un tour, méfiant il en fit deux avant d'accoster à la barge qui servait de ponton. Personne. Une fumée d'un jaune étrange sortait d'un conduit et la porte était ouverte sur un antre noir.

– Il y a quelqu'un ? lança Owen.

Il y avait quelqu'un pour sûr, mais personne pour lui répondre.

– Je suis Owen Beman !

Il fixait le trou noir, persuadé qu'on le fixait depuis le trou noir.

– Je suis journaliste au *San Francisco Daily Evening* !

Il y avait un bruit continu au fond de ce rafiot pourri, une sorte de bouillonnement. Peut-être que cela avait un rapport avec cette inquiétante fumée jaune pisse.

– Je viens à cause de l'eau de Javel, lança-t-il crânement.

Un choc résonna depuis le fond des ténèbres. Quelqu'un avait bougé.

– J'enquête sur un meurtre. Je fais un papier, enfin un article…

Owen fit un pas, puis un autre vers l'ouverture d'où s'exhalait une pestilence indéfinissable.

– Je suis au courant pour la maison jaune. J'ai… j'ai mes sources. Je travaille aux faits divers.

Encore un pas.

– Je sais qui a dormi dans votre maison la nuit du 2 au 3 juin.

Un dernier pas. Il n'était plus qu'à quelques centimètres de la porte.

– Pourquoi avez-vous passé de l'eau de Javel le lundi 5 juin au matin ?

Le jeune homme demeurait immobile.

– Entre, fit la voix calme de l'Irlandais.

Il ne fallait faire qu'un pas pour pénétrer dans cette obscurité mais Owen hésitait. Qu'allait-il trouver ? Qui était ce vieil Irlandais que Nicholas qualifiait de *vieux fou inoffensif* ? Et s'il avait mis d'entrée dans le mille ? Et si c'était ce vieux fou qui avait égorgé Stevens ? Était-il si inoffensif que Nicolas le pensait ?

– Entre, répéta la voix du supposé inoffensif.

Mais ne pas s'enfoncer dans cette mystérieuse cabine c'était renoncer à devenir un journaliste, un vrai journaliste. Décidé à écrire un article de plus de six lignes, Owen mit un pied devant l'autre.

À l'intérieur la pénombre empêchait de distinguer les formes et les contours des choses. Était-ce une pièce ? Un couloir ? Il frôlait des parois ou des meubles sans les voir, il piétinait quand une lueur attira son regard. Une flamme orange vacillait devant lui au niveau du sol. Il prit quelques secondes pour s'acclimater jusqu'à ce qu'un visage lui apparaisse au-dessus d'une sorte de petite marmite. Celui d'un pirate ou quelque chose d'approchant. Mais cette figure d'un autre temps n'était pas celle d'un corsaire de carton-pâte récupéré à la foire, c'était vivant car au niveau de la pipe il y avait un léger brouillard et au niveau d'un œil, le gauche, un clignement.

– Approche, fit le pirate de fête foraine.

Encore un pas et Owen buta contre un tabouret. Le menton de Pipe-en-bois lui commanda de s'asseoir, ce que fit le futur grand journaliste. Le voile se leva sur le capharnaüm qui encerclait les deux hommes.

– Tiens.

La pogne de l'Irlandais tendait une pinte au gamin qui se tâtait sur la décision à prendre.

– Vous êtes bien Ale Abbott ? tenta Owen.

– À ta place je ne ferais pas la fine bouche. C'est une Smithwick's. De la vraie, faite maison et brassée d'aujourd'hui.

– C'est quoi de la Smithw… ?

– Une rousse rougeoyante. Tu peux y aller, elle est bien moins forte qu'une brune.

Le gosse inspecta la mixture qui n'avait rien d'une bière, rien de rougeoyant, rien d'engageant.

– Tu veux qu'on parle ? rugit le vieux.

– Oui.

– Alors bois.

Pas le choix. Pour devenir un grand nom du journalisme local il fallait y passer. La première impression est la bonne surtout lorsqu'elle est mauvaise et celle-ci était à ranger au rayon des dégueulasses. L'âcreté de la chose, doublée d'une viscosité douteuse, enclencha le début d'un renvoi que le jeune homme parvint à réprimer à grand-peine. Les larmes aux yeux, il se résolut à avaler la première gorgée de bière. Quelques allers-retours respiratoires furent nécessaires avant de pouvoir engager la conversation.

– Alors la javel, pourquoi ? fit-il.

– Comme ça tu travailles au *San Francisco Daily Evening* ? Ça existe toujours ?

– La preuve, je suis là.

– C'est l'autre qui t'envoie ?

– Personne ne m'envoie, je me déplace sans demander de permission. La javel ?

– C'est l'autre qui t'envoie, sinon tu ne serais pas au courant pour cette histoire de javel.

– Parce qu'il y a une histoire ?

– Qu'est-ce qu'il t'a raconté ?

– Arrêtez de tourner autour du pot !

– Sérieusement, tu penses que passer de l'eau de Javel est assez anormal pour que tu te déplaces jusqu'ici ?

– Oui.

– Cette maison, c'est mon unique moyen d'arrondir ma petite retraite, alors depuis que je l'ai, je l'entretiens.

– Si je détaille mon article comme j'ai l'intention de le faire, je ne manquerai pas de consacrer un paragraphe à l'histoire de cette maison jaune. D'où elle vient, à qui elle appartient et surtout à qui elle n'appartient pas.

Ale marqua le coup et sa pipe cahota d'une commissure à l'autre.

– Et comme le *San Francisco Daily Evening* existe toujours, il a encore pas mal de lecteurs dans la Baie et même quelques abonnés à Sausalito.

– Il t'a raconté aussi pour la maison ? L'enfoiré !

– Alors cette histoire de javel ?

Le fourneau de la pipe fumait comme une locomotive à vapeur.

– Il fallait laver ? insista Owen.

– C'est rien de le dire, maugréa Ale.

– Du sang ?

– Partout sur le sol. Et même sur le tapis qu'était foutu !

– Pourquoi vous avez nettoyé ?

– À ton avis ? Tu penses que j'aurais dû aller aboyer que ma maison était pleine de putains de taches de sang ! Et qu'est-ce qui se serait passé ? Les flics, l'enquête et plus de maison ! Plus rien sauf cette retraite de merde pour vivre comme un rat dans son trou ! Déjà qu'avec les locations c'est pas Byzance… Alors oui figure-toi, je suis allé m'acheter deux bidons de javel. Et j'en ai vidé un le dimanche après-midi et un autre le lundi matin. Et je suis retourné chez Ikea à l'autre bout de San Francisco racheter le tapis. Merde ! Oui, il y a bien une connerie d'histoire avec cette javel !

– Et il venait d'où ce sang ?

Ale planta ses yeux mauvais dans ceux d'Owen.

– Bois.

L'ordre était sans appel. La première gorgée avait été bénéfique, il fallait passer outre le dégoût pour s'ouvrir les portes d'une carrière prometteuse. Owen vida son bock à force de longues déglutitions.

– Le sang ?

– Moi mon boulot c'est de louer ma baraque et de ne pas faire de foin. Le sang, c'est pas mon bizness. C'est sûrement le tien. Alors tu peux rester là la journée à vider mon alambic pour te faire bien voir, je dirai rien parce que moi je veux rien savoir à propos de ce sang-là. Est-ce que j'ai vu quelque chose à propos de ce Stevens ? Rien. Il a débarqué le vendredi soir, je lui ai filé ses clés, fait le topo habituel, et je n'ai plus jamais revu ce gars. Tu peux aller te répandre dans tout le patelin sur ma maison qu'est pas à moi, me menacer de je ne sais quoi, je ne sais rien et surtout je ne veux rien savoir. Et maintenant ça suffit !

Le silence gagna la partie entre les deux hommes qui se dévisageaient. Owen chercha d'autres questions mais il avait son compte de réponses. Il déclina une deuxième tournée de poison et quitta les entrailles puantes du *Stout* sur le coup de trois heures de l'après-midi.

Il remit au moteur tout en réfléchissant à cette histoire de javel. Ale avait-il tout dit ? Le *Stout* s'éloignait, la rive approchait, le houblon houblonnait. Car il y avait un problème avec la Smithwick's fabriquée par Pipe-en-bois. Brassée et servie le jour même, elle n'avait pas le temps d'accomplir tout son processus. Sortie trop tôt de l'alambic, la bibine continuait son petit boulot de fermentation une fois arrivée sur site, en l'occurrence dans l'intestin du petit con. Lequel ne tarda pas à ressentir les premiers effets à mi-chemin du rivage. Étaient-ce des crampes intestinales ? Des brûlures stomacales ? L'annonce d'une catastrophe imminente ? Au vu de l'intensité et de la fulgurance des douleurs, c'était certainement les trois.

Au loin, les maisons de la Waldo Coop n'offraient aucun refuge en vue d'un repli urgent vers un lieu d'aisances. Il fallait changer de cap et de régime moteur. Owen coinça la poignée de l'accélérateur à fond et la petite barque souleva violemment son museau pour foncer tête dressée vers un bosquet non loin du pont de l'autoroute. Les trois minutes qui suivirent furent un calvaire pour la future vedette du *San Francisco Daily Evening.* Plié en deux au fond de l'esquif, il fit un bond en avant quand il toucha terre. Sans regarder devant il se précipita à couvert et dans un ultime geste de désespoir réussit à épargner son froc avant de condamner l'entrée du terrier d'une famille de garennes qui vivaient là en paix jusqu'à ce jour fatal.

*

Deux heures du matin, la nuit était tombée sur la baie de Sausalito. Tout le monde dormait à bord de l'imposante maison flottante de Mrs Wards quand deux ombres s'approchèrent de la passerelle. Dans sa luxueuse chambre et son lit XXXL, Tina ronflait aux côtés de sa petite Yepa. On frappa discrètement.

– Oui ? fit-elle.

C'était Carlo Davila.

– Il faudrait que tu viennes.

Cinq minutes plus tard, Tina Wards rejoignait Carlo et Andrew Kennedy à la porte de sa maison. À l'extérieur sur le ponton deux types en costume patientaient. Des flics. Un seul se présenta, celui qui avait l'air d'avoir mal quelque part.

– Mrs Tina Wards ?

– C'est moi.

– Lieutenant Keys, SFPD. Pourrais-je m'entretenir avec vous ?

Ils s'isolèrent dans le bureau de Tina où elle n'alluma qu'une petite lampe de table, ce qui conserva à la pièce sa semi-pénombre.

– Je vous écoute.

– Nicholas Dennac, c'est votre... ?

– Mon futur mari.

– Vous avez de ses nouvelles ?

– Non. Il lui est arrivé quelque chose ?

– Nous avons des raisons de penser qu'il est impliqué dans deux meurtres.

La nouvelle lui sembla tellement grotesque que Tina ne put réprimer un sourire.

– Vous trouvez ça drôle ?

– Excusez-moi. Expliquez-vous.

– Sa voiture vient d'être retrouvée sur les lieux d'un homicide.

– À quel endroit ?

– Une ferme à la Viñeda, pas loin de Firebaugh.

– Où ça ?

– Dans la San Joaquin Valley.

– Qu'est-ce qu'il est allé faire là-bas ?

– J'espérais que vous me l'expliqueriez.

Elle avait perdu son sourire.

– Vous dites que vous avez retrouvé sa voiture ? Et lui ?

– Je vais vous éviter les détails mais le corps que nous avons trouvé ce matin est très difficilement identifiable. Nous avons donc pensé d'abord que c'était celui de Nicholas Dennac. Mais rassurez-vous, il est bien vivant.

Tina s'était figée.

– Mais en fuite.

– En fuite ? fit-elle d'une voix blanche.

– Oui. La caméra d'un distributeur de billets l'a filmé dans l'après-midi à Firebaugh. Aucun doute, c'est bien lui. Et il est désormais le principal suspect de ce meurtre. Nous pensons qu'il essaie de rejoindre la Baie. Il ne vous a pas appelée ?

– Non. D'ailleurs j'ai trouvé ça bizarre. Tout à l'heure je suis passée chez lui puis je l'ai appelé plusieurs fois mais je suis tombée sur son répondeur. D'habitude il me rappelle rapidement mais là, rien.

– Il a coupé son portable. Il s'est certainement fait tirer dessus. Avez-vous une idée d'un endroit où il pourrait se rendre dans la Baie ?

– Il y a mille endroits où il peut aller.

Keys acquiesça et nota sur son carnet.

– Je peux savoir qui a été tué ? demanda Tina.

– Enrique Urea. Son nom ne vous dit rien ?

– Rien du tout.

– Enrique Urea était le président de la San Joaquin Defense Association.

– Je voudrais bien savoir ce que faisait Nicholas chez ce type !

– Nous voudrions bien le savoir également. La première solution est que votre futur mari est mêlé à ce crime pour une raison que nous ignorons. La seconde solution est qu'il mène sa propre enquête. C'est son véritable métier, non ?

– C'était ! Il était journaliste jusque dans les années 90. Mais depuis il a arrêté. Il est charpentier.

– Eh bien nous avons des preuves que Nicholas Dennac a repris son activité de journaliste-enquêteur.

Tina soupira en passant de l'inquiétude à la colère.

– Vous ne le saviez pas ?

– Non. Nous avons une sorte de contrat entre nous qui est d'éviter de parler de nos activités professionnelles. Mais je sais parfaitement que cette passion ne l'a jamais lâché.

– Plusieurs employés du *San Francisco Daily Evening* nous ont dit que leur patron Paul Knight lui avait proposé de reprendre la direction. D'ailleurs Dennac vient travailler régulièrement à la rédaction.

– Pardon ? C'est impossible. Il travaille tous les jours sur ce ponton. Il installe les…

– J'ai oublié de vous préciser qu'il travaille de nuit au journal. Pas toutes les nuits mais deux à trois fois par semaine.

Le ciel tombait sur la tête de Tina.

– Il ne peut pas faire ça sans m'en parler ! Et cette proposition de Knight date de quand ?

– Mr Knight nous a confirmé il y a moins d'une heure qu'il avait proposé à Dennac le poste de directeur au début du mois d'avril en lui laissant l'année pour réfléchir. Il a précisé que si son beau-fils rejetait sa proposition, il vendrait le journal.

Assommée, Tina alla se verser un verre de bourbon. Elle le vida et se colla à la fenêtre, le regard perdu vers la nuit noire.

– Nous sommes en train d'analyser l'ordinateur sur lequel il travaille au journal. Je ne dispose pas encore de résultat mais je pense qu'il est mêlé à un autre assassinat.

– Quel autre assassinat ?

– Je ne peux pas vous en dire plus. Nous aurons peut-être d'autres précisions dès que j'obtiendrai un mandat de perquisition pour le domicile de votre futur mari.

– Tout ça est grotesque !

– Pas si grotesque que ça, Mrs Wards. Il y a quelques jours, des gens ont été témoins d'une altercation entre Dennac et Enrique Urea lors d'une manifestation à la centrale nucléaire de Diablo Canyon Power Plant à Avila Beach.

– Qu'est-ce qu'il foutait là-bas ?

– Nous sommes comme vous, nous ignorons beaucoup de choses mais nous avons une certitude, c'est que votre futur mari est pour l'instant la seule personne qui nous relie à ces deux assassinats. Il va se procurer un nouveau téléphone, si ce n'est pas déjà fait. S'il vous appelle, je vous recommande de l'inviter à contacter nos services avant que nos collègues de la San Joaquin Valley ne lui mettent la main dessus. Ils le recherchent pour l'instant en qualité de témoin mais on n'aime pas beaucoup les étrangers par là-bas, et particulièrement ceux qui abattent des fermiers.

Avril 2018

À la fin du mois d'avril Lennie-Ray, obéissant aux directives de la SJDA, arpentait la San Joaquin Valley. Enrique Urea lui avait alloué un copilote prestigieux, David Parker Stevens, un scientifique chargé par l'association d'établir un rapport sur l'exploitation de l'huile de schiste dans la vallée. Le professeur de géologie gardait la tête penchée sur la carte routière annotée de croix tandis que Lennie-Ray conduisait sur les parallèles et les perpendiculaires de la région. À chaque carrefour, le professeur levait les yeux pour vérifier leur position sur les rares panneaux routiers. Cela faisait deux jours qu'ils parcouraient ensemble le territoire à la recherche des fermes prospectées par la Panoche.

Stevens était un homme doux et calme. Son autorité était naturelle et Lennie-Ray s'était glissé dans le rôle du chauffeur sans faire de difficultés. Il n'avait connu qu'une seule personne aussi agréable : Jason Young, son jeune capitaine mort au combat. Le professeur souriait tout le temps, d'un sourire toujours sincère et de circonstance. Le genre de type qui s'émerveille de tout. De la couleur de l'aube, de l'odeur de la terre et même du printemps qui fleurit les vergers. Chaque événement était prétexte à être heureux, prétexte à sourire.

Cependant cette mission contrariait Lennie-Ray. Il ne voyait pas en quoi emmener ce type faire des ronds dans la vallée allait ramener la caravane de la fortune chez lui. *Ne réfléchis pas, fais ce qu'ils te demandent*, lui répétait Pam chaque soir. Et depuis que Pam lui parlait, Lennie-Ray obéissait.

Une relation inédite se nouait entre le professeur et lui. Il n'arrivait pas à mettre de mots sur ses sensations mais au soir de la première journée, lorsqu'il déposa Stevens à la porte de son motel, Lennie se surprit à sourire. Ce fut tellement inhabituel qu'il en eut une sorte de sursaut.

Encore une journée et ils auraient rempli leur mission. Pour Stevens le but était double. D'abord vérifier si les terrains exploités se trouvaient bien sur l'itinéraire de la nappe d'huile de schiste qu'il avait établi. Ensuite se renseigner auprès des propriétaires – ceux qui en étaient déjà au stade de l'exploitation – sur les volumes quotidiens, voire hebdomadaires.

Quelques propriétaires acceptèrent de parler à Stevens. Les premiers à avoir vu un derrick se dresser dans leurs vergers quatre mois plus tôt. Ceux-là étaient remontés contre la compagnie pétrolière qui leur avait laissé espérer un revenu mensuel de dix mille dollars minimum. Or les premiers chèques de la Panoche étaient de huit cent soixante-quinze dollars pour les deux premiers mois. Cela faisait moins de quatre cent cinquante dollars par mois. Ils étaient furieux. Le professeur se trouva conforté par ces témoignages qui corroboraient ses conclusions : les prévisions des pétroliers étaient gonflées, donc truquées.

À la fin de leur dernière journée Lennie-Ray et Stevens firent une halte au Five Points Drugstore Food & Beverages pour y acheter un pack de bières. Puis ils rejoignirent un spot tranquille dans un coude de la San Joaquin River. Assis sur le capot, ils dégoupillèrent leurs canettes en contemplant le débit de l'eau.

– Je ne comprends pas pourquoi tu es dans cette association, Lennie-Ray. Normalement ton intérêt serait d'accepter la prospection et l'exploitation sur ta propriété.

– Ma mère a été empoisonnée.

– Pardon ?

– Les engrais. Pendant des années elle a travaillé dans un hangar où étaient entreposés des sacs d'engrais. Aujourd'hui elle ne peut plus vivre sans bonbonne d'oxygène. Alors je ne veux pas qu'elle soit en plus écrasée un jour sous sa maison. C'est bien ce que vous dites, non ? Que leurs foutus derricks provoquent des tremblements de terre et que ça va faire craquer toute la vallée.

– Je dis que partout où l'on exploite de l'huile de schiste, il y a des secousses sismiques. Si tu habites la vallée, tu as déjà dû les sentir.

– Il y a une secousse par semaine minimum. Mais il y en a toujours eu par ici.

– Les analyses de mon labo ont révélé qu'il y en a trois fois plus qu'avant.

– Donc on va y avoir droit ?

– On ne peut rien prédire. Et ton père, pourquoi ce n'est pas lui qui milite dans l'association ?

La question du professeur venait de cueillir Lennie-Ray. Son père ? C'était bien la première fois qu'on l'interrogeait sur lui.

– J'ai fait une gaffe ? glissa Stevens devant le mutisme du jeune homme.

– Je n'ai plus mon père.

– Je suis désolé.

– Vous n'y êtes pour rien.

– À propos de ces sacs d'engrais, qui les avait entreposés dans le hangar ?

– Moi.

David Stevens se garda d'aller plus loin dans ses questions d'ordre personnel. Et ils restèrent ainsi un moment à fixer les bouillons de la rivière.

– Vous avez fini votre travail ? demanda Lennie-Ray.

– Oui. Maintenant je dois terminer mon rapport.

– Et qu'est-ce qu'il dira votre rapport ?

– Que toutes les prévisions sont surestimées.

– De beaucoup ?

– On doit être au-delà de 80 %.

– 80 % ?

– C'est ça. Truquées, gonflées. Appelle ça comme tu veux.

– Mais la Panoche doit bien savoir qu'il y a moins d'huile de schiste que prévu ! Pourquoi ils viennent prospecter quand même ?

– Parce que leurs prévisions ont convaincu l'État californien de leur verser des dizaines de millions de dollars de subventions. Pas d'exploitation, plus de subventions.

– Mais votre rapport, si vous le publiez, ça va tout arrêter !

– Je l'espère. C'est mon but.

Lennie-Ray s'ouvrit une seconde canette tout en réfléchissant à la situation. Ce type si gentil, si cultivé, si respecté devait avoir raison. Il était plus dangereux à lui seul que l'association SJDA. Il ne savait pas encore ce qu'il allait faire pour l'arrêter mais il fallait faire quelque chose.

– Tu es passé par San Diego ? C'est là-bas que tu as fait ta rééducation ? questionna le professeur.

– Oui.

– Et as-tu fait du surf ? Ils ont des sessions de surf pour les mutilés de l'armée.

– Non, je n'en ai jamais fait.

– Tu devrais. Je suis instructeur dans une association qui propose à des gens comme toi de monter ou de remonter sur une planche.

Sa bière à la main, Lennie-Ray n'écoutait qu'à moitié.

– Ça fait beaucoup de bien. Pas seulement au corps, mais à la tête aussi. Si tu veux, je te donne les coordonnées. Ça te sortirait.

– De quoi ?

– De cette vallée.

– Pourquoi pas.

Juin 2018

Nicholas s'était endormi sur une plage près du lit de la San Joaquin River quand de puissants faisceaux blancs balayèrent la nuit. Il ouvrit les yeux. Quelle heure pouvait-il être ? Une rumeur de moteurs diesel planait sur la plaine. Il rampa jusqu'en haut du talus. À environ un mile en face, les projecteurs d'un chantier de prospection d'huile de schiste. Le fameux convoi qu'il avait vu traverser Five Points était là devant lui. Sans hésiter il mit le cap sur la caravane de la fortune.

Une dizaine d'ouvriers s'activaient autour d'une grosse foreuse qui perçait le sol en plein cœur d'un verger d'avocatiers. Personne ne prêta attention à l'ombre qui se faufilait entre les machines et les hommes. Nicholas aperçut un paysan d'une soixantaine d'années qui surveillait le travail avec intérêt, le propriétaire à coup sûr. Un détail le frappa. Tous les employés portaient des masques à gaz. Il repéra un type qui faisait la navette entre le forage et la cabine du labo roulant.

– Vous êtes le chef de chantier ? lui lança Nicholas.

Le responsable le découvrit au pied de la petite échelle qui menait au labo.

– Enchanté. Marty Baum. Je suis journaliste au *San Francisco Daily Evening*. Vous n'êtes pas facile à trouver !

D'un mauvais œil le chef dévisageait ce Marty Baum qui montait vers lui la main tendue.

– C'est un type de Firebaugh qui m'a dit que vous étiez dans le coin cette nuit, enchaîna Nicholas.

– Qui ça ? fit le chef, circonspect.

– Le patron du Fiesta Market.

– Connais pas.

Nicholas déchiffra le nom brodé sur sa chemise : « Chef Ernie Hanson ».

– Finalement vous avez repris la prospection ?

– On ne fait que suivre les ordres.

– Pourtant vous aviez bien tout arrêté il y a une dizaine de jours, non ? Pourquoi vous reprenez ?

– Allez demander ça aux chefs. Un jour c'est non, le lendemain c'est oui. On ne cherche pas à comprendre, on suit les ordres.

– Vous êtes les seuls à prospecter dans la région ?

– On est les seuls à avoir repris.

– Pourquoi ?

– Allez demander aux chefs, je vous dis !

– Et pourquoi vous prospectez la nuit ?

– Pour éviter d'être emmerdés par des casse-couilles comme vous !

– Les gens de la SJDA ?

– Entre autres. Vous en faites partie ?

– Pas du tout. Et ils vous emmerdent au point de vous pousser à travailler la nuit ?

– La semaine dernière ils ont fait tout un bordel pour nous

chasser d'une ferme à côté de Tranquility. Ils ont même fait venir un flic et un juge. Bon, vous voulez quoi ?

– Poser des questions pour essayer de comprendre. J'écris un article suite au rapport Stevens.

– Écoutez, je ne suis pas habilité à répondre aux médias. On a quelqu'un à la Panoche dont c'est le boulot. Si vous m'attendez deux minutes, je vais vous chercher son nom et ses coordonnées. J'ai ça dans ma voiture.

– J'attends.

– Ne bougez pas d'ici. Normalement vous ne devriez pas être là.

– On n'a rien sans rien !

Pressé de se débarrasser de l'importun, le chef Hanson laissa Nicholas sur la petite passerelle devant la porte du labo où travaillaient deux techniciens.

– Vous avez de la chance, leur lança Nicholas.

Les deux clampins se retournèrent avec l'air de se demander quelle chance ils pouvaient bien avoir.

– Vous êtes les seuls à ne pas être obligés de porter un masque. J'ignorais que l'huile de schiste était à ce point toxique.

C'était dit sur un ton enjoué, histoire de lancer la conversation. Peine perdue, les deux geeks se retournèrent vers leurs écrans. Les rapports humains n'étaient pas dans leur process. Vexé, Nicholas se retourna comme un idiot vers le spot de forage tout en s'appliquant à conserver une mine faussement radieuse.

– C'est pas à cause de l'huile de schiste. C'est à cause de la terre, finit par balancer un des deux muets.

C'était le plus jeune qui parlait, sans quitter son ordinateur du regard.

– De la terre ? fit Nicholas, intrigué.

– La San Joaquin Valley est la région agricole la plus dévastée des US. La plus polluée du pays.

– Par quoi ?

– Les engrais et les pesticides. Depuis qu'ils ont commencé à cultiver ici, ils ont déversé de tout dans cette foutue vallée. Il y a plus d'un siècle de merdes en tout genre dans ces champs. Vous n'avez jamais remarqué cette poussière verte partout ? Il suffit de prendre de la terre et de l'effriter dans ses mains pour être couvert de cette sorte de cendre verdâtre. Allez faire un tour dans les centres médicaux et vous comprendrez pourquoi on nous oblige à porter des masques.

– Et pourquoi vous n'avez pas de masques, vous ?

– Parce qu'on est censés être à l'abri dans notre labo…

Instinctivement Nicholas mit sa main devant son visage. Ce qui décrocha un petit sourire moqueur aux deux informaticiens.

Le chef Hanson revint avec le nom du responsable média de la Panoche, Dennac le remercia et prit congé en disparaissant dans la nuit.

Une heure plus tard Nicholas grimpait dans la benne d'un camion de journaliers qui l'emmena jusqu'à Stockton. De là, il fila à la gare Greyhound et prit dès l'aube le premier bus pour San Francisco où il débarqua en fin de matinée. Il se rendit dans le quartier de Parkside, à l'adresse indiquée sur l'enveloppe qu'il avait à la main. À midi il frappait à la porte de l'appartement d'Owen Beman. Plusieurs coups furent nécessaires pour le réveiller. Lorsque le jeune stagiaire, encore ensommeillé, ouvrit sa porte, il resta sans voix.

– Avant d'entrer je préfère te prévenir que je suis recherché par la police, lui lança Nicholas.

– Je suis au courant. Les flics ont passé une partie de la journée d'hier et de la nuit au journal.

– Si je rentre chez toi, tu es impliqué.

– Qu'est-ce que vous avez fait ?

– Rien d'autre que de me trouver au mauvais endroit au mauvais moment. Je peux entrer ou pas ?

Owen n'hésita pas.

– Vous êtes ici chez vous.

Il ouvrit grand sa porte et Dennac entra dans le studio.

– Du point de vue de la lèche, je fais fort ! Je serai bien noté, j'espère ? balança le jeune.

– Trente sur vingt, répondit le moins jeune qui s'effondra sur le canapé défoncé.

Owen entreprit de ranger son gourbi qui s'apparentait plus à une chambre d'adolescent qu'à un appartement de jeune adulte.

– Elle ne t'a jamais appris à ranger ta mère ?

– Elle m'a viré parce que je ne rangeais pas.

– Il faudrait aller m'acheter des fringues et un téléphone. Et j'ai aussi besoin d'une voiture.

Nicholas sortit des billets de son portefeuille, qu'il posa sur la table.

– C'est tout ? Vous ne voulez pas en plus un margarita ou un mojito ?

– Plus tard. Mais je n'ai rien contre un café.

Une fois son café avalé Nicholas raconta ce qu'il avait vécu la veille à la Viñeda Farm. Néanmoins il se garda de parler du truck siglé Mobile Chapels et de son conducteur. Le temps que la pièce, la cuisine et la salle de bains retrouvent un aspect normal, il avait sombré dans le sommeil. Lorsqu'il se réveilla il était aux alentours de trois heures de l'après-midi. Owen était sur son lit en train de lire les notes de Nicholas.

– T'aurais pu me demander avant d'ouvrir l'enveloppe ! fit l'intéressé.

– Elle était à mon nom.

Sur la table Owen avait déposé des vêtements neufs, ainsi qu'un nouveau téléphone à carte prépayée. Nicholas prit une douche interminable durant laquelle il se frictionna encore et encore pour éliminer cette angoissante poussière verte de tous les pores de sa peau. Il réapparut dépollué et habillé de frais. Owen l'observa se rhabiller tout en se demandant s'il devait lui raconter sa visite chez le pirate irlandais.

– La voiture de ma sœur est garée en bas sur le parking. C'est une Golf. Les clés sont derrière vous et le plein est fait, fit-il.

Nicholas s'installa à la table.

– Merci.

– Vous allez vous livrer aux flics ?

– Pour quoi faire ?

– Pour éviter de vous enfoncer encore plus.

– Avec mon délit de fuite d'hier sur les lieux d'un homicide ? Le temps qu'ils m'inculpent, qu'ils m'incarcèrent et que je m'explique, je ne serais pas sorti avant des mois. Ils t'ont interrogé cette nuit ?

– Oui. Comme les autres. Est-ce que je vous avais vu ? Est-ce que vous aviez cherché à me contacter durant la journée d'hier ? D'ailleurs ne m'appelez plus sur mon téléphone. Surtout avec votre nouveau portable.

– Ça va, je suis pas débile ! Et alors, qu'est-ce que tu leur as répondu ?

– Que oui, je vous avais déjà vu. Que d'ailleurs vous étiez un sale con qui voulait que je fasse de la lèche pour me faire bien voir. Mais que non, vous n'aviez pas cherché à me contacter. C'est ce qu'il fallait répondre ? Bon, pour en revenir à vos notes, si je les ai bien lues, le surfeur, l'élève de Stevens, c'est un amputé ?

– Exact.

– Alors il faut retourner à AMPUTEE SURFING.

– Impossible. Je dois d'abord trouver le nom de ce type.

– Je peux m'en occuper.

– Occupe-toi déjà de me laisser ton ordinateur pour que je fasse ce que j'ai à faire.

– Mon appart, la voiture de ma sœur, mon ordi ? C'est tout ?

– Non. J'ai besoin de toi pour quelque chose d'essentiel. Il y a une personne sur le Liberty Dock qui pourrait avoir un rapport avec les prospections d'huile de schiste. Une personne que Stevens serait allé voir. J'ai besoin que tu cherches qui c'est.

– Ok ! Vous me confiez une responsabilité ! C'est presque comme si vous me faisiez confiance, non ?

– Presque. Mais pas tout à fait. D'ailleurs tu peux y aller.

– Si vous voulez que je vous foute la paix, dites-le clairement.

– Je veux que tu me foutes la paix.

– Vous savez que vous me virez de chez moi ?

– C'est toi qui le dis.

Devant tant de gratitude Owen se garda de confier son escapade sur le *Stout*. Il prit son casque de motard et sortit.

Nicholas se colla devant l'ordinateur pour surfer sur le site web de Mobile Chapels. Cette société posait des chapelles roulantes dans tous les États du pays. Nicholas concentra sa recherche sur la Californie où il en trouva trois. Une au truck stop de Sacramento, une autre au Truck Stop 76 d'Ontario et la dernière au truck stop de la station Shell de Firebaugh. L'idée de redescendre à Firebaugh ne l'enthousiasmait pas totalement. Pourtant c'était certainement là qu'il avait une chance de trouver une trace de son assaillant. Cette station Shell n'était qu'à une dizaine de miles de la Viñeda Farm où il avait croisé le chemin de cet enfoiré d'amputé. Il rechercha un contact pour Mobile Chapels mais il n'y avait ni numéro de téléphone ni adresse mail. L'unique solution était de se rendre dans un de ces trois truck-stops californiens.

Il parcourut ensuite le site de la Panoche. Le siège de la société de prospection et d'exploitation pétrolières était à San Francisco. En revanche son site opérationnel se trouvait étrangement sur la

Panoche Road, une piste de montagne qui commençait justement devant la station Shell de Firebaugh. Coïncidence troublante.

Obsédé par l'idée de mettre un nom sur ce surfeur amputé, il retourna à la section « Images » du site web d'AMPUTEE SURFING pour afficher la photo du chauve au masque de cire, dont il fit un cliché avec son nouveau téléphone. Puis il récupéra ses affaires et abandonna le studio d'Owen.

Mai 2018

Des vents violents déferlaient sur Half Moon Bay ce samedi 20 mai. Réfugié dans sa voiture, Lennie-Ray considérait avec circonspection les vagues d'écume qui balayaient l'océan Pacifique. Une grotesque combinaison orange sur le dos, il attendait que l'envie le prenne de sortir. L'univers du surf californien était un monde inconnu pour le paysan qu'il était. L'eau, le vent, le surf, il appréhendait tout à la fois mais Pam ne lui avait pas laissé le choix : surfer avec le professeur était un ordre. À travers son pare-brise il observait les silhouettes des stagiaires qui se dirigeaient vers le rivage où un homme lui adressait de grands signes. Lennie-Ray traversa la plage, attrapa la planche que lui tendait Stevens et entra dans l'eau sans une hésitation. Pendant l'heure et demie que dura cette leçon, Stevens ne quitta pas son élève. Lennie-Ray s'appliqua du mieux qu'il put mais ne réussit jamais à dompter son corps trop volumineux, trop handicapé pour cet exercice d'équilibriste. La fatigue le gagna, puis le désarroi, puis l'énervement. Mais ce qui domina fut l'humiliation. Son visage honteux disparaissait dans le bouillon à chaque fois qu'il essayait de grimper sur cette foutue planche. Autour de lui, des corps aussi mutilés que le sien glissaient sur cet océan ennemi avec puissance et volonté. Ils étaient comme lui des vétérans, des raccourcis, des unijambistes ou des manchots, et pourtant eux triomphaient tandis qu'il sombrait. Ils étaient des vainqueurs, il n'était qu'un éternel loser. À chaque seconde il aurait voulu s'enfuir mais le dévouement et la bienveillance du professeur l'en empêchaient. C'est de cette interminable séance de surf que naquit sa haine pour cette foutue gentillesse.

Quand son supplice prit fin, Lennie-Ray fila au parking se rhabiller. Lorsqu'il voulut remonter dans sa voiture le sourire de Stevens était déjà là qui lui bloquait l'accès à la portière.

– Il faut passer ta prothèse à l'eau douce, fit la voix calme de David.

– Je le ferai en rentrant.

– Non. Le sel va s'incruster et l'abîmer. Il faut le faire tout de suite.

– Poussez-vous ! J'ai dit que je le ferais en rentrant.

Il écarta violemment Stevens, s'installa au volant, fit marche arrière et pila. Il fallait absolument que ce type cesse de sourire car Lennie-Ray n'en pouvait plus d'être incapable de lui résister. Cette situation le rendait fou. Il s'en voulait de se laisser enfermer dans ce rapport amical. Il se sentait piégé. Mais il avait arrêté sa voiture. Il l'avait arrêtée parce qu'il avait envie de rester avec cet homme. Il savait qu'à ses côtés sa vie pouvait changer.

Cinq minutes plus tard il laissait Stevens rincer sa prothèse avec un bidon d'eau douce. On aurait dit un père avec son fils. Quelque chose d'inconcevable dans la vie de Lennie-Ray. Les deux hommes quittèrent le parking pour rouler de concert jusqu'au Sam's, un diner pur jus. Ce n'était pas encore l'affluence du déjeuner. Ils commandèrent.

– Tu n'as pas à avoir honte. Pour une première fois tu t'es débrouillé comme tout le monde.

– Épargnez-moi ça, professeur.

– Non, Lennie-Ray. Les seuls qui réussissent du premier coup sont ceux qui surfaient avant. Et tu sais très bien que même les valides qui n'ont jamais surfé mettent des heures avant de tenir sur une planche.

Lennie-Ray cherchait à comprendre pourquoi ce professeur si prestigieux lui voulait tant de bien.

– Qu'est-ce que vous me voulez ?

– Rien de mal.

– Pourquoi vous vous occupez de moi comme ça ?

– Je t'aime bien. Ça s'est bien passé entre nous durant ces trois jours dans la San Joaquin Valley, n'est-ce pas ?

– Oui.

– Alors ne cherche pas plus loin. Je pense que sortir de cet environnement te ferait du bien après ce que tu as subi. Tu as des projets ?

– Des projets ?

– Tu veux vraiment rester à t'occuper de ta ferme ?

Que fallait-il lui répondre ? Qu'il magouillait par tous les moyens pour vendre à la Panoche le droit de prospecter sur ses terres ?

– Oui. Je veux arrêter les remorques et développer la ferme. Mais plus dans ces conditions.

– Quelles conditions ?

– L'agriculture intensive, les pesticides, les engrais, c'est fini. Je veux replanter mes vergers mais en les passant au bio. Je suis un paysan, professeur.

– Tu en es certain ? J'ai l'impression au contraire que tu cherches à partir.

– Ma vie est dans la vallée à la condition qu'on arrête de nous la pourrir.

– C'est pour ça que tu es venu à l'association ?

– Exactement.

– Pourtant on m'a dit qu'avant de t'inscrire tu n'avais qu'une idée en tête, vendre tes droits de prospection à la Panoche.

– C'est vrai, mais j'ai changé d'avis.

– Qu'est-ce qui t'a fait changer d'avis ?

– Ma mère, je vous ai dit. Elle est dans une chaise roulante sous respirateur à cause des engrais. C'est elle qui ne veut pas de ce pétrole sur nos terres. C'est ma faute si elle est dans cet état. C'est à moi de réparer.

– Elle t'a dit ça récemment ?

– Elle m'a dit ça depuis qu'elle me parle. Avant elle ne me parlait pas, elle me gueulait dessus comme sur un chien. Peut-être parce que avant j'avais une face de chien. Aujourd'hui je ne ressemble plus ni à un chien ni à un humain, ça doit être pour ça qu'elle me parle.

Petit silence.

– Et votre rapport ? lança Lennie-Ray pour rompre le malaise.

– Il est terminé mais je ne sais pas comment faire pour qu'il soit le plus efficace possible. Je l'ai fait parvenir à la Panoche et ils m'ont proposé de rencontrer leur service de communication comme si je n'étais qu'un vulgaire journaliste. J'y suis allé. On m'a écouté et promis que mon rapport allait être étudié. Mais depuis, plus de nouvelles.

– Ça veut dire qu'ils vont continuer les prospections ?

– Pour l'instant, oui. Mais lorsque je vais leur annoncer ma petite idée, fais-moi confiance, ils vont changer d'avis.

– Quelle idée ?

– Je vais organiser un voyage de presse dans la San Joaquin Valley pour présenter mon rapport aux journalistes. Si j'arrive à mobiliser les médias, il y aura une enquête publique et la Panoche sera obligée de suspendre ses opérations. Après, ce sera l'effet domino. Ils seront contraints de geler les acquisitions et les prospections. Toi et ta mère, vous serez à l'abri de l'huile de schiste.

En rentrant à la Nine Farm Lennie-Ray rapporta la conversation à sa mère. Pam prit le temps de la réflexion avant de conclure :

– S'ils ouvrent une enquête publique et qu'ils gèlent les acquisitions, ils ne reprendront pas avant des mois, voire des années. Au mieux, ils exploiteront les concessions déjà acquises mais pour nous, ce sera trop tard.

– Mais puisque Stevens dit que ça ne rapporte pas autant qu'ils le disent, pourquoi on se prend la tête pour mille dollars par mois ?

– Qui a dit ça ? Qui a parlé à Stevens ? Il n'y a que quelques fermiers qui ont accepté de révéler ce qu'ils gagnent ! Pourquoi seulement quelques-uns ? Pourquoi pas tous les autres ? Pourquoi tout le monde cherche à avoir un derrick dans ses vergers ? Ne sois pas naïf, Lennie ! Ton Stevens écrit ce qui l'arrange dans son rapport.

– Ils nous écrasent, Pam.

– Oui, Lennie. Ils nous écrasent.

La mère sans pied et le fils sans jambe restèrent un moment abattus sous la véranda à contempler leur terre sans derrick.

Fin juin 2018

La vieille Golf décapotable était de ces ruines qu'on achète pour quelques billets. D'un turquoise lumineux, l'épave arborait des pneus aux flancs blancs peinturlurés à la main par un adepte fauché du tuning. Ce résidu automobile dont la capote rivetée était impossible à remonter avait sûrement été étudié dans le but de se faire remarquer. Conséquence, la tête recherchée – et renfrognée – de Dennac émergeait de cette horreur flashy. Vingt minutes de souffrance et Nicholas se gara dans une ruelle du quartier vallonné de Bernal Heights, en face d'une jolie petite maison vert Véronèse. Nicholas fut saisi par les senteurs des fleurs que la chaleur de cette fin juin faisait exploser. Une petite plaque « Ryland Shilling Portraits & Photography » était clouée sur la porte du garage où le photographe avait installé son studio. Nicholas sonna, l'ouverture se déclencha, il entra. Des projecteurs, des appareils photo sur des trépieds, des rouleaux de couleurs suspendus à des portiques, tout dormait dans la pénombre. La pièce s'ouvrait sur un patio d'où provenait un cliquetis régulier. Il écarta le rideau de jasmin de la porte-fenêtre et pénétra dans la cour. Dans un jeu d'ombre et de soleil, sous une treille dégoulinante de fleurs, une fille sans bras tapait sur le clavier de son ordinateur à l'aide d'une longue baguette coincée entre les dents. La Vénus.

– Vous venez pour la réparation du lave-vaisselle ? demanda-t-elle sans se retourner.

– Non.

– Vous venez voir Ryland ?

– Oui.

– Il n'est pas là.

– Je passais dans le quartier. Je me suis dit que c'était l'occasion mais j'aurais dû appeler.

– Oui.

Elle se remit à taper avec assurance.

– Je venais pour lui parler de l'article.

Elle s'arrêta à nouveau sans le regarder.

– Quel article ?

– Je voudrais lui proposer d'écrire un article sur son travail.

– Vous travaillez pour qui ?

– Le *San Francisco Daily Evening.*

C'est à cet instant qu'elle se tourna vers lui. Elle le dévisagea, il la détailla. Un visage pâle, des yeux d'une eau vert clair, un carré brun aux reflets rouges et un anneau doré pluggé dans les narines. Elle portait un short court et un marcel noir délavé. Le reste, c'était son corps. Du moins ce qu'il en restait, et ce qu'il en restait était mieux que bien. Et quand on est un mâle comme Nicholas, on n'ignore pas que ce mieux-là est l'ami du bien. Un mâle qui passa toute son apnée à se fendiller. Elle déposa sa baguette sur son bureau.

– Un article sur les photos d'amputés ?

Elle parlait tandis qu'il se fendillait. Elle réitéra sa question :

– Un article sur les photos d'amputés ?

– Oui !

– Ça vous intéresse ?

– Oui.

– Pourquoi ?

– Parce que je les trouve belles et troublantes. On a envie d'en savoir plus.

– Plus ?

– Exposer son corps mutilé ne doit pas être… disons facile. J'aimerais savoir comment on en arrive là.

– C'est ça qui vous trouble ?

– Pas seulement. Ryland s'applique à rendre les corps beaux, très beaux malgré leurs mutilations. Ils peuvent même être attirants.

– Attirants ? Leurs mutilations ne vous gênent pas ?

En tentant de ne pas fixer ses deux moignons, Nicholas tomba sur les pétales roses et rouges à l'orée de son décolleté où naissait une poitrine à se damner.

– Ça ne vous gêne pas ?

– Pardon ?

– Leurs mutilations ?

– Non…

– Vous pouvez me regarder ?

– Où ça ?

– Dans les yeux.

Il était fait.

– Ma mutilation ne vous gêne pas ?

– Non.

– Vous me trouvez attirante ?

Le regard interrogateur de la Vénus fixait Nicholas qui répondit sans hésiter :

– Je vous trouve très attirante.

Ils s'observaient maintenant avec la même curiosité.

– Ryland est à San Diego. Il règle les détails de son exposition dans le service de rééducation. L'hôpital militaire sponsorise son travail.

– Il sera de retour ici quand ?

– Ici, c'est chez moi. Je lui loue mon garage. Il travaille ici mais il vit ailleurs. Il sera de retour fin de semaine prochaine.

– En fait je vous ai vue sur les photos. Ryland me les a montrées l'autre jour à Stinson Beach.

– Vous étiez au surf ?

– Oui. Je prépare un dossier sur les vétérans victimes de blessures graves.

– Et vous voulez savoir comment nous vivons avec *ça* ?

– C'est le sujet de mon article.

– Alors si votre article se focalise sur les séances de surf ou sur les photos de Ryland, on pourra sûrement penser que nous autres *raccourcis*, nous vivons *ça* plutôt bien.

Petit malaise.

– Après tout, les apparences, c'est ce qui importe le plus aujourd'hui, non ? insista-t-elle.

– C'est à vous de me le dire. Je n'ai pas l'intention de survoler le sujet. Je veux interviewer les amputés qui posent ici et qui font du surf à AMPUTEE SURFING. Je veux connaître leur vie depuis leur retour de la guerre. Comme vous, par exemple. Si vous acceptez, bien entendu. C'est même la raison de ma visite à Ryland. J'avais l'intention de lui demander les coordonnées de deux personnes que j'ai repérées aux séances de surf.

– Dont moi ?

– Oui. Ça vous intéresserait de répondre à une interview ? De me parler des apparences, de ce qui est apparent et de ce qui ne l'est pas ?

– Il faut que j'y réfléchisse.

– Et je voudrais aussi interviewer cet homme, fit-il en sortant son Smartphone sur lequel s'afficha la photo du surfeur au masque de cire. Vous le connaissez ?

– Je ne l'ai vu qu'une fois.

– Vous connaissez son nom ?

Pas de réponse, juste une moue d'ignorance.

– Je ne me souviens pas qu'il ait parlé à quelqu'un. Il était là pour une séance d'évaluation. Je ne crois pas qu'il se soit inscrit.

– Peut-être que Ryland a ses coordonnées ?

– Ça m'étonnerait. À ma connaissance ce gros type n'a jamais posé pour Ryland. C'est le genre bouseux désagréable.

– Et qui est son instructeur ?

– David Parker Stevens, répondit-elle aussitôt.

– Je peux m'adresser à lui ?

– Non.

– Pourquoi ?

– Il s'est noyé début juin.

Nicholas s'appliqua à marquer un étonnement sobre, suivi d'un silence de circonstance.

– Vous le connaissiez ? reprit-il.

– C'était mon instructeur.

– Il s'est noyé pendant une session ?

– Non. On ne sait pas comment c'est arrivé.

Nicholas jugea prudent de ne pas pousser plus loin sur Stevens.

– Pourquoi vous vous intéressez à ce gros bouseux ? demanda-t-elle.

– Il est troublant. En voyant sa photo j'ai eu envie de connaître sa vie.

– Et moi ?

– Pareil.

– Je vous ai troublé ?

– Oui.

– Troublé au point que vous ne voulez pas me demander comment ça m'est arrivé ?

La question le scotcha.

– Demandez-moi, fit la Vénus sur le ton du défi.

– Comment ça vous est arrivé ?

– J'étais démineuse. Une mine cachée sous une autre m'a arraché les deux bras. Vous ne m'avez pas dit votre nom.

– Nicholas Dennac.

– Posie Blanchard.

Ils échangèrent leurs numéros de téléphone et c'est à regret que Nicholas Dennac quitta les fleurs de ce patio paradisiaque.

La rencontre avec la Vénus l'avait troublé. Ces mutilés étaient tous de jeunes gens dans la fleur de l'âge et il ne pouvait s'empêcher d'être révolté par ce que les gouvernements successifs faisaient de cette jeunesse. L'expression *chair à canon* prenait là tout son sens. Si jeune, si belle, si mutilée, c'était horrible.

Le petit cabriolet turquoise descendit la rue et disparut du décor au premier virage. La brume de chaleur avait fait son boulot et recouvrait les collines de San Francisco. La ville se teintait d'orange et l'eau de la Baie de rose. Quand il arriva à quelques rues de chez Owen, la fille à la peau tatouée téléphona. Posie lui proposait un dîner qu'il accepta. La Golf aux roues mal blanchies fit demi-tour. À Bernal Heights, Posie Blanchard l'attendait sur son perron. Dennac descendit lui ouvrir la portière mais elle resta en haut de ses cinq marches, au milieu de ses fleurs.

– J'ai parlé de dîner, pas de sortir, lui lança-t-elle.

Il monta la rejoindre et la porte se referma sur la maison Véronèse que la nuit enveloppa.

Vers minuit la moiteur était partout sur la ville. Toutes les fenêtres de la maison étaient ouvertes. L'air ne circulait plus, ni au rez-de-chaussée ni dans la chambre de l'étage où l'on devinait deux corps nus sur les draps humides du lit. Le couple rassasié de sexe se dessinait dans le contre-jour du lampadaire. L'expérience sexuelle avec cette déesse sans bras avait ébranlé Nicholas Dennac. Certes il avait désiré cette jeune femme mais à peine avaient-ils été nus, à peine leurs peaux s'étaient-elles touchées que Nicholas avait regretté. Et son envie d'elle s'était transformée, à son insu, en curiosité malsaine.

La voix de Posie était aussi douce que son corps.

– … je l'avais fait et refait des centaines de fois, à l'exercice et en situation réelle. Mais il y avait une seconde mine sous la première. Une fois qu'on a dégagé une mine on doit toujours regarder comment elle est posée, ça fait partie du protocole. Mais la seconde mine était enfouie trop profondément dans le sable. Lorsque j'ai sondé, il n'y avait rien. Aucun fil, aucun système de contrepoids. Rien, ni à la vue ni au toucher.

Les yeux brillants de Nicholas se tournèrent vers la bouche de Posie qui avait cessé de parler. Il attendait que les mots reviennent.

– Après je ne me souviens plus, fit-elle.

– C'était quand ?

– Le 14 août, le lendemain de mes vingt et un ans.

*

Vingt-trois heures passées au cinquième étage du 500 Sutter Building. Owen triait sans conviction les dépêches sur les sites des polices municipales de la Baie quand un homme entra dans son bureau.

– Lieutenant Keys, fit-il en sortant son badge. Je peux ?

Sans attendre la réponse du stagiaire il s'assit et commença à balader son regard aux quatre coins de la pièce. Une inspection en règle.

– Toujours aussi pourri…, bougonna-t-il.

Owen observait sa bouche de traviole tout en continuant ses recherches.

– Alors c'est toi qu'il vient voir ? Owen Beman, c'est ça ?

– C'est ça.

– Et pourquoi il vient te voir toi ?

– Je l'ignore. Demandez-lui.

– Oui… c'est une bonne idée.

Keys lâcha un sourire qui dessina une cicatrice sinistre sur son visage.

– Va savoir, peut-être que c'est pas toi qu'il vient voir, c'est juste ce joli bureau. Il veut peut-être revoir le décor sublime de ses années merdiques, du temps où il était une belle saloperie. Non ?

– Si vous le dites.

– Avec l'âge il te vient de ces espèces de nostalgies… tu repeins tout en rose, même la merde. Qu'est-ce que tu en penses ?

– Rien.

– Tu sais qui je suis ?

– Vous l'avez dit, le lieutenant Keys. Vous travaillez aux homicides, au SFPD à ce que je sais.

– T'es bien renseigné.

– C'est mon travail. Je passe mes nuits à me renseigner.

– Oui… je connais ça.

Owen laissa filer la confidence.

– Je suis aussi le connard qui s'est fait enfler par ton copain.

– Quel copain ?

– Évite de me prendre pour un con. Ton copain qui vient te rendre des visites pour des raisons qu'apparemment tu ne connais pas. Il est sympa avec toi ?

– Oui… non… il est…

– *Un sale con qui veut que je fasse de la lèche pour me faire bien voir*, fit Keys en lisant une page de son carnet. C'est ça ta version officielle ?

– Oui c'est...

– Ce que tu as déclaré la nuit dernière au fonctionnaire qui t'a interrogé. C'est la vérité je suppose ?

– Oui.

Et voilà que le visage du lieutenant se balafra de son sourire de trépassé. Une grimace qui fascinait le jeune homme.

– C'est pas joli à voir, je sais, lâcha Keys. Même moi il m'arrive de rester la bouche ouverte quand je me croise dans une glace. C'est dire.

– Non c'est pas ça... c'est..., bredouilla Owen.

– Laisse tomber. Alors qu'est-ce qu'on fait ?

– À quel propos ?

– On reste sur ta version officielle ou je fais saisir ton ordinateur ? Histoire de voir sur quoi tu travailles depuis que le *sale con* passe pour vérifier si la couleur des murs n'a pas changé.

Dans l'instant Owen n'avait pas la réponse à cette question. Ce n'était pas faute de chercher.

– Tourne-toi, fit Keys.

– Pardon ? fit le jeune homme, étonné.

– L'étagère derrière toi.

Après une hésitation Owen se retourna vers la vieille étagère débordante de vieilleries en tout genre, livres, disquettes informatiques obsolètes, piles de journaux, saletés du siècle précédent...

– La boîte en ferraille sur la dernière planche là-haut, enchaîna le lieutenant. Regarde derrière.

Sur la pointe des pieds, Owen glissa la main derrière la chose et attrapa le goulot collant d'une bouteille de bourbon couverte d'une poussière poisseuse.

– Les verres sont dans la boîte, assura Keys.

Ils y étaient. K. K. récupéra le tout, essuya ce qui pouvait l'être, ouvrit le flacon, et en renifla le contenu en connaisseur.

– Pas mal... Ça fait combien de temps qu'il a été oublié là ?

Il compta de tête tout en remplissant les deux verres.

– Dennac a été viré en 94… donc on va dire… vingt-quatre ans quand même… et vu que c'est un…

Il visa l'étiquette.

– Dix-huit ans d'âge ! Eh ben, on a là un joli bourbon de quarante-deux ans ! C'est pas tous les jours. Allez, à ta santé, Owen Beman !

Et il leva son verre tandis que le jeune stagiaire retrouvait sa chaise.

– Trinque. C'est jamais bon de se mettre à dos un lieutenant du SFPD.

Avisé, le gosse suivit le conseil. Ils trinquèrent.

– À la santé de qui ? lança K. K.

– À la nôtre, répondit O. B.

– À la nôtre !

Après avoir avalé une gorgée de whiskey, Owen décida d'imiter Keys en vidant son verre d'un trait. Ce bourbon était un truc qu'il n'avait jamais expérimenté. C'était étonnant et sublime.

Keys en versa direct deux autres – *à la nôtre !* réitéra Kevin. *À la nôtre !* enquilla Owen – qu'ils vidèrent aussi sec.

– Alors pourquoi êtes-vous le connard qui s'est fait enfler par Dennac ? demanda Owen.

– Ça t'intéresse ?

– Je me renseigne.

– Je t'ai posé une question tout à l'heure, mais tu ne m'as pas répondu. Je t'ai demandé si tu le trouvais sympa.

Owen prit son temps pour réfléchir. Elle n'était pas idiote cette question. Il avait d'abord trouvé Dennac détestable, puis avait compris que sous ses abords désagréables se cachait un homme secret et intéressant, de qui il pouvait beaucoup apprendre.

– *Sympa*, ce n'est pas ce que je dirais, fit Owen.

– Tant mieux !

– Pourquoi me posez-vous cette question ?

– Parce que moi au siècle dernier je l'avais trouvé sympa. C'est ce qui m'a perdu. T'as vingt-cinq ans, tu te trouves un journaliste hyper-sympa, t'en fais ton pote. Celui en qui t'as confiance.

Troisième lampée du quarante-deux ans d'âge, expédiée vite fait.

Keys vida son sac et raconta comment il s'était fait enfler par son *connard de pote*. Comment, de non-dits en mensonges, de saloperies en trahisons, il s'était retrouvé mort-vivant dans un sous-sol du quartier de la Marina à vingt-cinq ans et des brouettes. Comment il avait perdu sa bouche, sa jolie petite gueule, sa femme, et beaucoup d'autres femmes. Comment il avait perdu l'espoir d'une carrière dans un milieu qui ne lui avait jamais pardonné un truc qu'il n'avait pas fait. Et il conclut en dévoilant que Nicholas n'avait jamais accepté de divulguer sa vraie source, laissant croire à tout le monde qu'il avait été sa balance.

– Il n'a jamais démenti ? questionna Owen, abasourdi.

– Jamais.

Il fallait finir cette bouteille et c'est ce qu'ils firent. Pour Owen, cette entrevue avec le lieutenant Keys, ces quelques verres et ces confidences étaient la preuve que cette enquête le mettait sur la voie de la professionnalisation. Boire, écouter, frayer avec ce flic, c'était devenir un vrai journaliste.

Quand le bourbon eut disparu du paysage, Keys se leva.

– Alors pourquoi il vient te voir, toi ? réitéra-t-il.

– Je ne sais pas... demandez-lui.

– Fais gaffe de ne pas te mettre direct un flic à dos, conseilla K. K.

– Je sais, mais on m'a conseillé de me méfier des types sympas, répondit Owen.

– On va faire analyser ton ordinateur.

Keys remballa son carnet et sa sympathie naissante.

– Vous avez revu Dennac l'autre jour ? lança Owen tandis que le lieutenant sortait.

– Oui.

– Et pourquoi ne lui avez-vous pas parlé de toute cette histoire ? Le temps a passé, vous pourriez vous expliquer.

– Figure-toi qu'on s'évite. Lui parce qu'il traîne toujours sa honte comme une merde à son cul et moi ma haine et mon mépris depuis aussi longtemps.

*

Dans la chambre silencieuse de la maison Véronèse il était quatre heures du matin lorsque le nouveau portable de Nicholas vibra. NUMÉRO INCONNU. Il laissa vibrer. Une minute plus tard, un SMS s'affichait :

C'EST OWEN.

Le numéro inconnu rappela et cette fois Nicholas décrocha.

– J't'emmerde ? fit la voix d'Owen.

– C'est moi. Tu m'appelles depuis quel téléphone ?

– J'en ai emprunté un dans votre bar. Je vous appelle depuis les chiottes. Il y a des flics au journal et dans la rue en bas. Ils savent que vous êtes venu me voir plusieurs fois et ils ont mis mon numéro sur écoute. Ils ont perquisitionné votre domicile toute la journée, ont épluché l'historique de vos recherches sur votre ordi et ils sont en train de faire le mien au bureau. Là ils sont en planque devant chez moi depuis cet après-midi. Ils ont compris qu'on travaillait sur la mort de Stevens. À quelle heure avez-vous quitté mon appartement ?

– Seize heures.

– Ils ont dû vous louper de quelques minutes. À moins qu'ils vous aient suivi.

– Quoi ?

Nicholas s'approcha de la fenêtre avec prudence. Dehors la rue était calme. Les voitures alignées le long du trottoir semblaient inoccupées.

– Allô ? Vous êtes toujours là ?

– Je suis là, répondit Nicholas tout en continuant à scruter les recoins de la rue.

– Vous n'êtes pas retourné chez moi ?

– J'ai failli.

– N'y mettez surtout plus les pieds ! Avez-vous laissé quelque chose à vous dans l'appartement ?

– Rien.

– Sûr ?

– Merde, oui ! J'ai tout pris !

– J'espère. N'appelez jamais mon numéro perso depuis votre nouveau portable sinon ils vont vous localiser. Et ne cherchez plus à me joindre. Plus de téléphone après cette conversation.

– Et si j'ai besoin ?

– Je vais me créer une nouvelle adresse mail et vous aussi.

– Ok.

– Je prends mes précautions. J'ai pas envie de finir en tôle, moi.

– Tu n'as rien à voir avec ça.

– J'ai à voir que je vous ai hébergé chez moi. J'ai à voir que l'historique de mes recherches sur internet regorge de liens en rapport avec David Parker Stevens. Et je vous rappelle que vous êtes dans un putain de merdier. Ils ont trouvé votre ADN dans la maison de la Viñeda Farm !

– C'est pour ça que tu m'appelles ?

– J'ai trouvé qui Stevens était allé voir sur le Liberty Dock. Le nouveau patron de la Panoche.

– Tu plaisantes ?

– Vous pensez que je suis d'humeur à plaisanter ? C'est un type qui s'appelle Patrick De Posseters. Un Sud-Africain. C'est le voisin de la folle, Theresa Merryll.

– Comment tu as découvert ça ?

– Je fais ce que vous m'avez demandé ! J'ai trouvé le listing de l'Association des propriétaires du Liberty Dock sur internet. J'ai checké nom par nom. Et en tapant celui de ce De Posseters je suis tombé sur un article très récent sur le site du journal local de Sausalito. Un article consacré aux nouveaux arrivants dans la commune. Il y avait trois lignes sur le nouveau patron de la Panoche, nommé il y a moins d'un mois. Il vit au 36 Liberty Dock. Ça ne vous dit rien ?

– Si. De Posseters, ça me dit quelque chose. Je suis sûr d'avoir travaillé chez lui. Pourquoi *nouveau* patron ?

– L'ancien vient d'être viré. Il y a autre chose. C'est une idée comme ça mais… pourquoi Stevens a-t-il choisi de louer son Airbn'b justement ce vendredi-là ?

– Pourquoi tu poses cette question ?

– Parce que c'était le soir de vos fiançailles.

– Quel rapport ?

– Justement, je me demandais s'il n'y avait pas un rapport. J'enquête, j'étudie toutes les pistes. Pas vous ?

– C'est moi qui te dis sur quoi enquêter. C'est pas toi qui décides.

– Si. Et si j'ai une idée, je travaille dessus.

– Une idée ? Quelle idée ?

– L'idée que ce serait vous que ce type serait venu voir.

– T'es devenu dingue ?

– Vu la façon dont vous vous comportez avec les gens, ce type a peut-être eu envie de vous rencontrer à l'occasion de cette soirée.

– Pourquoi il aurait fait ça ?

– Parce que vous refusiez de le voir autrement. Pour vous forcer à le voir.

– T'as pété un câble ?

– Quand on sait comment vous traitez vos copains…

– Pardon ?

– J'ai rencontré un de vos bons copains dernièrement.

– Quel copain ?

– Keys. Il m'a raconté des trucs intéressants sur vous. Vous êtes quand même un bel enfoiré !

Soudain un bruit résonna dans la petite rue. Nicholas raccrocha aussitôt. Posie dormait, il se rhabilla et quitta la chambre. Deux minutes plus tard, il escaladait une petite palissade et se retrouva dans l'allée de service. Il fit le tour du pâté de maisons et prit son temps pour une inspection approfondie de la rue. Un SMS s'afficha sur son portable :

ÇA C'EST MON NOUVEAU MAIL : OJTEMMERDE@GMAIL.COM.

Il grimpa dans la Golf et démarra. De carrefours en avenues, furieux de l'entretien avec Owen, il tourna un moment en ville pour écumer sa colère et vérifier que personne ne le suivait. Une heure plus tard, calmé et rassuré, il prit la direction de Sausalito.

*

Vers cinq heures du matin la brise de l'océan ramena un peu d'air sur les maisons flottantes de la Waldo Coop. La nuit était encore noire lorsque Tina retrouva Carlo Davila. La longe de River à la main il patientait devant la maison de Nicholas interdite d'accès par la police.

– Il n'est pas rentré ? demanda-t-elle.

– Je te rappelle que sa maison est sous scellés. Je ne vois pas ce que je fous là avec ton cheval.

– Je t'ai posé une question. Il n'est pas rentré ?

Non, fit Carlo de la tête.

– Il ne t'a pas appelé ?

Non, fit Carlo de la tête.

– Tu étais au courant qu'il menait une enquête ?

Non, fit Carlo de la tête.

– Qu'il allait reprendre le journal de Paul Knight ?

Non, fit Carlo de la tête.

– Ne te fous pas de moi ! Si tu sais quelque chose, tu me le dis !

Non, fit Carlo de la tête.

– Je ne te crois pas ! Je ne vous crois plus ! Même toi tu mens !

Elle grimpa dans la barque de Nicholas.

– Qu'est-ce que tu fais ? lui demanda Carlo.

– Je vais dans la maison. Il y a une trappe sous la terrasse de l'autre côté.

– N'y va pas ! Les flics sont sur le parking ! fit Carlo.

Mais elle repoussait déjà le ponton pour éloigner la barque. À la rame elle contourna la maison jusqu'au petit hangar à bateaux situé sous la terrasse où elle glissa l'embarcation. Une fois dans l'abri, elle ouvrit la trappe et entra. Dans l'obscurité elle prit le temps nécessaire pour confectionner son fameux café. Dix minutes plus tard, elle récupérait son cheval et renvoyait Carlo Davila. Elle ignorait qu'à seulement trois cents mètres de là, Nicholas l'épiait.

Quand elle traversa le grand carrefour perchée sur River, Nicholas remarqua une lueur dans l'habitacle de la Chevrolet beige garée juste en face du parking. C'était l'écran du portable du lieutenant Keys qui éclairait son visage. Au loin la cavalière coiffée de son Seminole disparut vers sa colline entre deux panneaux de signalisation. La lumière de la Chevrolet s'éteignit, laissant Keys tapi derrière son volant à guetter le moindre mouvement autour de la Waldo Coop.

Nicholas quitta sa cachette. De chemins secrets en palissades effondrées, il retrouva sans difficulté ses itinéraires de gosse. Sur la berge il se faufila entre les coques des chantiers navals. Dix minutes plus tard, étendu sur une vieille planche à voile, il disparaissait à son tour sous son abri à bateaux, ouvrait sa trappe d'accès et se glissait à l'intérieur de chez lui. Il traversa les différentes pièces que la perquisition policière avait laissées sens dessus dessous. Son ordinateur avait disparu ainsi que nombre de papiers et d'effets personnels. Dans son atelier il récupéra son carnet de chantier. Dans un tiroir il prit une boîte de munitions et dans un placard une nouvelle tenue. Au moment de ressortir il trouva la cafetière allumée avec le café chaud concocté par son Indienne. Il s'en vida un mug qu'il prit soin de poser en évidence sur la table de nuit côté Tina afin de lui signaler son passage.

Et quand les premières lueurs de l'aube percèrent l'obscurité, la maison était à nouveau vide et silencieuse.

Nicholas n'avait pas quitté la Waldo Coop. Il avait trouvé refuge chez Toni Dylan. Toni avait dans la cale de sa maison flottante un refuge surnommé *la cellule de dégrisement*. De la taille d'une couchette, le réduit servait depuis quelques décennies aux cuites des amis de passage. C'est sous une couette que le camarade Dennac ronfla toute la matinée à faire trembler la coque de la bicoque. Sur le coup de treize heures, il déjeuna à la table de Toni. Même si les rapports étaient tendus, il était toujours le bienvenu dans l'antre de la louve. Cet antre flottant était tellement suranné qu'il pouvait concourir à lui tout seul à l'illustration du mot *vintage*. Rien n'était droit, tout était fait maison, surtout l'indulgence de l'hôtesse pour son invité.

– Depuis quand es-tu au courant pour Ale et sa maison jaune ? demanda Nicholas.

– Deux ans.

– Depuis le début alors ?

– Bien entendu. Franchement, Nicholas, de quoi pourrais-je ne pas être au courant ici ?

– Et donc tu dois savoir que ma future femme part sur son mustang tous les matins…

– Dans la colline. Et quand ce n'est pas sur son cheval, c'est avec l'autre dingue d'Irlandais. Je peux même te dire qu'elle lui a fait construire une espèce d'enclos pour son canasson dans le creux d'un vallon où personne ne va jamais fourrer son nez.

– Sauf toi.

Toni se contenta d'un grand sourire.

– Elle est folle. Je sais que je ne fais que me répéter depuis deux ans que je la connais, mais cette femme est folle.

– Lâche-moi avec ça !

– Il y a quelque chose que tu ne sais pas.

– Et que tu sais toi ?

– Oui. Tu travailles toujours pour l'agence d'architecture Napa & Tuscany, n'est-ce pas ?

Sentant poindre le sujet qui fâche, Nicholas ne put réprimer un soupir.

– Toni, je suis venu ici pour faire un break, ne serait-ce qu'une heure. Lâche-moi, s'il te plaît !

– Je t'ai posé une question.

– Oui ! Napa & Tuscany m'a proposé ce chantier du Liberty Dock et même si ce n'est pas tout à fait ce que j'ai l'habitude de faire, j'ai accepté.

– Tu penses que tu fais ce chantier pour Napa & Tuscany ?

– Merde !

– Tu le fais pour ta femme, enfin ta future femme si t'es assez con pour aller jusque-là, asséna Toni Dylan.

Elle me casse les couilles, pensa-t-il.

– Tina, qui fait partie de l'association des copropriétaires, a manœuvré pour que ce chantier soit attribué à Napa & Tuscany et tu ne devines pas pourquoi ?

Les narines de Nicholas se dilatèrent. Comme chaque fois qu'il voyait poindre l'embrouille.

– Il y a six mois, lorsque vous êtes rentrés du Montana, Tina a racheté l'agence Napa & Tuscany. Après elle a obtenu de l'association des copropriétaires que ce chantier lui soit confié. Et l'agence te l'a refilé.

Et voilà, début de l'embrouille.

– Impossible !

– Impossible parce que tu ne la connais pas. Parce que tu crois la connaître. Mais ça ne fait que deux ans que vous vivez ensemble. Deux ans, ce n'est pas assez pour connaître quelqu'un.

Nicholas se contenta de fusiller Toni du regard.

– Tina a racheté Napa & Tuscany ?

– C'est ça, t'as tout compris ! Ta chère fiancée s'est débrouillée dans ton dos pour te faire faire ce chantier dans le but de te garder près d'elle et de votre fille. Dans le but de te contrôler.

– Excuse-moi, Toni, mais ce chantier ne change en rien ma proximité avec Tina. Et puis c'est moi qui ai accepté cette proposition. Je l'ai acceptée parce que j'avais envie de rester près de ma fille cet été. C'est son premier été, je veux profiter de ce moment-là. Tina n'est jamais intervenue pour que j'accepte. Ça ne te regarde pas, Toni. Et je commence à en avoir marre que tu t'immisces continuellement dans ma vie. C'est terminé la vie en communauté au cas où tu l'aurais oublié. Fini depuis trente ou quarante ans. Alors fous-moi la paix !

– Comment ça, *Tina n'est jamais intervenue ?*

Elle ne savait pas s'arrêter.

– Vous n'en avez jamais parlé ensemble en privé ? Comme un homme qui confie ses projets à sa compagne ? Vous n'avez jamais évoqué le fait qu'on te proposait de travailler tout l'été sur les docks ?

– Merde, je ne sais plus. C'est peut-être arrivé. Et après ?

– Et après tu vas épouser unc folle qui t'a déjà fait vivre un enfer et qui ne cessera jamais de te faire vivre un enfer. Aujourd'hui elle s'est mis en tête de te contrôler pour que tu fasses ce qu'elle veut, quand elle veut.

– C'est toi qui es folle !

– Elle tisse une toile d'araignée et toi, tu es au centre en train d'essayer de te débattre. Mais tu préfères faire l'autruche.

– Merde, Toni ! Merde !

– Je ne sais pas comment te le dire, mais ne l'épouse pas. Ne l'épouse pas car tu vas vivre un enfer, pire que ce que tu vis depuis que tu la connais.

– Parce que tu penses que je vis un enfer ? Parce que tu crois que je suis assez con pour vouloir épouser une femme avec qui je vis un enfer ? Mais c'est toi qui ne tournes plus rond, Toni ! Je vais te dire un truc que tu vas bien t'enfoncer dans le crâne, même si ça te déplaît foncièrement. J'aime Tina. Je l'aime, putain de bordel de merde ! Je l'aime suffisamment pour vouloir qu'elle soit ma femme. Ça va, t'as pigé ? Et si t'as pas pigé, c'est pareil.

Excédé, il se leva de table et fila dans la cellule de dégrisement où il se mit à réfléchir. Si Toni et Dailey Clark disaient vrai, si une enquête médicale avait été diligentée par les actionnaires du Wards Group, si Tina avait racheté Napa & Tuscany pour le contrôler dans son dos, ses certitudes se fissuraient et il commençait à douter d'un avenir possible avec sa fiancée.

– J'ai pas terminé, fit la voix de Toni qui ne lâchait jamais le morceau.

– T'as jamais terminé !

– Nicholas, si je suis bien le fil de tes emmerdements, je n'arrive pas à comprendre pourquoi tu es revenu ici te foutre dans la gueule du loup. La Waldo Coop est quand même le premier endroit où on viendra te chercher. Les flics ne quittent ni le parking ni le Liberty Dock.

– Je suis revenu parce que j'ai découvert qui David Stevens était venu voir ce soir-là.

– Quelqu'un de la Waldo Coop ?

– Quelqu'un du Liberty Dock. Le nouveau patron de la Panoche, la société qui fait des recherches et qui exploite des sites de forage dans la San Joaquin Valley.

– Il habite sur le Liberty Dock ?

– Oui. Deux maisons avant la maison d'Ale.

– Il s'appelle comment ?

– Patrick De Posseters. Tu connais ?

– Non, répondit Toni, étonnée.

– Pourtant t'es censée connaître tout le monde ici.

– Faut pas exagérer.

Nicholas sortit son carnet de sa poche pour consulter ses notes.

– Le lundi 5 juin, juste après les fiançailles, la première adresse de ma journée c'était le numéro 36, chez un dénommé Patrick De Posseters, le type pressé qui devait absolument partir au bureau avant onze heures. Eh bien ce Patrick De Posseters, c'est le patron fraîchement nommé à la tête de la Panoche. C'est lui que Stevens est venu voir.

– Comment peux-tu en être sûr ?

– Parce que ce type est le seul à pouvoir arrêter ces putains de prospections. Et c'est d'ailleurs ce qui s'est passé.

– Mais pourquoi venir le voir ici et pas à son bureau ?

– Je suis prêt à parier que Stevens a dû essayer là-bas mais qu'il n'a pas réussi à l'approcher.

– Et tu penses qu'il aurait loué ce Airbn'b uniquement pour voir De Posseters ce soir-là ?

– J'en mettrais ma main à couper puisque les forages de la Panoche ont été suspendus exactement le lundi 5 juin. Avoue que ça se tient. Il vient le voir le vendredi 2 et les prospections s'arrêtent le lundi 5 !

– Stevens a dû être convaincant.

– Son rapport est extrêmement convaincant, en tout cas ! Le professeur David Stevens était une sommité dans son domaine. Quand un type aussi pointu que lui dit ou écrit quelque chose, on ne peut que le croire. Et j'imagine que pour avoir été nommé patron de la Panoche, De Posseters doit lui aussi être un expert dans sa partie. Donc… le vendredi soir il écoute Stevens, il lit le rapport, et le lundi il signe la suspension des prospections.

– Admettons. Mais ça n'explique pas pourquoi David Stevens a été assassiné. Soi-disant dans la maison d'Ale.

– Pourquoi *soi-disant* ?

– Quand tu me montreras des preuves, je suis sûre que je te croirai. Mais tu n'as aucune preuve de tout ce que tu dis.

Plus d'arguments. Regard noir. Puis :

– Il y a une question que je me pose à propos d'Ale. Tu trouves normal qu'il passe sa maison à la javel après l'avoir louée ?

– Faut bien nettoyer. Chacun d'entre nous a un rapport particulier à la propreté, non ?

– C'est sûr. Mais quand on voit son rafiot, difficile de s'imaginer qu'il y a versé une seule goutte de javel. Ale n'a aucun rapport avec la propreté.

Silence.

– Une dernière chose. Le lendemain des fiançailles, je suis venu donner un coup de main pour nettoyer la terrasse et je suis resté pour dîner. J'ai perdu mon anneau de fiançailles, tu ne l'aurais pas trouvé ?

– Je te l'aurais dit.

– Je ne crois pas.

– Qu'est-ce que tu veux que j'en foute de ton anneau d'Indien à la con ?

Cette conversation le fatiguait.

– Qu'est-ce que tu comptes faire ? Rassure-moi, tu ne comptes pas aller sonner chez ce De Posseters ? questionna Toni.

– En fait si.

– Eh ben vas-y ! Sors par la grande porte ! Les flics doivent être au moins quatre à t'attendre dehors ! Ça ne m'étonne pas que tu veuilles épouser ta dingue d'Indienne, t'es aussi branque qu'elle !

– Tu m'emmerdes, Toni ! Vous m'emmerdez toutes les deux.

Il devait bien faire quarante degrés et Nicholas n'avait qu'une seule idée : se tirer de ce cloaque qui lui bloquait la respiration.

*

– Ne vous retournez pas. Posez doucement vos deux mains sur le volant, fit la voix de Nicholas.

Patrick De Posseters, un géant qui frôlait les deux mètres, venait de claquer la portière de sa grosse BMW. Il posa ses mains sur son volant et se figea. Le niveau moins deux du parking souterrain de l'immeuble de la Panoche était désert.

– Je suis armé, précisa la voix de Nicholas.

Le Sud-Africain leva le regard vers son rétroviseur à la recherche du visage de son agresseur qui était dissimulé dans la pénombre derrière lui.

– Baissez votre rétroviseur !

De Posseters obtempéra.

– Qui êtes-vous ?

– Je suis venu vous poser des questions à propos de David Stevens. Vous savez qu'il est mort ?

– La police est venue me le dire.

– Qu'est-ce qu'ils vous ont dit exactement ?

– Qu'il s'était noyé en faisant du surf.

– Vous l'aviez rencontré pour quelle raison ?

– Il voulait me remettre son rapport.

– Racontez-moi. Je veux connaître les détails de votre entretien.

La minuterie du parking s'éteignit, plongeant l'habitacle de la BMW dans l'obscurité.

– Il avait fait plusieurs demandes à la Panoche. On lui avait proposé des rendez-vous avec quelqu'un du service communication mais ça s'était mal passé. Et comme Mr Stevens était quelqu'un qui avait de la suite dans les idées, il s'est débrouillé pour me rencontrer à sa façon.

– Il était seul ?

– Tout seul.

Le patron de la Panoche marqua un temps car quelque chose chez son interlocuteur venait de le troubler.

– Continuez ! ordonna Nicholas.

– Il m'a donné son rapport pour que je le lise mais j'en connaissais l'essentiel puisque mes équipes m'avaient fait un mémo à ce sujet.

– Est-ce que vous l'avez quand même lu ?

– Oui. Je voulais me débarrasser de ce type. J'étais en famille, avec ma fille aînée qui est étudiante à Berkeley. C'est la raison qui m'a fait accepter ce poste ici.

– Qu'avez-vous pensé de la lecture du rapport ?

– Quand on est du métier, on ne peut qu'être troublé par ses conclusions.

– Développez.

– Il affirme, preuves à l'appui, que nos estimations sont surestimées de 96 %.

– Vous ne le saviez pas ?

– Je vous signale que je suis à ce poste depuis à peine un mois. Je n'ai pas vraiment mesuré le merdier dans lequel je venais de mettre les pieds. Et d'ailleurs je ne suis pas certain de continuer.

– Pourquoi vous a-t-on appelé à la rescousse ?

Le trouble de De Posseters persistait concernant son interlocuteur. Quelle en était l'origine ?

– Ceux qui ont commandé et cosigné ces estimations étaient comme on dit *juge et partie*. Mon prédécesseur, qui savait parfaitement que nos chiffres étaient truqués, a été démissionné.

– Après votre lecture du rapport, vous avez décidé de suspendre les recherches ?

– C'était la seule chose à faire ! Les conclusions de Stevens sont très claires : le risque sismique est au-delà du raisonnable. Je suis tombé des nues ! Ce n'était évidemment pas la teneur des mémos de mes équipes. Ces imbéciles évoquaient des études aléatoires et des conclusions hâtives. J'ai été saisi par les preuves apportées par Stevens. Je suis du métier, je peux vous dire que ce rapport ne souffre aucune contestation. Ils sont juste dingues de vouloir exploiter cette région. C'est comme s'ils allumaient une mèche et qu'ils attendaient que ça explose.

– Vous êtes du métier et vous avez néanmoins accepté le poste ? Vous n'ignoriez tout de même pas que les recherches se déroulaient dans la Vallée centrale de la Californie !

– Écoutez, tous ces dossiers sont bien plus complexes que vous ne pouvez l'imaginer. Et puis l'exploitation de la Vallée centrale de la Californie n'est qu'un chantier parmi d'autres. Nous travaillons partout dans le monde avec la Panoche. Ce n'est pas vraiment ce qui occupe tout mon temps.

– Donc, si je vous crois, le rapport Stevens vous a convaincu.

Le patron de la Panoche se focalisa sur cette voix qu'il avait déjà entendue.

– À votre avis, qui sera responsable le jour où ça pétera ? Qui sera en première ligne ? Moi ! Le but de Stevens était que je fasse arrêter les forages. Je lui ai dit que je n'hésiterais pas une seconde à le faire. Voilà, c'est tout. J'ai tenu ma promesse.

– Vous n'avez rien remarqué d'anormal ?

– C'est drôle, vous posez exactement les mêmes questions que le flic qui est venu m'interroger.

– Une dernière question. Pourquoi avez-vous décidé de reprendre les forages ?

Cette fois De Posseters ne put s'empêcher de laisser échapper un soupir énervé.

– Parce que même si vous êtes le patron, le capitalisme reste le plus fort !

– Les actionnaires ?

– Les actionnaires, les partenaires… La Panoche n'est pas la seule compagnie impliquée. Les autres ne peuvent pas continuer si le leader annonce à la presse que c'est une bêtise de forer dans la San Joaquin Valley. Je vous rappelle que les sommes engagées dans ces recherches sont colossales. Et il y a les aides de l'État de Californie. Et ça, aucune compagnie ne tient à les rembourser.

Silence. Chacun réfléchissait dans son coin.

– Mais on se connaît ! fit tout à coup De Posseters.

– Non.

– Si, je reconnais votre voix.

Nicholas ouvrit la portière pour sortir.

– Vous savez, je suis contre la reprise des forages, ajouta soudain De Posseters. Contre la prospection et contre l'exploitation de cette région. Il faut vraiment être dingue pour vouloir continuer. C'est d'ailleurs ce que j'ai dit à Stevens quand j'ai compris qu'ils m'obligeraient à reprendre les forages.

Nicholas se figea, saisi d'un doute.

– Quoi ? Mais vous lui avez dit ça quand ?

– Quand on s'est parlé au téléphone.

– Il vous a appelé ?

– Non. C'est moi qui lui ai téléphoné. Le lendemain de notre entrevue. Le jour même où j'ai signé la suspension des prospections, je l'ai appelé pour le prévenir que les pressions seraient très fortes et que le jour venu je ne pourrais pas empêcher la reprise des forages. C'était important qu'il le sache.

La main sur la poignée de la portière, Nicholas ne saisissait plus le calendrier des événements.

– Je ne comprends plus le timing de vos conversations. Vous avez bien signé la suspension des prospections le lundi 5 juin ? Or Stevens était déjà mort ce jour-là. Comment avez-vous pu lui parler au téléphone ?

– Je n'ai jamais signé la suspension le 5 juin ! C'est le communiqué de presse que nous avons publié le 5 juin. J'avais déjà signé quatre jours avant, le jeudi 1er juin. C'est ce jour-là que je l'ai appelé.

Nicholas se rassit sur la banquette arrière.

– Il y a un problème ? questionna De Posseters.

– Oui. Quel jour exactement avez-vous vu David Stevens ?

– Le 31 mai.

– Pas le 2 juin ?

– Non.

D'un seul coup tout l'édifice s'écroulait.

– Mais où l'avez-vous vu ?

– Chez Gary Danko, répondit De Posseters sur le ton de l'évidence.

Gary Danko était un restaurant huppé du quartier de Fisherman's Wharf. Nicholas cherchait à recoller les morceaux du puzzle qui venait d'éclater.

– J'avais promis à ma fille de l'emmener déjeuner dans le meilleur restaurant de la ville. À peine étions-nous assis que Stevens est arrivé à notre table. Vous connaissez Gary Danko ?

– De réputation.

– Il est entré dans l'établissement sans avoir de table, il a vite provoqué un esclandre. J'ai accepté de le suivre dans un salon privé.

– Donc il n'est pas venu vous voir au Liberty Dock ?

– Vous savez que j'habite au Liberty Dock ?

– Répondez à ma question.

– Non et non ! Il n'est jamais venu chez moi le 2 ! Je ne vois pas pourquoi il serait venu d'ailleurs. Nous nous étions tout dit. Et de toute façon le 2 j'étais à Johannesburg pour l'anniversaire de ma femme. Je suis parti la veille au soir et c'est de l'aéroport que j'ai appelé Stevens.

– Quel jour les prospections ont-elles recommencé ? demanda Nicholas.

– Le 16 juin.

Justement la nuit où Nicholas avait vu passer la caravane de la fortune de la Panoche à Five Points.

– Pourquoi me poser toutes ces questions ? demanda De Posseters.

– Parce que le professeur Stevens ne s'est pas accidentellement noyé, il a été assassiné.

– Quoi ?

– Comment ? Pourquoi ? Par qui ? Je ne sais pas... Certainement par des gens qui avaient intérêt à ce qu'il se taise. Des gens qui avaient beaucoup à perdre s'il publiait son rapport.

– Les compagnies pétrolières ? C'est ce que vous insinuez ?

– Oui.

De Posseters réfléchit un instant.

– J'ai trouvé ! C'est au Liberty Dock que nous nous sommes rencontrés !

– Non, fit Nicholas d'une voix blanche avant de sortir de la voiture.

La BMW démarra, le laissant cogiter dans la pénombre. Si ce n'était pas De Posseters que Stevens était allé voir au Liberty Dock le vendredi 2 juin, alors qui ?

2 juin 2018

La journée de Lennie-Ray avait commencé très tôt ce 2 juin. Il avait quitté la Nine Farm avant le lever du soleil car il avait l'intention de visiter San Francisco avant de se rendre à l'invitation à déjeuner du professeur Stevens.

Lorsqu'il arriva dans les rues de la grande ville tout claquait au soleil. Les enseignes asiatiques du quartier chinois, les maisons multicolores qui descendaient vers le port, les voiles blanches sur l'eau bleue de la Baie lavée par le vent de l'océan, c'était magnifique. En fin de matinée il traversa le Golden Gate Bridge pour se rendre à Mill Valley. Il se gara sur la place du village, et à l'instant de couper son moteur, il se figea car le spectacle devant lui était incroyable. Cette place désuète était identique aux décors des films qui passaient à la télé du salon et qui l'avaient tant fait rêver durant son enfance. Mill Valley était de ces petites villes qui s'appliquaient à être faussement vintage. Devant lui les vitrines pimpantes des magasins semblaient remplies d'articles ressurgis des fifties. Les belles décapotables américaines de collection aux couleurs acidulées passaient au pas. Et devant la petite église une chorale de vieux beaux et de belles cougars chantait de sirupeuses mélopées hollywoodiennes.

C'était Hollywood. C'était fascinant, irréel. Lennie-Ray était sous hypnose.

Tout était beau, fluide, élégant et facile. Scotché derrière son volant, Lennie-Ray Parnell s'interdit d'aller déambuler dans cet éden. Durant de longues minutes il se projeta pourtant en train de claquer élégamment sa portière, de traverser la rue d'un pas léger, adressant un clin d'œil complice aux sourires féminins, attrapant d'un geste habituel son journal devant le petit drugstore avant de s'installer à la terrasse du café, tout en lançant une blague aux hommes de la table voisine. Il aurait fait tout cela s'il avait été un autre. Mais il s'empêcha cette escapade, sachant qu'en y promenant sa gueule toute cirée et son corps tout coupé il saloperait cet idéal.

Son attention fut attirée par une voix dans la chorale. Parmi les membres de l'ensemble, il isola la chemise bleue à carreaux du professeur Stevens. Le toujours sympathique professeur David Parker Stevens était là, au centre de ce chœur d'imbéciles heureux qui poussaient la chansonnette. Être heureux semblait être son occupation sur terre. Lennie-Ray sentit à nouveau cette vague de haine. Comment pouvait-il haïr ce type qui était le seul à s'intéresser à lui ? Et comment pouvait-il aimer ce type qui était le seul à pouvoir l'empêcher d'atteindre son but ? Le dilemme lui remuait les tripes. N'ayant pas le courage de trancher, il préféra partir.

Le moteur démarra, la voiture s'éclipsa du parking, et son conducteur du paradis.

Fin juin 2018

En ressortant du parking souterrain de l'immeuble de la Panoche Nicholas était perdu. L'édifice d'indices et de conclusions qui l'avaient amené jusqu'à De Posseters venait de se briser en mille morceaux. Il ne s'était pourtant pas trompé de beaucoup. Stevens s'était bien débrouillé pour rencontrer le patron de la Panoche afin de lui remettre son rapport. Mais si le mercredi Stevens avait réussi à convaincre De Posseters, il n'avait plus aucun intérêt à se rendre au Liberty Dock le vendredi. L'hypothèse d'une visite privée revint s'imposer d'elle-même. Mais pour en être certain, il fallait encore écarter toute autre raison professionnelle. Nicholas décida qu'il était grand temps de rencontrer la collègue géologue du professeur.

Il reprit le volant de l'épave décapotable, traversa cheveux au vent la Baie en direction de Berkeley et se gara à l'écart de l'université. Il rejoignit le parc du prestigieux campus et arrivé au pied du Mc Cone Hall – qui abritait le laboratoire de géologie – il appela Erika Koestel.

– Professeur Koestel ? Nicholas Dennac à l'appareil…

Koestel semblait pressée.

– Nous nous sommes rencontrés l'autre jour à Avila Beach. Comme j'étais à côté de Berkeley je suis passé et si vous avez deux minutes j'ai quelques questions à vous poser pour mon article sur la San Joaquin Valley. Je suis devant le Mc Cone Hall.

Le professeur Koestel proposa de venir le retrouver.

Assis sur les marches devant l'entrée, Nicholas se laissa gagner par la quiétude du parc. Le début des vacances avait vidé les allées de l'université et les étudiants étaient rares. À quoi pensait-il sur ces marches ? Aux révélations sur Tina ? Au sang sous la maison jaune ? À la javel du lundi matin ? À ce dingue d'amputé au visage de cire ? À la broyeuse sanguinolente de la Viñeda Farm ? Au corps de sa Vénus ? Dans ce bric-à-brac, il se concentra sur le corps de Posie Blanchard. L'anesthésiant parfait à toutes ses préoccupations. Lorsqu'il sortit de sa rêverie, deux mocassins féminins étaient plantés à ses côtés.

– J'étais déjà dans ma voiture quand vous m'avez appelée, fit Erika Koestel, essoufflée.

Quelque chose n'allait pas dans son attitude. Elle se refusait à le regarder.

– Je ne peux pas rester. Vous m'avez menti. Vous n'êtes pas celui que vous dites.

On aurait cru une boule de nerfs prête à exploser. Il se leva et l'observa avec une telle insistance qu'elle finit par se tourner vers lui.

– J'imagine que vous êtes au courant ? reprit-elle.

De quoi parlait-elle ?

– Bien sûr que vous êtes au courant. Mercredi dernier ? Vous êtes au courant ?

Elle doit parler de la Viñeda Farm.

– D'après le lieutenant Keys vous y étiez.

– Vous avez rencontré le lieutenant Keys ? fit Nicholas.

Elle le défiait du regard. Dans quel but ? Était-ce dans l'espoir qu'il avoue être l'assassin de son collègue ?

– Vous pensez sérieusement que j'aurais pu faire une chose pareille ?

– Je vous ai vu vous engueuler avec Urea à Avila Beach. Pourquoi se méfiait-il de vous ?

– Que vous a dit le lieutenant Keys exactement ?

– Que vous étiez directement impliqué dans les meurtres du professeur Stevens et d'Enrique Urea.

– Je n'ai tué personne. Mais j'imagine que si je prends le temps de vous expliquer vous ne m'écouterez pas.

– Que me voulez-vous ? demanda-t-elle.

– Je veux savoir si Stevens a reçu des menaces ici, au labo de géologie.

– Désolée mais je l'ignore.

– Et le laboratoire, a-t-il reçu directement des menaces ?

– De qui ?

– Des compagnies pétrolières par exemple, ou bien de fermiers de la San Joaquin Valley.

– Non, pas que je sache.

– Est-ce que Stevens travaillait sur autre chose que sur les schistes de la San Joaquin Valley ? Qui voulait-il voir lorsqu'il est allé à Sausalito ?

– Ce n'était qu'un collègue et je n'étais ni sa collaboratrice, ni une proche, ni une intime. J'ignore tout.

– C'est Keys qui vous a contactée ?

– Non, c'est moi qui l'ai joint. Et je vais vous dire ce qui m'a mis la puce à l'oreille. Figurez-vous que notre responsable de la communication ne vous a pas trouvé sur la liste des journalistes pour notre voyage de presse. C'est bizarre, non ?

– Quel voyage de presse ?

– Vous n'êtes pas au courant, évidemment. Nous avons envoyé des invitations à tous les journalistes spécialisés dans le domaine des sciences. Mais vous n'avez rien reçu puisque vous ne travaillez pas au *San Francisco Daily Evening*.

Elle se détourna à nouveau pour balayer du regard les alentours.

– C'est quoi ce voyage de presse ?

– Une idée du professeur Stevens pour attirer l'attention des médias sur la situation dans la San Joaquin Valley.

– C'est quand ?

– Lundi. Et figurez-vous que c'est un autre journaliste qui viendra pour représenter le *San Francisco Daily Evening*, un certain Owen…

– Owen Beman.

– Ne faites pas semblant de le connaître. Vous perdez votre temps avec moi, Mr Dennac.

Elle inspectait les alentours comme si elle attendait quelque chose.

– Je pense que vous travaillez pour les compagnies pétrolières, fit-elle. Contre nous depuis le début. Contre Stevens. Contre Urea. Contre tous les gens qui veulent faire arrêter cette folie. Moi, je ne suis pour rien dans le rapport Stevens. Je ne veux pas mourir pour un rapport que je n'ai pas écrit.

– Vous avez reçu des menaces ?

Soudain le hurlement d'une sirène de police retentit dans le lointain. Cette salope avait prévenu les flics. Elle n'était venue lui parler que dans le but de le retenir. Nicholas était déjà en bas des marches. Le temps qu'elle se retourne vers Hearst Avenue, il avait disparu.

Nicholas remonta jusqu'au Greek Theatre, l'amphithéâtre d'extérieur où se déroulait une répétition étudiante. Il se dissimula dans les bosquets. Un quart d'heure plus tard, un couple d'agents en uniforme vint arpenter les tribunes du théâtre en cherchant parmi la quinzaine d'étudiants le visage du fuyard. Nicholas laissa Shakespeare bercer ses heures jusqu'au crépuscule. Vers sept heures du soir, il retourna à sa Golf tout en vérifiant chaque carrefour et chaque entrée d'immeuble.

En filant sur San Francisco, il lista ses possibilités. Retourner à la Waldo ou aller chez Owen était impossible, et l'idée de reprendre la route vers la San Joaquin Valley ne l'emballait pas. Il chercha une mauvaise raison de remettre les choses au lendemain. Et Posie Blanchard était une excellente mauvaise raison, un superbe paquet de mauvaises raisons à elle toute seule.

*

À la Waldo Coop, au même instant, Toni Dylan rentrait dans son house-boat. En passant la porte elle découvrit un problème en forme de Tina. Assise à la table, devant la chemise sale de son Nicholas, elle jouait à faire rouler un cendrier en verre avec ce genre de bruit étudié pour emmerder le monde. Toni ne la calcula même pas et fila jusqu'à sa chambre au fond du rafiot. D'une pièce à l'autre le round d'observation dura jusqu'à ce que le cendrier roule au bout de la table d'où il chuta avant de se briser sur le sol. Toni s'économisa une réaction fâcheuse.

– Bon, il est où ? lâcha Tina à bout de nerfs.

Toni, qui changeait de tee-shirt, oublia de répondre.

– Je sais qu'il est venu. Il est où ?

Toni revint dans la grande pièce pour s'admirer dans son miroir. Elle était à son goût, moins à celui de la dingue.

– Commence pas à jouer à la conne avec moi ! Je sais qu'il est venu ici. Ça, c'est sa putain de chemise ! Qu'est-ce que sa putain de chemise fait ici ? Je veux savoir où il est, je veux lui parler !

Toni ouvrit son frigidaire.

– Il a vidé la cafetière que je lui avais faite, lança Tina.

– Personne n'est parfait, répondit Toni.

Une Coors à la main elle fila dehors, laissant l'énervée fulminer des deux naseaux. Cinq secondes plus tard, Tina la rejoignait sur le toit de l'esquif. Toni, qui s'était installée face au soleil couchant, venait d'ouvrir sa Coors et commençait à se rouler son joint du soir.

– Il a vidé la cafetière et il a laissé son mug vide sur ma table de nuit ! Pourquoi il a fait ça ? relança Tina.

– Pour que tu saches que c'était bien lui qui était passé boire ta saloperie de café. De toute façon il n'y a que lui pour avaler ce poison. Mais comment es-tu entrée chez lui ? Sa maison est sous scellés.

– Il a fait une trappe dans l'abri à bateaux. T'es pas au courant peut-être ?

– Non…

– T'es gentille, Toni, mais évite de te foutre de moi. Tu sais très bien qu'il y a une trappe parce qu'il te dit tout. Pourquoi ses fringues sont chez toi et pas chez moi ? Je veux que tu m'expliques ça.

– Tu veux ? Mais je ne suis pas une de tes employées !

– Il est venu quand ?

– Ce matin.

– Et il est où ?

– Tu penses qu'il m'a dit où il allait ?

– Qu'est-ce qui s'est passé dans cette ferme ?

– Il est tombé sur un carnage et il s'est fait canarder par un dingue.

– Il est blessé ?

– Non.

Tina attrapa la Coors de Toni et la vida en une seule et interminable gorgée.

– C'est ma bière, fit Toni.

– C'est mon homme, répondit Tina.

Toni alluma son joint, tira dessus puis attendit que sa voisine termine son rot sonore pour le lui proposer.

– Tu fais ça chez les milliardaires ?

– Je les emmerde les milliardaires, répondit Tina en tirant sur la cigarette.

– Quand même, j'aimerais bien être une petite souris pour voir leur tête quand tu fais ton numéro.

– Je ne fais aucun numéro. Je suis comme ça, c'est tout.

– Tu l'as toujours ?

– Quoi ?

– Ton anneau de fiançailles. Figure-toi que ton Nicholas, lui, l'a déjà perdu. Mauvais signe, non ?

– T'es contente, je suppose ? Ça te fait quoi ? Plaisir ? Sourire ? Jouir ?

– Franchement ça me ferait des vacances si tu lui lâchais la grappe.

Tina fixa son anneau.

– À quoi il me sert maintenant ce putain d'anneau ? Il vient te voir toi alors que je suis à côté. J'aurais mieux fait de le couper. Et mon doigt avec. T'aurais eu ce que tu cherchais !

– Pardon ?

– Arrête de me prendre pour une conne ! J'ai bien compris ce que tu manigances. Tu fais tout ce qui est possible pour empêcher notre mariage.

– C'est quoi ton problème ? C'est parce qu'il n'est pas venu te voir ? Ça ne t'a quand même pas échappé que depuis trois jours le coin est blindé de flics !

– Je ne parle pas de ça. À cause de tes putains de fiançailles il s'est mis à réfléchir. Et maintenant il doute, il refuse tout. De toute façon je ne l'épouse plus dans ces conditions.

– Tu débloques ! Il refuse quoi ?

– Il refuse de vivre avec nous. Il refuse de vous quitter, vous et votre putain de marécage. Sa famille, c'est vous, les vieux hippies croulants de la Waldo Coop ! La preuve, c'est toi qu'il vient voir. Mais moi je ne veux plus vivre dans votre cloaque. Ce n'est pas mon histoire. Tout pue ici. Je veux que ce mariage soit le bon. Alors ce coup-ci je ne me laisserai pas faire. Ni par toi ni par les autres !

– Quels autres ?

– Ceux qui veulent me faire passer pour folle. Les mecs qui ne supportent pas qu'une femme dirige un groupe industriel à leur place. Une Indienne en plus. Mais qu'ils aillent se faire foutre ! Cette fois je vais respecter les règles de chez moi.

– Quelles règles ?

– Je suis une Blackfoot de la tribu des Blackfeet. Et chez nous une femme se donne à un homme s'il respecte certaines règles.

– J'ai très peur de ce que tu vas dire…

– Chez nous les femmes épousent les hommes s'ils sont de vrais cavaliers, des guerriers puissants, de bons chasseurs et s'ils sont économiquement stables.

Toni marqua un arrêt sur image. Un désarroi dans le regard, elle regardait fixement Tina.

– Tu plaisantes là ! Tu voudrais que Nicholas fasse quoi au juste ? Qu'il monte sur ton mustang là-haut dans la colline pour aller scalper qui ? Tu as quelqu'un en vue ?

– Tu ne comprends rien ! Il s'agit de tradition.

– Ah, tu me rassures. Et comment tu envisages que Nicholas te prouve qu'il est un bon guerrier, un bon chasseur et puis quoi d'autre ?

– Qu'il est économiquement stable.

– C'est ça. Bon, *économiquement stable*, on va dire que tu peux le cocher. Mais pour le reste, explique-moi ton plan.

– Je n'ai pas de plan. C'est à l'homme de montrer à la femme ce dont il est capable.

À ce point de la discussion Toni quitta toute ironie. Tina ne la faisait plus rire du tout. Une boule d'angoisse au ventre elle observa l'expression butée de l'Indienne et comprit soudain qu'elle était véritablement passée de l'autre côté du raisonnable.

– Si tu ne plaisantes pas, il faut consulter, ma chérie, parce que là t'es perchée très haut.

– Toi aussi, tu crois que je suis folle ?

– De vouloir que Nicholas devienne un guerrier indien pour t'épouser ? Oui, je crois que tu es folle.

– C'est que tu n'es pas une Indienne.

– Regarde-moi bien, Tina Wards.

C'était péremptoire. Mais comme une gamine en butte à l'autorité, Tina fixait les reflets du soleil dans les eaux de la baie.

– Dans les yeux !

Tina daigna obéir.

– Nicholas n'est pas un Indien, et il ne le deviendra jamais. Il a fait beaucoup de concessions depuis qu'il te connaît. J'ai même cru comprendre qu'il envisageait de quitter la Waldo Coop pour aller vivre avec toi sur la terre ferme. Ce qui, le connaissant, est la concession ultime qu'il peut faire à la personne qu'il aime. Je dois te prévenir que si tu continues comme ça, tu vas le perdre.

– Et moi ? Comment je vais faire ? Comment je peux me battre toute seule ?

– Te battre contre qui ?

– Contre tous ceux qui ont voulu me mettre des bâtons dans les roues et qui continuent ! Tout le monde croit que je suis solide parce que je suis arrivée là où je suis. Mais être solide, il y a un moment où ça ne suffit plus. Il faut qu'il soit avec moi sinon je n'y arriverai pas.

– Tout le monde est contre toi ?

– Tu n'imagines pas ce que c'est que de diriger un groupe comme le mien ! Ces chiens ont diligenté une enquête psychiatrique contre moi !

– De qui tu parles ?

– Des actionnaires du Wards Group.

– Mais… tu voudrais quoi ? Que Nicholas t'épaule, c'est ça ? demanda Toni.

– Évidemment !

– Qu'il devienne un capitaine d'industrie, c'est ça ?

– Mais oui ! Exactement !

Toni prit peur. Le problème devenait gravissime. De foldingue à irresponsable, Tina avait traversé tous les stades de la femme insupportable. Mais cette fois elle pénétrait dans le tunnel de la folie.

*

Tard dans la soirée la lumière était douce dans le quartier de Bernal Heights. Sous l'odeur suave du buisson de jasmin le fiancé de Tina Wards sonna à la maison Véronèse. La Vénus ouvrit sa porte et il pénétra.

2 juin 2018

Quatorze heures dans le jardin du professeur Stevens. La touffeur de ce vendredi 2 juin perçait la canopée du jardin. Assis à la table, Lennie-Ray écoutait David discourir tout en œuvrant avec aisance à son barbecue. La fumée s'élevait vers les feuillages où quelques oiseaux piaillaient. Dans le lointain on percevait des conversations éparses. Tout cela faisait de ce repas champêtre un moment unique dans la vie de Lennie-Ray. Un plaisir simple qu'il n'avait jamais connu. Il participait à un barbecue dans un jardin de la baie de San Francisco ! Il avait franchi cette frontière entre la Californie puante et la Californie en couleur. Et personne n'avait remarqué qu'il n'était pas à sa place. Était-il capable de pratiquer ce fameux californian way of life ? Du bout de ses couverts il s'appliquait à décortiquer ses ribs avec délicatesse, comme si ce déjeuner était un examen de passage.

Le professeur monopolisait la conversation. Ses propos étaient divers et délicats, les saisons californiennes, les différents types de végétation, les fiancés de ses deux enfants étudiants, ses vacances en Italie… il passait d'un sujet à l'autre avec désinvolture. Lennie-Ray se contentait d'approuver d'un *oui* évident, ou de nier d'un *non* assuré. Il était anesthésié par la sincérité de Stevens qui se confiait à lui comme à un proche. Lennie-Ray en était bouleversé. Et même si rien ne l'intéressait dans cette discussion, il la trouvait agréable car justement inintéressante. Il n'avait jamais pratiqué cette insouciance-là et il en découvrait l'agréable futilité. Fréquenter cet homme devenait la chose la plus improbable de sa vie. Il en oubliait sa haine et son funeste projet. Il était bien, confortablement installé dans son piège.

Vers seize heures le professeur l'emmena dans son bureau. Il tenait absolument à lui offrir une photo. C'était un cliché sépia pris à la sortie d'un mariage. Sûrement une photo des années 30 au vu des deux voitures garées au premier plan. On y voyait une douzaine de personnes endimanchées que Lennie-Ray ne connaissait ni d'Ève ni d'Adam. Mais à bien y regarder il reconnut l'église : c'était un mariage à Five Points !

– Une photo de chez toi, je te la donne, lui dit le professeur.

– Pourquoi vous avez choisi cette photo ?

– Je l'ai trouvée abandonnée sur le sol d'une grange lors de notre tournée. Elle est jolie, n'est-ce pas ?

Lennie-Ray dut remercier pour cette image qui lui tordait les boyaux. Comme s'il était naturel que le bon professeur lui fasse don de quelque chose et que lui, le pauvre imbécile, se retrouve les poches vides sans rien à offrir en retour qu'un *merci* de crétin.

À la fin de l'après-midi Lennie-Ray reprit le volant.

– Tu vas pouvoir dire à ta mère que son souhait va être exaucé, lança Stevens à la portière. Hier le patron de la Panoche m'a téléphoné, ils vont publier un communiqué lundi pour annoncer qu'ils arrêtent les prospections.

– Vous avez réussi à les convaincre ?

– Oui. Mais ce type subit d'énormes pressions alors je vais faire en sorte que ces pressions cessent. J'ai franchi la première moitié du chemin, ce soir je franchirai la seconde.

– La seconde moitié ?

– Oui. L'idée est là ! fit Stevens en pointant son index sur son front.

– C'est quoi cette idée ?

– Une idée qui va tout arrêter. Tout le monde et tout de suite.

– Racontez.

– Non, Leonard, c'est un peu compliqué.

Il aurait dit *c'est une idée que seuls les gens intelligents comme moi peuvent comprendre*, il n'aurait pas dit autre chose.

Il aurait dit *c'est une idée que les cons comme toi ne peuvent pas comprendre*, il n'aurait pas dit autre chose.

Manger des ribs proprement, c'était encore à sa portée. Comprendre les choses intelligentes, non.

Le professeur savait parler avec futilité mais lorsqu'il s'agissait de choses *sérieuses* il savait s'y prendre pour remettre les imbéciles du côté des imbéciles.

Lennie-Ray se fendit d'un sourire aimable et disparut du joli paysage de la jolie maison du si souriant professeur Stevens.

Une fois arrivé au premier virage il s'arrêta devant une poubelle où il jeta la photo du mariage de Five Points. Il fit le tour du pâté de maisons pour revenir se garer à bonne distance de celle du professeur. Il coupa son moteur, la tête pleine de son plan à lui. Quelque chose que le si intelligent professeur ne comprendrait pas pour le coup.

Vers vingt et une heures, ce vendredi 2 juin, David Stevens apparut au bas de son allée, au guidon de son vélo mauve, casqué de mauve. Il dévala la rue vers Mill Valley. Lennie-Ray Parnell se mit en route.

Fin juin 2018

Nicholas Dennac quitta la Vénus alors qu'elle dormait encore. Il profita de la fluidité du trafic de ce samedi matin pour s'extraire facilement de l'agglomération de San Francisco. Une demi-heure plus tard, il s'arrêtait sur le parking d'une enseigne d'électronique pour acheter un ordinateur portable. Il retrouva la 5 et fila vers la vallée des secousses sismiques. Après deux heures de route, il sortit à hauteur de la station Shell de Firebaugh, l'un des trois spots de Mobile Chapels en Californie.

Il entra au Fosters Freeze, un restaurant de chaîne où les burgers censés être old fashion étaient bruts de dégivrage mais où le wifi était nickel. Sur son ordinateur, il se connecta via un VPN pour éviter que la police ne le localise. Il se créa une nouvelle adresse email, njtemmerde@gmail.com, et une fois la chose faite, il envoya un mail vide à ojtemmerde@gmail.com.

Tout en avalant son burger il surfa sur le site du laboratoire de géologie pour parcourir le programme du fameux voyage de presse dont lui avait parlé Koestel. Les journalistes avaient rendez-vous lundi à onze heures du matin à Firebaugh dans une ferme exploitée par la Panoche. À midi, ils assisteraient à une conférence de presse du professeur Erika Koestel. Puis à quatorze heures un hélicoptère les emmènerait au cœur des Coast Ranges. Dans quel but Koestel voulait-elle emmener les journalistes dans ces montagnes désertiques ?

Son freezy burger achevé, Nicholas sortit à la recherche de la chapelle mobile, qu'il dénicha derrière la station-service. Une dizaine de camions étaient éparpillés sur le parking du petit truck stop. C'était le milieu de la journée et rares étaient les routiers à s'octroyer une pause. La remorque de la chapelle roulante était fermée et la cabine du camion était vide. Nicholas se renseigna à la caisse de Shell mais l'employée le renvoya à l'atelier de mécanique, où Nicholas interpella le mécanicien :

– Bonjour, quel est l'horaire de la prochaine messe ?

– Demain, à dix-sept heures.

– Y a-t-il un moyen de trouver le pasteur qui officie ?

– Demain soir.

– Peut-être habite-t-il dans le coin ?

– La plupart des pasteurs viennent de la vallée.

– Ils sont plusieurs ?

– Une dizaine.

– Vous n'avez pas les coordonnées de l'un d'entre eux ?

– Je suis mécano ici !

Sur le seuil de l'atelier, entre ombre et lumière, Nicholas prit quelques secondes pour réfléchir tandis que le type s'était collé à son lavabo pour s'y laver les mains.

– Parmi ces pasteurs, il n'y en aurait pas un qui serait amputé d'une jambe ?

L'eau coulait sur les mains du mécano qui leva les yeux dans le petit miroir piqueté au-dessus du lavabo.

– Un gars genre trapu ? insista Nicholas.

L'autre se savonnait en silence.

– Et dont le visage a été brûlé. Un jeune.

Finalement le type s'approcha en s'essuyant avec une bande d'essuie-tout.

– C'est plutôt des vieux. Et des pasteurs brûlés, j'en ai vu aucun.

– Je vous remercie.

Nicholas s'éloigna.

– C'est le chauffeur, lâcha le mécano. L'amputé dont vous parlez, c'est le chauffeur ou le mécanicien.

Nicholas revint à sa hauteur.

– La gueule toute brûlée, un *trapu* comme vous dites, c'est le gars qui s'occupe des remorques.

– Des remorques de Mobile Chapels ?

– Oui, c'est lui qui les remplace.

– Pourquoi ?

– Une fois qu'elles sont abîmées à l'intérieur, il les refait. Celle-là, elle n'a pas bougé depuis que ce type l'a déposée ici. En fait je ne l'ai vu qu'une seule fois.

– Quand ça ?

– Je dirais… au début de l'hiver, l'année dernière. Il a décroché l'ancienne et mis celle-là à la place et je ne l'ai jamais revu. Mais je me souviens bien de sa gueule toute brûlée à l'acide comme si on lui avait poncé la tronche.

– Et il fait ça partout où il y a des chapelles mobiles ?

– Qu'est-ce que j'en sais ?

Nicholas se tourna vers la chapelle roulante qui trônait sur le parking.

– C'est quoi son nom ?

– Aucune idée.

Au fast-food Nicholas se plongea dans son ordinateur. Il se rendit sur le site web de Mobile Chapels et y dénicha les horaires des deux autres chapelles de Californie. À Sacramento, le dernier office de la journée était à deux heures de l'après-midi, trop tard pour s'y rendre. À Ontario, la messe suivante était programmée à onze heures le lendemain matin. Nicholas se mit en route vers le sud. Aux quatre heures trente de trajet, il s'en ajouta deux lorsqu'il s'englua dans le trafic de Los Angeles. Vers sept heures du soir, exténué et excédé, il se choisit un motel glauque à Glendora qui acceptait les paiements en liquide sans demander de pièce d'identité. Rincé par sa journée de route, il se fit livrer une pizza et s'endormit sans demander son reste.

*

Au même instant à Sausalito le lieutenant Keys planquait dans sa Chevrolet lorsqu'il aperçut Owen Beman garer sa moto devant le ponton de la Waldo Coop. Avec ses jumelles il le suivit jusqu'à la maison de Toni Dylan où le jeune homme entra. Keys attendit une heure avant que le journaliste ne ressorte pour retrouver son engin.

– Tu le fais exprès ? lança le lieutenant à l'adresse du journaliste qui enfilait son casque.

– Qu'est-ce que j'ai fait ?

– Tu t'imagines que tu peux te balader ici sans que je sois au courant ?

– Et après ? Je suis là, je suis venu, je ne suis pas débile ! Je sais très bien que vous m'avez mis une équipe au train depuis l'autre soir. Si vous croyez que ça va m'empêcher de continuer mon boulot.

– Quel boulot ?

– Le même que vous, j'enquête. Et vous savez sur quoi puisque vous avez épluché mon ordi. Vous, Dennac, moi, on est plusieurs sur le coup.

– Qu'est-ce que tu foutais chez l'autre folle ?

– J'avais besoin de la voir…

– Ok. Alors tu vas arrêter tes réponses à la con, sinon je te colle en cellule pour dissimulation de preuves.

– Quelles preuves ?

– De quoi avez-vous parlé ?

Sous son casque Owen hésitait.

– Décide-toi vite parce que tu commences à m'emmerder !

– Figurez-vous que j'ai la preuve que David Stevens est venu ici le vendredi 2 au soir pour se rendre aux fiançailles de Dennac et Tina Wards.

Impressionné, Keys dévisagea Beman.

– C'est quoi ta preuve ?

Owen sortit son Smartphone pour afficher une photo de Stevens à la fête des fiançailles. Souriant, chemise bleue à carreaux, un verre à la main, le professeur était flashé en pleine conversation avec une rousse – dos à l'appareil photo – qui le faisait rire.

– C'est Stevens ? demanda Keys en sortant ses lunettes.

– Vous ne le reconnaissez pas ?

– Si…, fit Keys, hésitant. C'est où ?

– Ici, le vendredi 2 dans la nuit.

– La femme, c'est qui ?

– Aucune idée. C'est pour elle que je suis venu voir Toni Dylan. Mais elle ne sait pas.

– Elle vient d'où cette photo ?

– D'un blog de la fille de Toni. Elle a un groupe de rock avec des copines, elles font des photos et des articles lors de leurs prestations.

Keys examinait le visage de Stevens.

– Comment t'as trouvé ce blog ?

– J'ai enquêté. Vous voulez que je vous explique comment on fait ?

Le regard noir de Keys le dissuada de poursuivre sur le ton de l'ironie.

– Tu vas faire quoi avec cette photo ?
– Chercher qui est cette femme.
– Comment ?
– Je ne sais pas encore.
– Tu vas l'envoyer à Njtemmerde ?

Owen, qui avait douté du professionnalisme de Keys, n'en doutait plus.

– Njtemmerde@gmail.com. Tu vois de qui je parle, ou tu me prendrais encore pour une bille, Ojtemmerde ?
– Non.
– Si, un peu, mais oublie. Tu comptais lui envoyer ?
– Oui.
– Alors envoie-lui.
– Mais si vous avez son mail, vous pouvez tracer ses connexions, donc vous pouvez le localiser !
– Tracer un ordinateur ce n'est pas tracer un téléphone portable. Surtout s'il se connecte via un VPN. Mais tu sais très bien tout ça. Arrête de me prendre pour un con, Owen Beman. On va pas faire copain-copain, toi et moi, mais on va quand même faire un petit bout de chemin ensemble. D'accord, stagiaire ?
– D'accord…

*

Le jour du Seigneur Nicholas débarqua vers neuf heures au 76 d'Ontario. Ce truck stop, le plus important des US à une certaine époque, avait de beaux restes. Depuis la bretelle de l'autoroute les parkings pleins à craquer semblaient sans fin. Plus d'un millier de bahuts commençaient à cuire sous le soleil déjà brûlant de cet été éclatant. Nicholas coinça sa Golf entre deux mastodontes avant de filer vers la chapelle mobile déjà prise d'assaut par une impressionnante file de camionneurs. Nicholas comprit qu'une seule messe ne suffirait pas à satisfaire tout le monde. Un énorme « Trucking for Jesus » était peint sur le flanc de la remorque. Nicholas remonta l'alignement des fidèles jusqu'au petit escalier qui menait à la porte ouverte. À l'intérieur, un pasteur et sa femme disposaient les cahiers de prières sur une quinzaine de chaises. Un pupitre, une grande croix de led flashy au mur et une table en formica garnie de bibles, tel était l'aménagement succinct de cette chapelle sertie de lambris de pin. La préparation terminée, la femme fit entrer les quinze premiers fidèles tandis que son mari passait autour de son cou une étole sur un polo à manches courtes violet rayé de jaune.

– Puis-je vous poser une question au sujet de la remorque ? lança Nicholas à la femme du pasteur.

Après un bref aparté avec son mari elle demanda à Dennac de patienter le temps de l'office. Il conserva son poste d'observation avec vue d'ensemble sur la file d'attente. Il constata avec une vraie émotion – surprenante pour un athée convaincu – que cet alignement de routiers costauds – une majorité d'hommes, quelques femmes et deux couples – suivaient la liturgie avec le recueillement d'un troupeau de bigotes. Une petite gamine tenait même la main de ses grands-parents. Chez les routiers, rouler en famille était d'usage, surtout en période de vacances. D'où venaient-ils ? Où repartaient-ils ? Est-ce que ces déracinés trouvaient dans ces rares moments de communion un soulagement à leur solitude ? L'impression était glaçante. Au bout d'une quarantaine de minutes les premiers fidèles cédèrent leurs places aux suivants. Nicholas profita de cet entracte pour interroger le pasteur sur le mécanicien chargé de la maintenance des remorques.

– Non, je ne connais pas ce type.

– Mais votre remorque date de quand ?

– Aucune idée. Nous sommes nombreux à officier ici, plus d'une vingtaine. Moi, je ne viens qu'une fois par trimestre. Alors il y a sûrement quelqu'un qui s'occupe de la remorque et du camion mais je ne l'ai jamais vu.

– Y a-t-il un contact pour cette organisation ? Sur le site web il n'y a rien, même pas une adresse mail.

– C'est exprès. Sinon ils seraient envahis de messages de tous ces gens qui viennent nous voir pour confesser les affres de leur vie. Du temps où ils mettaient leurs coordonnées, ils ont eu de gros problèmes. Il y a même des routiers qui allaient les voir à leur domicile. Mais puis-je vous demander pourquoi vous voulez entrer en contact avec cette personne ?

– C'est très simple. Je suis charpentier et j'ai un client qui veut une chapelle identique. Il m'a demandé de prendre modèle sur votre aménagement intérieur.

– Mais il n'a rien de particulier !

– Il veut exactement la même chose.

– Bon. Ma femme va vous donner ça.

Le pasteur remonta ses quatre marches vers Jésus et quelques instants après sa femme donnait à Nicholas un numéro de téléphone sans nom ni adresse.

– C'est le numéro des patrons de Mobile Chapels ?

– Possible.

– Mais je demande qui ?

– Aucune idée, répondit-elle.

– Ils habitent où ?

– C'est un ami pasteur qui a proposé ces messes à mon mari. Ces gens-là, nous ne les avons jamais vus.

Elle avait déjà fait volte-face alors que la deuxième séance de trucking for Jesus commençait.

Coincée dans l'ombre de deux camions, la petite Golf se devinait à peine. Derrière son pare-brise, Nicholas, l'oreille collée à son téléphone, patientait. Sonnerie après sonnerie, personne ne décrochait.

À midi il fila déjeuner. Puis de retour dans son coupé turquoise il réitéra ses appels sans quitter le 76. Enfin aux alentours de seize heures quelqu'un répondit.

– Allô ? fit une voix de femme.

– Bonjour. Pourrais-je parler au directeur ?

– Quel directeur ?

– De Mobile Chapels.

– Qui êtes-vous ?

– Marty Baum.

– Qui ça ? aboya l'interlocutrice.

– Je suis charpentier et j'ai une commande de chapelle mobile pour un client. Je suis à la recherche de l'entreprise qui réalise vos remorques. Vous êtes la directrice ?

– Charpentier ?

– Oui. En fait mon client m'a parlé de ces lambris de pin qui lui ont plu…

– Quels lambris ?

– L'aménagement intérieur de votre chapelle mobile d'Ontario. Il l'a vu et il voudrait que je lui fasse le même, mais comme je suis vraiment débordé en ce moment j'ai pensé demander à l'entreprise qui travaille pour vous de sous-traiter mon chantier.

– Ce n'est pas une entreprise qui travaille pour nous.

– Mais alors qui vous fait ça ?

– Qui vous a donné ce numéro ?

– Je suis au Truck Stop d'Ontario et c'est la femme du pasteur qui officie aujourd'hui qui…

– Elle n'aurait jamais dû vous donner ce numéro.

Soudain il comprit que la femme ne l'écoutait plus, elle s'adressait à quelqu'un. Une conversation inaudible était en cours au bout de la ligne.

– Quittez pas, fit-elle.

Le silence dura.

– Vous voulez quoi ?

C'était un homme. Encore moins aimable que la femme.

– Marty Baum à l'appareil, fit Nicholas. Comme je viens de l'expliquer à votre femme, je dois faire une chapelle mobile pour un client…

– J'ai compris. Vous voulez quoi ?

– Les coordonnées de la personne qui fabrique vos remorques.

– On les a pas.

– Mais c'est bien vous qui possédez ces remorques ? Mobile Chapels, c'est bien à vous ?

– Non.

– Pourtant votre femme vient de me dire que ce n'est pas une entreprise qui a fait vos remorques. C'est donc qu'elle sait qui les a faites.

– On ne s'en occupe plus.

– Alors dites-moi au moins qui les faisait quand vous vous en occupiez.

– Ça ne nous concerne plus. Au revoir.

– Attendez ! Vous habitez la San Joaquin Valley ?

L'homme raccrocha.

Ça mentait de partout là-dedans. Plus les portes se fermaient, plus Dennac avait envie d'aller fourrer son nez dans la puanteur de cette affaire pour déceler l'origine de l'infection. Il avait l'impression d'avoir encore ce sang sur les mains, et avec cette chaleur qui n'en finissait plus de grimper, c'était comme si ça poissait. Il fallait vraiment faire quelque chose pour que ça s'en aille.

Nicholas poireauta encore au Truck Stop 76. Vers la fin de l'après-midi, la énième messe était dite, le pasteur rempilait ses chaises tandis que sa femme passait les missels à la lingette bactéricide.

– Excusez-moi, lança Nicholas sur le pas de la porte.

– Vous êtes encore là ?

– Oui. Ça m'arrangerait si je pouvais prendre quelques mesures.

Le pasteur n'y trouva pas d'objection.

Nicholas déplia son mètre-ruban et commença ses mesures des magnifiques lambris dont il n'avait rien à foutre. Il y alla dans un sens, puis dans un autre, en prenant soin de coucher ses chiffres méthodiquement sur son calepin de professionnel du foutage de gueule. Un coup de centimètre vers le haut, un coup vers le fond…

– Vous les avez eus ? demanda la femme.

– Oui, répondit-il.

Nicholas conservait la tête baissée vers son mètre-ruban, histoire de laisser parler la bavarde.

– Avez-vous eu l'adresse de la personne que vous cherchiez ?

– Oui, mentit le menteur. Mais c'est une entreprise qui est à côté de chez eux. C'est trop loin.

– C'est à peine à deux heures de route ! lança le mari.

– Ah bon ? Moi, ils m'ont dit quatre heures, bluffa Nicholas.

– Quatre heures ? Ah non ! Firebaugh c'est à combien d'ici, Helene ?

Firebaugh, il avait dit Firebaugh ! se réjouit Nicholas qui continuait de fourrer son mètre de charpentier dans des recoins inutiles.

– Trois cents miles. Quatre heures et demie, répondit-elle.

– Ah oui, quand même ! Vous avez raison, corrigea le pasteur.

– Non, Firebaugh, c'est trop loin. Je vais faire ça moi-même, conclut Nicholas en réapparaissant de sous le pupitre.

Les patrons de Mobile Chapels vivaient donc à Firebaugh dans la San Joaquin Valley, à quelques miles de la Viñeda Farm. Tout se concentrait dans ce secteur précis. Désormais Nicholas avait le début de pas grand-chose mais de quelque chose quand même.

*

Le trafic de la fin de journée le dissuada de s'enquiller dans les embouteillages pour retourner vers Firebaugh. Il fila à son motel de Glendora où il trouva sur son PC un mail de ojtemmerde@ gmail.com.

Le texte se résumait à un lien qui l'envoyait sur le blog de Kaleena Dylan, la fille de Toni. Elle y racontait son concert lors de la soirée de fiançailles. Le texte se révéla inintéressant mais il y avait un diaporama que Nicholas examina attentivement. Il s'arrêta sur une photo où les rockeuses – floues au premier plan – étaient en discussion. À l'arrière-plan un visage interpella Nicholas. Souriant, chemise bleue à carreaux, un verre à la main, ce type derrière les rockeuses, c'était David Stevens ! Photographié en pleine conversation avec une femme qui le faisait rire. De cette femme on ne voyait rien d'autre que la chevelure. Rousse.

Dennac était abasourdi. Owen avait raison. La date et l'heure de la venue de Stevens coïncidaient bien avec sa fête de fiançailles. Il détailla le visage souriant du professeur. Ce sourire ne se lisait pas seulement sur sa bouche mais particulièrement dans ses yeux. C'est là que Nicholas repéra en connaisseur un détail remarquable. Le flash révélait deux pupilles en têtes d'épingle. Ce type était en train de fumer un pétard avec cette rousse. Ces deux-là discutaient, riaient et fumaient ensemble. Banal dans une soirée comme celle-là. Une soirée à laquelle Nicholas avait participé puisqu'il en était l'un des deux héros. Et David Stevens était là ! Il devenait donc possible qu'il ait loué la maison jaune pour venir aux fiançailles y rencontrer quelqu'un. La terrasse de la baraque d'Ale était un poste d'observation idéal où il pouvait attendre en guettant le moment propice pour venir se mêler aux invités.

Mais qui était-il venu voir précisément ? Cette rousse ? Qui était cette rousse ?

Une foule de questions lui traversaient la tête. Quelle heure était-il au moment de cette photo ? Qui étaient ces gens autour de

Stevens ? Nicholas cherchait mais la mauvaise qualité de la prise de vue ne permettait pas de reconnaître un visage ou un autre. En revanche l'hypothèse du rendez-vous privé devenait de plus en plus crédible.

Owen était décidément une bonne pioche.

2 juin 2018

À vingt et une heures trente Lennie-Ray fila le vélo mauve de Stevens jusqu'aux maisons flottantes de Sausalito. Curieux de connaître la seconde moitié du plan du professeur, il l'observa prendre possession d'une mystérieuse maison.

Garé à bonne distance en vis-à-vis de cette bicoque jaune pisseux, il l'espionna aux jumelles. Pendant trois longues heures le professeur ne fit rien d'autre que lire un bouquin assis sur la terrasse. Tantôt il regardait sa montre, tantôt il levait les yeux pour observer les préparatifs d'une fête de vieux babas à une cinquantaine de mètres devant lui.

Vers minuit, alors que la fête battait son plein, Stevens disparut dans la maison pour réapparaître équipé d'une paire de jumelles. Lennie-Ray se déplaça hors de son champ de vision. Qui était-il en train d'espionner ? Lennie-Ray scruta les visages des fêtards mais personne dans cette foule n'attira son attention. L'attente dura jusqu'à trois heures du matin, heure à laquelle Stevens lâcha soudain son livre et sortit de la maison jaune.

Lennie-Ray le fila jusqu'à la terrasse flottante des noctambules où il le perdit dans la foule. L'obscurité, la multitude, les mouvements de groupe, les bouffées de fumée, impossible de le retrouver. Il avait coulé au cœur de cette cohue. Ce n'est que trois quarts d'heure plus tard qu'il le vit réapparaître sur le ponton accompagné d'une femme. Ces deux-là parlaient et riaient ensemble. Visiblement le professeur la ramenait vers sa maison. Était-elle sa maîtresse ? Elle marchait de façon incertaine à deux mètres derrière lui, alcoolisée ou défoncée par les joints qui circulaient en continu.

Était-elle la seconde moitié du plan du professeur ? Quand elle s'arrêta sous un lampadaire pour allumer sa cigarette, Lennie-Ray Parnell crut reconnaître ce visage. Un coup sourd résonna dans tout son corps. Pour lever le doute il afficha sur son portable le cliché du mariage de Robby et Terri sur les marches de l'église de Five Points. Il détailla la jeune mariée, ses yeux cernés, sa peau pâle et ses longs cheveux roux qui dégueulaient sur sa robe blanche. Se pouvait-il que cette mariée soit cette femme qui s'escrimait sur son briquet récalcitrant ? La reine des putes ! Vivante ! Était-elle la maîtresse de Stevens ? Était-ce elle qui allait tout faire arrêter ? Était-ce à cause d'elle que l'huile de schiste ne jaillirait jamais des tréfonds de la Nine Farm ? À cause d'elle que jamais la fortune ne remplirait ses poches ni celles de Pam ?

Lennie-Ray plongea un joint dans son flacon de formol et prit le temps de le fumer avant de sortir de sa voiture. Cinq minutes plus tard il approchait de la porte de la maison jaune. Il ne devait pas être loin de quatre heures du matin et la petite foule fêtait encore les fiancés. Dans la pénombre, malgré les décibels des amplis et le brouillard hachichin dans sa tête, Lennie-Ray tenta d'écouter à la porte. Peine perdue, les bribes de conversation étaient inaudibles. Soudain la porte s'ouvrit, c'était la rousse qui ressortait un prospectus à la main.

– Je vous prie de m'excuser ! fit-elle.

Mais Lennie-Ray ne bougea pas. Une muraille infranchissable. Son portable à la main il comparait à nouveau son visage avec celui de la jeune mariée sur la photo jaunie. Aucun doute, c'était la même femme. Terri, sa belle-mère.

– Pouvez-vous me laisser passer, s'il vous plaît ? Il faut que je rentre chez moi maintenant !

Il la projeta à l'intérieur, où elle chuta violemment. Attiré par le bruit, le professeur surgit de la chambre.

– Lennie-Ray !

Abasourdi, Stevens cherchait à comprendre l'irruption incongrue de son protégé.

– Mais qu'est-ce que tu fais là, Leonard ?

Lennie-Ray avait déjà franchi les limites de lui-même. Il n'était plus qu'une masse dangereuse qui cherchait sur qui sauter en premier. David releva son invitée avec délicatesse et ramassa le prospectus. Puis il la raccompagna à la porte. À peine avait-elle franchi le seuil que Lennie-Ray chercha à nouveau à l'attraper. Cette fois Stevens s'interposa.

– Calme-toi, Leonard !

Les deux visages se toisaient. D'un côté la gueule de bouledogue prêt à poursuivre sa proie, de l'autre le professeur qui tentait de le calmer en esquissant un sourire forcé. L'ultime rempart.

– Qu'est-ce qui se passe, Lennie-Ray ? Pourquoi es-tu là ?

Lennie-Ray n'écoutait pas. Il fixait la chevelure rousse qui s'éloignait en titubant sur la passerelle.

– C'est elle la seconde moitié de votre plan ? fit-il.

– Oui.

– Elle peut tout faire arrêter ? Comment elle va faire ?

Le professeur fixait les mâchoires serrées et le regard halluciné de Lennie-Ray. Il se força de nouveau à sourire.

– Regarde-moi, Lennie-Ray ! Calme-toi maintenant !

– Arrêtez de sourire !

– Explique-moi ce que tu fais ici.

Soudain d'un geste puissant l'élève prit le professeur au col, le souleva et le projeta contre le mur du salon. Un choc énorme, et Stevens s'écroula sur le sol. Une violente douleur au dos le fusilla. La masse s'approchait tandis que le professeur portait ses mains à l'endroit de la douleur, sur son flanc gauche. Il comprit qu'il avait quelque chose de cassé.

– Vous n'avez pas compris que l'huile de schiste, c'est notre dernière chance ?

Stevens avait du mal à respirer.

– Vous ne comprenez pas qu'on crève dans cette vallée ? Alors qu'est-ce que vous lui avez dit ?

Impossible de parler.

– Vous lui avez parlé du rapport ? Dites-moi ! Je veux savoir ce qu'elle peut faire pour arrêter les forages ! hurla Lennie-Ray qui ne se contrôlait plus.

Stevens cherchait à faire passer de l'air dans sa trachée.

– C'est qui cette femme ?

Le professeur secouait doucement la tête, il s'asphyxiait.

– Vous ne voulez pas me le dire ? Mais je ne suis pas aussi con que vous le pensez ! Je sais qui elle est ! Je la connais ! C'est à cause d'elle qu'on a pourri dans cette ferme, ma mère et moi ! Alors maintenant vous allez me dire comment cette pute peut faire arrêter les prospections !

Lennie-Ray posa la pointe saillante de sa prothèse sur le flanc gauche de Stevens. Puis il pressa de plus en plus lourdement, inexorablement, jusqu'à ce que la souffrance devienne intolérable.

– Parlez ! murmura Lennie-Ray.

L'air n'entrait plus dans les poumons du professeur. Tout était bloqué. La bouche s'ouvrait et se fermait mais sans effet. Le sang n'affluait plus au visage, qui pâlissait. Lennie-Ray continuait à appuyer sur la cage thoracique du blessé. Les yeux exorbités Stevens voulait crier mais on n'entendait rien d'autre que les rythmes endiablés du groupe des jeunes rockeuses. Stevens tenta un ultime sourire pathétique et sinistre pour calmer son agresseur.

– Arrêtez de sourire !

Lennie-Ray donna un coup violent et profond, et le sang gicla. Doucement le professeur David Parker Stevens s'affaissa dans une mare écarlate. Sa bouche s'ouvrait de plus en plus pour chercher un air qu'elle trouvait de moins en moins tandis que sa main gauche se recroquevillait sur le prospectus de la SJDA.

Lennie-Ray quitta la maison et claudiqua à toute allure pour rejoindre la rousse qu'il retourna de sa grosse pogne.

– Qu'est-ce que vous me voulez ? lança-t-elle.

– Je sais qui vous êtes. Regardez !

Il exhiba la photo jaunie sur l'écran de son portable. La femme retrouva ses esprits en une seconde.

– Mais… comment avez-vous eu cette photo ? murmura-t-elle.

– Ce type à côté de vous, c'est mon père.

Fin juin 2018

Le lundi Nicholas quitta la région de Los Angeles et roula quatre heures de rang jusqu'à Firebaugh. À l'embranchement il pesa ses options : filer à la recherche du couple des Mobile Chapels ou se rendre sur le site du voyage de presse ? La curiosité l'emporta. Il s'engagea sur la Panoche Road, une piste de terre qui montait dans les Coast Ranges. Au bout d'une demi-heure, il ralentit devant les grillages électrifiés du site de la Panoche où quelques broussailles roulaient entre des baraques de chantier et des tracteurs qui rouillaient sous le soleil de plomb. Il reprit sa route et atteignit une crête où il stoppa en surplomb d'une immense vallée déserte. Dans l'azur impeccable, la silhouette lointaine de l'hélicoptère du voyage de presse décollait d'un terre-plein rocailleux. L'engin traversa le ciel en direction de la San Joaquin Valley, à une cinquantaine de miles à l'est. Nicholas reprit la descente qui, de lacet en lacet, l'amena à un cul-de-sac. Il se gara à un mile du point d'atterrissage de l'hélico. La brume de chaleur dansait au-dessus de cette étrange vallée jaune et toute plissée. Pour quelle raison le professeur Koestel emmenait-elle les journalistes à cet endroit précis ? Qu'y avait-il à leur montrer ? Au centre de la vallée affleurait une colonne vertébrale de rocaille qui venait du sud et qui filait vers le nord. On pouvait s'imaginer la partie émergée d'un dinosaure gigantesque. Il était aux alentours de trois heures, il devait faire quarante-cinq degrés et pas un nuage dans le ciel, pas un arbre aux environs. Le bouton du gril était sur max.

Nicholas descendit l'escarpement rocailleux jusqu'au lit de la vallée. Un terrain dangereux recouvert de cailloux roulants. Aucun sentier, aucune trace d'activité humaine. Ce sol partait dans un sens avant de se tordre dans un autre. Il fallait rester en éveil, sans quoi la mauvaise chute semblait garantie. Nicholas arriva au pied d'une des énormes vertèbres pétrifiées, sur le terre-plein de l'hélico. Des traces des visiteurs dévalaient un petit sentier jusqu'à une longue crevasse où il s'arrêta, les empreintes n'allaient pas plus loin. C'était donc ça le but de cette visite de presse héliportée, cette crevasse. Nicholas poussa plus loin son exploration en mettant le pied dans la fissure elle-même, profonde d'un mètre environ. Puis il y mit l'autre pied. Enfoncé jusqu'à la taille dans la plissure, il cherchait le rapport avec David Stevens, l'huile de schiste, les traces de sang sous la maison jaune et cette fissure.

– Vous n'avez pas peur !

Une voix d'homme. Proche.

– Vous aimez vivre dangereusement !

Nicholas chercha d'où venait le son.

– Vous savez où vous êtes ?

Non loin de lui un jeune homme allongé sur le sol se redressa, un appareil de mesure à la main. Vêtu d'une tenue sable coordonnée avec les roches de la vallée, il vint à sa rencontre.

– Vous avez les deux pieds plantés dans un des endroits les plus critiques de la planète. Cette crevasse où vous vous êtes enfoncé, c'est la faille de San Andrea. Vous ne ressentez rien sous vos pieds ?

Amusé, le jeune homme remarqua la stupéfaction de Nicholas paralysé par la situation.

– Si elle s'ouvrait à ce moment précis, qui sait jusqu'où vous chuteriez dans les entrailles de la terre ! Votre pied droit est sur la plaque américaine qui glisse vers le sud et votre pied gauche est sur la plaque pacifique qui remonte vers le nord. Et tout ça, à une vitesse de plus de deux centimètres par an.

Le jeune homme s'arrêta sur le bord de la crevasse.

– Enchanté. Justin Allison.

– Marty Baum, fit Nicholas Dennac d'une voix blanche.

– Vous faites partie des journalistes ? Vous n'êtes pas reparti avec l'hélicoptère ?

– Non. Je me promène. J'ai vu cet hélico de loin et tous ces gens qui venaient voir cet endroit. Ce sont des journalistes ? fit-il d'un air ingénu.

– Oui. Moi, je suis étudiant. C'est un voyage de presse organisé par ma fac. Je suis à UC Berkeley en géologie. Je profite de l'occasion et des rotations pour rester ici et me documenter sur le site. C'est pas tous les jours qu'on peut passer un après-midi à faire des mesures sur une des failles les plus dangereuses de la planète.

– C'est la faille de San Andrea, vous dites ? Je suis en Californie depuis que je suis gosse mais je n'étais jamais venu jusqu'ici.

– Comme la plupart d'entre nous. Vous avez mis en plein dans le mille ! Le monstre bouge là-dessous. Vous avez senti ?

– Vous plaisantez ? Vous voulez dire que ça bouge en ce moment même ? lança Nicholas.

– Vingt-quatre heures sur vingt-quatre. Ça n'a l'air de rien ces failles mais c'est très vivant. Rien que depuis une heure, mes relevés n'ont pas noté une seule période de calme. Même avec le casque audio, on arrive à entendre une sorte de rumeur. Je n'y croyais pas mais c'est plutôt effrayant…

Un silence lourd succéda à cette mise en garde puis Nicholas tendit la main et le jeune Justin l'aida à se sortir de ce merdier de taille planétaire.

– C'est quoi ce voyage de presse ? demanda Nicholas.

– Ça concerne des problèmes liés à l'exploitation de l'huile de schiste dans la San Joaquin Valley. Mon professeur emmène les journalistes pour leur expliquer ce qu'il risque de se passer ici s'ils continuent leurs forages là-bas.

– Mais c'est à cinquante miles à l'est !

– Oui mais si ça secoue là-bas, c'est ici que ça va craquer. Et ici, c'est beaucoup plus grave.

– Comment ça ?

– Ces failles sont comme les fleuves. Les fleuves sont alimentés par des systèmes de rivières, et ces grandes failles sont alimentées par des systèmes de petites failles. Ici le système de failles s'étend sur huit cents miles de long et quatre-vingt-dix de large. Donc toutes les failles qui coulissent en ce moment sous la San Joaquin Valley convergent ici, sous vos pieds. Depuis un an que l'exploitation a débuté dans la vallée, nos relevés ont indiqué que les secousses ont été multipliées par six. Soit deux cents séismes d'intensité supérieure ou égale à 3 sur l'échelle MSK ressentis par l'homme. Et pour fracturer les schistes et en sortir le pétrole, les compagnies injectent de l'eau à haute pression en continu là-bas dans la vallée. Et toutes ces failles accumulent des contraintes de plus en plus fortes sous l'effet des pressions. Et elles poussent tous les jours un peu plus vers cette faille de San Andrea. C'est pourquoi il semble impossible qu'il ne se passe pas quelque chose d'un jour à l'autre, voire d'une heure à l'autre.

Nicholas ne put s'empêcher de reculer de quelques pas.

– Oh, que vous soyez les pieds dedans ou à quelques mètres, si ça pète, ça ne fera pas beaucoup de différence ! Vous voyez la faille qui file depuis le sud vers le nord ?

Nicholas acquiesça.

– C'est comme une flèche. Et savez-vous où est plantée la pointe de cette flèche ?

Le regard inquiet de Nicholas l'invita à poursuivre.

– Dans le cul de la baie de San Francisco ! À deux cents miles d'ici à vol d'oiseau. Soit quinze villes de plus de cent mille habitants, plus de huit millions de personnes pour toute l'agglomération, la troisième du pays. La faille de San Andrea traverse toute la Baie du sud au nord et se termine…

– Dans le nord de la Baie, là où j'habite.

– Vous habitez où exactement ?

– Sausalito.

– C'est ça, vous habitez pile sur la pointe de la flèche.

Nicholas était en train d'imaginer l'enchaînement des secousses quand Justin ajouta :

– Et je ne parle pas de la pointe sud qui, elle, vise le cœur du grand Los Angeles, la deuxième agglomération des US, vingt millions d'habitants. Savez-vous combien de temps l'onde de choc mettra à atteindre l'une ou l'autre de ces deux métropoles ?

Dennac se garda bien de répondre.

– Douze secondes, fit Justin Allison. Douze secondes pour que le tremblement de terre atteigne sa cible.

– Et vous affirmez qu'il est impossible qu'il ne se passe pas quelque chose dans la San Joaquin ?

– Impossible ! La Nasa[1] vient de publier sur son site une carte qui montre l'affaissement soudain de la vallée sur une très courte période.

– C'est quoi la raison de cet affaissement ?

– La fracturation hydraulique qui pulvérise les roches des sous-sols et donc les nappes phréatiques.

---

1. Étude de l'Earth Observatory de la Nasa datant du 7 mai 2015.

– Ça s'est affaissé de beaucoup ?

– De cinquante et un centimètres dans la zone de Tranquility. C'est colossal ! La Nasa a qualifié ça de *préoccupant et dangereux* à l'échelle de la planète. Ça n'empêche pas les dirigeants des compagnies pétrolières d'y passer encore des contrats alors que le maire a fait signer un arrêté d'interdiction des prospections.

Nicholas contemplait la crevasse la mine grave.

– Vous avez peur des tremblements de terre ? demanda Justin.

– J'ai failli y passer en 89 sur le Bay Bridge. Ça a été à deux doigts. Depuis je fais une phobie. J'ai tout essayé mais rien à faire, ça continue.

– Et vous habitez à Sausalito ?

– Sur l'eau, dans une maison flottante. On est un peu plus protégé sur l'eau, n'est-ce pas ? lança Nicholas pour se rassurer.

– *Protégé*, c'est beaucoup dire.

Dennac salua le jeune homme et repartit en silence. Il faisait chaud, très chaud, mais il avait froid, très froid dans le dos. Justin Allison venait de faire passer l'idée d'une apocalypse du domaine du possible à celui du probable. Et tout ça par la faute de ces putains d'actionnaires qui dirigeaient ces compagnies pétrolières sans se soucier des risques écologiques. C'étaient juste des dingues. Capitalistes de merde, se dit Nicholas.

Quand il redémarra, l'hélicoptère était de retour dans le ciel avec sa demi-douzaine de journalistes. Il ne faisait aucun doute que Justin Allison évoquerait leur rencontre au professeur Koestel. Allait-elle deviner que ce Marty Baum n'était autre que lui et signaler sa présence aux flics ? C'était une éventualité à prendre en compte. Il ne traîna pas et retraversa les Coast Ranges d'un trait.

*

Là-haut dans le ciel immaculé de la Californie centrale l'hélicoptère commençait sa descente. À son bord Owen Beman, invité en tant que journaliste du *San Francisco Daily Evening*, ne quittait pas la Golf turquoise de sa sœur des yeux. Que faisait Nicholas Dennac dans cette dangereuse vallée ? Il observa la voiture grimper jusqu'au col où elle disparut de l'autre côté de la montagne.

L'appareil se posa et les journalistes suivirent Erika Koestel jusqu'à la crevasse. Là elle expliqua la relation entre les secousses dans la San Joaquin Valley et la faille de San Andrea. La conférence dura un quart d'heure, les journalistes posèrent leurs questions et l'hélicoptère ramena son monde dans la cour d'une ferme à Firebaugh. Lorsque Owen retrouva sa moto, un mail de njtemmerde@gmail.com l'attendait :

LES PATRONS DE MOBILE CHAPELS HABITENT FIREBAUGH,
PAS DE NOM, TROUVE-LES.

Un numéro de téléphone suivait.

Les patrons de Mobile Chapels ? C'était qui ? Quel rapport avec Stevens ? Dennac ne lui avait jamais parlé de ce Mobile Chapels. Owen se perdit en conjectures. Firebaugh était à quelques miles de la ferme où avait eu lieu l'assassinat du responsable de la SJDA.

Owen se posait la question de continuer son enquête ou non. Après tout, si Keys l'avait fait suivre, traçait ses appels et ses mails, c'était bien parce qu'il faisait du bon boulot. Un boulot taille journaliste et pas celui d'un minable stagiaire incapable d'écrire plus de cinq ou six lignes. Pas de doute, être surveillé par les flics c'était le signe qu'il fallait insister.

Il fila à Firebaugh où il passa toute la fin de la journée à chercher ces gens dont il ne savait rien. Personne ne connaissait la société Mobile Chapels. Owen surfa sur le site web qui n'affichait que les horaires des messes. Il se coltina la route jusqu'à la station Shell où il trouva la chapelle mobile close. Vers huit heures du soir il était à court d'idées. Une sonnerie sur son portable, le nom de Keys sur l'écran. Il fallait répondre.

– Alors ? *Mobile Chapels* ? T'en es où ? lança le lieutenant du SFPD.

– Nulle part. Et vous ?

– Pas très loin. T'as quoi ?

– Un site internet mais rien dedans, une chapelle mobile fermée à Firebaugh. Il y en a deux autres à...

– Sacramento et Ontario. J'y ai envoyé des hommes, j'attends les retours.

– Vous devez forcément avoir des infos sur cette entreprise.

– Possible, mais les infos ça ne marche pas dans les deux sens. Qu'est-ce que tu fous à Firebaugh depuis ce matin ?

– J'étais invité au voyage de presse du professeur Koestel.

– Tu as vu Dennac ?

– Non.

– Il t'a appelé ?

– Il m'aurait appelé, vous seriez au courant.

– Je demande, on ne sait jamais. Les types comme toi, ça a toujours une demi-douzaine de portables dans la poche.

– Ben non, je débute, j'y penserai à l'avenir. Mais si vous avez quelque chose sur Mobile Chapels, vous pouvez m'en parler. Peut-être que je peux faire quelque chose et filer un coup de main à Dennac. On ne sait jamais. En l'aidant on peut tous avancer d'une case. Les infos, contrairement à ce que vous croyez, ça marche dans les deux sens.

– Ouais... j'y penserai.

– En fait vous êtes comme Dennac...

– C'est-à-dire ?

– Vous avez le même âge.

– Dis tout de suite que je suis un vieux con.
– Pas besoin de le dire, vous comprenez vite.
– Je sens qu'on va être copains toi et moi.
– Je ne pense pas, non. Et puis on peut pas dire que ça vous ait réussi.
Un soupir résonna dans l'écouteur et Keys raccrocha.

*

Il était neuf heures du soir quand Dennac vérifia dans sa poche la présence de son trousseau de clés. Une idée lui avait fait prendre la route de la Napa Valley. Après tout la Wards Villa était vide et personne n'irait le chercher là-bas. Arrivé à la nuit dans le vignoble Wards, il emprunta un chemin agricole pour dissimuler sa Golf dans un sous-bois puis rejoignit à pied la villa. Avant de pénétrer dans le parc, il en fit le tour afin de vérifier la présence d'un éventuel véhicule en planque. Personne. Il pénétra dans la propriété par le portillon du local poubelles et se faufila jusqu'à la porte du garage. Une fois à l'intérieur, il neutralisa le système d'alarme et monta à l'étage s'enfermer dans une des chambres d'amis. Nicholas détestait le mauvais goût clinquant de cette énorme demeure qui était jadis celle du couple Wards. Inhabitée depuis deux ans, la maison sentait le moisi.

*

Au même moment Tina Wards était de retour à bord de sa maison flottante alors qu'on ne l'espérait plus. Partie dans les collines le matin même avec son cheval, elle n'était pas réapparue de la journée. Carlo Davila, qui l'attendait pour la conduire au bureau, avait donné l'alerte dès huit heures. Son personnel avait arpenté les sentiers à sa recherche, avant de renoncer en fin d'après-midi.

Carlo – qui savait de quoi cette Indienne était capable – s'était opposé à Andrew Kennedy qui voulait prévenir la police. À la tombée de la nuit, le chauffeur avait enfin reçu un appel de sa patronne. Elle lui demandait de venir récupérer River sur le parking pour le ramener dans son enclos. Quand Carlo la rejoignit, elle était dans un sale état. Livide et défoncée, elle refusa de lui donner une quelconque explication, et rentra s'enfermer à double tour dans son bureau.

Vers minuit, elle sortit d'un tiroir le couteau indien de son père et s'installa à sa table basse. Elle pensa que la meilleure solution était d'appuyer d'un seul coup. Elle tira deux longues bouffées sur le joint qui fumait dans le cendrier, positionna le couteau au-dessus de l'anneau de fiançailles et appuya d'un coup sec. Elle venait de se sectionner l'annulaire gauche.

Un instant elle garda le silence. Un silence terrible et glaçant. La douleur était là mais la folie la dominait. Tina tremblait, le sang giclait et les larmes brouillaient son regard.

Puis son cri éclata.

Andrew Kennedy enfonça la porte. Nannie Jean fut saisie d'un malaise en découvrant le sang qui aspergeait la table en verre. Toute l'escouade de la maison défila devant la maîtresse des lieux qui contemplait son bout de doigt cisaillé. C'est Carlo Davila qui prit les commandes de la panique générale. Dix minutes plus tard, les hurlements des sirènes déclenchèrent l'arrivée des curieux. Des escouades de gyrophares se garaient en paquets devant le Liberty Dock. Les flics, les ambulances et même quelques journalistes déjà au courant. Parmi eux le jeune stagiaire du *San Francisco Daily Evening* Owen Beman se frayait un chemin jusqu'aux premiers rangs, histoire de ne pas perdre une miette du spectacle. Tout était en trop, en double, en triple et tout ça pour un annulaire. Mais pour l'annulaire de la dix-septième fortune des États-Unis d'Amérique, rien n'était de trop.

À l'écart du merdier sécuritaire, Toni, installée sur le toit de sa maison, sa bière à la main, observait le transfert de la milliardaire jusqu'à l'ambulance. Elle avait vu juste. Tina Wards l'Indienne était déjà bien enquillée dans le tunnel de la folie. Toni intercepta Carlo avant qu'il ne monte dans sa voiture.

– Qu'est-ce que tu me veux ? lui demanda-t-il le visage livide.

– Elle s'est coupé l'annulaire gauche ? demanda Toni. Où est l'anneau de fiançailles ?

Carlo ouvrit sa main sur la bague ensanglantée.

– Elle a dit quelque chose ? questionna Toni.

– Elle délire des complaintes indiennes, fit Carlo. Je ne comprends plus rien. Je ne sais plus ce qu'il faut faire. Il faut que Nicholas revienne. Si tu peux le faire revenir, c'est le moment.

Le hurlement de l'ambulance retentit. Carlo Davila referma sa main sur le bijou et monta dans sa voiture pour suivre sa patronne. Toni resta un instant à observer le départ de la caravane puis s'éclipsa.

Tina Wards fut opérée dès son arrivée au San Francis Memorial Hospital et son doigt replacé à l'endroit. Le lendemain matin, à l'extérieur de l'hôpital, les policiers durent contenir les journalistes surexcités. Dans la matinée deux dépêches venaient de déclencher une véritable hystérie médiatique. La première faisait état de la disparition du fiancé de Tina Wards, Nicholas Dennac. La seconde de sa potentielle implication dans le meurtre de la San Joaquin Valley. Les médias changèrent alors de vocabulaire et remplacèrent *disparition* par *fuite* et *suspect* par *coupable*.

3 juin 2018

Le lendemain des fiançailles de Tina et Nicholas, en début d'après-midi, la voiture de Lennie-Ray surgit dans la cour de la Nine Farm en marche arrière pour coller son pare-chocs au container des poubelles. Pam était clouée dans sa chaise roulante, amarrée par les narines à son respirateur. Elle détaillait chaque allée et venue de son fils. Pendant une dizaine de minutes il débarrassa son coffre d'objets inidentifiables qu'il balança dans le container avant d'y vider un bidon d'essence et de l'enflammer. Il rangea un vélo mauve dans son atelier puis rejoignit sa mère. Il était sale, avait le visage fatigué, les yeux injectés de sang, les mains tremblantes.

– Il y a un problème, Pam.

– Quel problème ?

– Je croyais que tu t'appelais Pam.

C'était dit avec une sorte de mépris.

– Et j'apprends que tu t'appelles Brooke. Ton vrai nom c'est Brooke Parnell. Tu m'as menti !

Ce Brooke-là cisailla Pam. Où l'avait-il chopé ?

– Qui t'a raconté ça ?

– Quelqu'un à San Francisco. Ça sort d'où ce Pam ? Pourquoi t'as pas gardé ton vrai prénom ?

Il ne tenait plus en place.

– Calme-toi !

– Je veux savoir !

– Pam Tillis ! gueula Pam.

– C'est qui cette pouffiasse ?

– Une sacrée chanteuse de country dans les années où j'étais jeune.

– Pam Tillis… je ne l'ai jamais vue celle-là…

– C'était mon idole, je rêvais d'elle. De lui ressembler. Elle était venue chanter au Blue Grizz.

– C'est où ça le Blue Grizz ?

– C'est loin. C'est ma vie. Ma putain de vie avant que t'arrives, Lennie-Ray !

– Je veux savoir ce qui s'est passé avant que j'arrive !

– Non ! C'est à moi ! Tout ça est à moi !

– Moi aussi je suis à toi ! Alors je veux savoir ce qui s'est passé avant moi !

– Tu ne comprends pas, crétin ? Tu ne comprends pas que c'était avant ? Avant ce putain de camion ! Avant !

Et elle se mit à vociférer des *avant, avant, avant !* comme si on l'égorgeait. Et quand il ne resta plus un pet d'air dans ses poumons, elle cessa de brailler. Sa main tremblante chercha le robinet de l'oxygène pour l'ouvrir en grand. Ça siffla dans le tuyau, dans le masque et pour finir dans sa poitrine qui se mit à se soulever en cadence comme si on l'avait rebranchée au bout d'une pompe à air.

– C'était quoi ce camion ? fit-il.

– T'as vu quelqu'un à San Francisco pour les prospections ?

– C'est réglé les prospections.

– Ça veut dire quoi ? Que c'est fini ou que ça va reprendre ?

– Ça va reprendre dans quelques jours.

– Comment t'as réussi à faire ça ?

– Ça te regarde pas.

Elle dévisageait son fils tout en cherchant à deviner ce qui se cachait derrière son assurance.

– Qui t'a parlé de Brooke ? L'autre pute ? Tu l'as vue où ? fit-elle sur un ton angoissé.

– À unc fête.

– Vous vous êtes parlé ?

– Bien sûr qu'on s'est parlé !

– Mais tu l'as reconnue ? Tu ne l'as jamais vue ! T'étais un bébé quand elle s'est pointée ici avec l'autre ! C'est impossible de reconnaître quelqu'un qu'on n'a jamais vu !

– Je l'ai vue sur la photo du mariage de mon père avec cette pute sur les marches de l'église de Five Points.

– Où t'as eu cette photo ?

– Dans la poche de la chemise de mon père. Et je l'ai dans mon portable maintenant.

– Fais voir.

– Non. C'est ma photo. C'est la seule photo que j'ai de lui.

– Donne !

– T'as rien à voir avec cette photo ! T'es pas dessus, Pam !

Malgré l'oxygène Pam n'arrivait plus à calmer son souffle court.

– Qu'est-ce qu'elle t'a dit ?

– Elle m'a dit ton prénom, et le prénom qu'elle s'était choisi : Terri. Pourquoi Terri ?

– Terri Gibbs, une autre chanteuse country. C'était notre trip, les chanteuses de country. Teresa Fay Gibbs. Une sacrée chanteuse. Elle aussi était venue chanter au Blue Grizz.

– C'est où ça ce putain de Blue Grizz ?

– Chez moi, à Piltzville. Vous avez parlé de quoi ?

– De ton mariage avec mon père.

C'était à croire qu'il avait décidé de la tuer à vouloir ressusciter un par un tous les cauchemars de sa vie.

– Tu n'as pas à te mêler de ça !

– J'ai eu comme une drôle d'impression quand je lui ai demandé d'aller voir les Di Marcio pour qu'ils acceptent de laisser mon père t'épouser.

– Tu lui as demandé ça ? Mais elle ne peut rien y faire ! C'est fini cette histoire ! Ils sont loin les Di Marcio pour elle ! Terri et Scott sont divorcés depuis… je ne sais plus. Épargne-moi ça, s'il te plaît !

– Je suis sûr qu'elle mentait, elle ne voulait pas en parler. Quelque chose de pas clair. J'ai l'impression que tu t'es fait baiser.

– Ça, mon bonhomme, je n'ai pas besoin de toi pour le savoir…

– T'as rien compris à ta vie, Pam !

– Parce que toi, espèce de crétin qui n'as pas plus de cervelle qu'un chien, t'as compris des choses sur ma vie ? Dis-moi ce que t'as compris !

– Je vais aller à Stockton. Je vais te marier avec mon père. Mais avant, ils vont débarquer ici avec la caravane de la fortune pour pomper tout le pétrole qu'on a sous ces vergers de merde. Tu vas voir comment ils vont nous arroser de billets verts. Et quand tout ça sera réglé, je pourrai me tirer d'ici. Moi j'aurai mes billets et toi t'auras ton mari.

Il s'était calmé. La discussion l'avait vidé de son trop-plein de haine.

– Y en a là-dedans, fit-il en se frappant la caboche de son gros index tout plein de sang séché.

12 juin 2018

Une semaine plus tard, dans l'après-midi du lundi 12 juin, le claudiquement métallique de Lennie-Ray Parnell résonnait devant le guichet des mariages du palais de justice de Stockton. Enfin une porte s'ouvrit, la fonctionnaire revenait derrière son comptoir.

– Désolée, Mr Parnell, mais il n'existe aucun document à ce nom au registre des divorces. Nous avons bien fait la demande au bureau de Sacramento comme vous nous l'aviez demandé. Eux non plus n'ont pas de document concernant ce divorce.

– C'est possible qu'il ait été enregistré ailleurs ?

– Oui, dans un de nos consulats ou une de nos ambassades. Cependant s'il a été enregistré un jour par un bureau de l'administration américaine, nous devrions avoir une copie ici puisque le mariage a eu lieu dans notre comté.

– Et vous n'avez rien ? insista Lennie-Ray.

– Rien. Et si nous n'avons rien, c'est qu'il n'y a jamais eu de divorce.

Sorti du palais de justice, Lennie-Ray resta un moment à cuire sur le trottoir, à retourner les *pourquoi* et les *comment*. Il ne comprenait pas ce qui s'était passé une vingtaine d'années auparavant. Apparemment des personnes avaient menti. Un mensonge taille XXL. Qui ? Comment ? Pourquoi ? Les semelles collées au goudron mou, Lennie-Ray cherchait le mode d'emploi de ce cadeau empoisonné qui allait faire trembler toute une compagnie de menteurs.

Une fois rentré à la Nine Farm, il hiérarchisa ses priorités. Un, accueillir la caravane de la fortune. Deux, aller visiter la compagnie des menteurs. Mais d'abord reprendre son travail sans rien révéler à sa mère. Un silence plein de sous-entendus revint couvrir la ferme perdue dans la plaine de Tranquility. Une plaine qui s'enfonçait centimètre par centimètre sous les coups de boutoir de la fracturation hydraulique.

Fin juin 2018

L'aube se levait dans le parc de la Wards Villa. Calfeutré dans une chambre du premier étage, Nicholas était scotché devant la télé qui diffusait les news de la Baie. Tina s'était automutilée ! Les avertissements de Dailey Clark et de Toni Dylan prenaient tout leur sens. Effondré, il ne comprenait pas comment elle avait pu en arriver là. Soudain son propre visage s'étala dans les infos du matin. *La milliardaire Tina Wards vient d'attenter à ses jours suite à l'implication de son futur mari Nicholas Dennac dans le meurtre de la San Joaquin Valley.*

Ces déclarations et ces affirmations étaient martelées sur un mode sensationnel. Le cauchemar était en direct depuis le San Francis Memorial Hospital où des dizaines de journalistes déblatéraient leurs vérités à deux balles. Nicholas Dennac était un meurtrier en fuite, le meurtre de la Viñeda Farm était l'œuvre d'un dangereux psychopathe, les habitants de la San Joaquin Valley vivaient désormais dans la peur du tueur, toutes les polices traquaient un homme prêt à tout, la milliardaire Tina Wards était victime d'un manipulateur qui l'avait rendue folle.

Les images tournaient en boucle quand Nicholas isola un visage parmi la foule des journaleux, celui du petit con.

*

– Tu fais des heures sup ?

Perdu au cœur de la meute de journalistes et de caméramans agglutinés devant l'entrée du San Francis Memorial Hospital, Owen se retourna vers la tronche en biais de Keys.

Interpellé par la rencontre inattendue, il cherchait une idée qui ne venait pas.

– À moins que tu sois inquiet pour la femme du patron ?

– Je fais mon métier, je n'ai pas d'horaires, répondit le jeune stagiaire.

– Tu seras bien noté.

– Qu'est-ce que vous me voulez encore ?

– C'est pour Dennac que t'es ici ? Je suis sûr que tu communiques avec lui en dehors des mails et des téléphones.

– Je suis là pour écrire un article sur sa milliardaire.

– Qu'est-ce qu'il t'a dit que tu ne m'as pas dit ?

– Rien, je vous ai tout dit ! De toute façon je ne sais pas grand-chose. Cette société, il ne m'en avait jamais parlé avant ce mail.

– T'as trouvé qui était cette rousse ?

– Non et vous ?

– C'est moi qui te pose la question.

– Je vous dis que non… je vous dis que…

La trogne de Keys le laissa s'enfoncer.

– J'enquête ! C'est mon premier article… c'est une opportunité, je ne peux pas passer à côté… lâchez-moi un peu, merde ! fit Owen.

– C'est Dennac qui t'a demandé d'enquêter ?

– C'est moi qui lui ai demandé.

– Pourquoi ?

– Parce que lui, il est à l'ouest à cause de l'autre là…

– Bon, tu vas arrêter tes conneries et venir avec moi.

Une rumeur monta, la foule des journalistes se pressait vers la porte d'où trois pontes sortaient pour se coller devant la haie de micros et de caméras. Le temps que les journalistes s'agglutinent, Keys se retourna vers Owen, qui avait disparu.

*

Nicholas fixait l'écran où les professeurs du San Francis Memorial Hospital étalaient leurs discours aseptisés puis il éteignit la télé. Le silence revint, assez lourd pour qu'il perçoive les coups de son cœur. Si Tina était folle, lui était en train de virer dingue. Il lui semblait que son avenir avec cette femme le conduisait tout droit vers un sombre cul-de-sac.

Que faisait-il dans cette piaule, accusé de meurtre alors que la femme de sa vie venait de s'automutiler ? De toutes les allégations délirantes des journaux télévisés, Nicholas n'en retenait qu'une seule : *folle*. Rien de nouveau dans cette affirmation. Il n'y avait rien d'autre qu'un constat pur et dur et presque officiel. Depuis le début de leur relation Nicholas n'avait jamais ignoré qu'elle était folle. Folle car ignorante des limites du raisonnable, sourde aux mises en garde, inconsciente des dangers. Ceux qui la fréquentaient au quotidien avaient sans cesse l'impression qu'elle marchait sur une corde au-dessus du précipice. Tina donnait le change en affichant la stature d'une femme solide, d'une capitaine d'industrie intraitable. Mais personne n'était dupe, elle était psychologiquement fragile. Nicholas s'était adapté, comme les autres. Il avait pris l'habitude d'appliquer d'autres adjectifs à la façon dont elle se comportait : *originale*, *libre*, *fantasque*, *bornée*…

tous s'accordaient à Tina. C'était rassurant, car cela permettait de masquer le problème.

Mais cette fois Tina venait de s'engager sur un chemin où l'on va rarement à deux. Nicholas n'avait plus qu'une idée, filer à l'hôpital où sa place l'attendait au chevet de sa future femme. Mais la police l'arrêterait avant qu'il puisse la voir. Inutile et idiot. Ma future femme est folle, ne cessait-il de se répéter. Que faire avec une femme folle ? Comment se débrouiller avec ça ? Était-il responsable ? Il l'ignorait.

Soudain le tintement à peine perceptible de sa messagerie le fit sursauter.

C'était un mail d'ojtemmerde@gmail.com avec une pièce jointe. Une seconde photo, encore un cliché de la fête des fiançailles. On y voyait la scène où le groupe des rockeuses se produisait. Il repéra une lueur orange en arrière-plan qu'il identifia comme étant la tignasse de la rousse. Elle semblait s'éloigner de la fête en s'engageant sur le ponton. Nicholas sortit ses loupes de sa poche et en poussant la luminosité de son écran à fond il vit distinctement surgir de l'obscurité la chemise bleue à carreaux de Stevens.

L'image était parlante, la tignasse rousse suivait Stevens sur le ponton. Elle avait donc quitté la fête pour partir avec le professeur. Il lut la petite légende sous la photo.

DATE DE LA PRISE DE VUE : SAMEDI 3 JUIN
HEURE DE LA PRISE DE VUE : 3 H 17

Conclusion, le professeur Stevens était encore vivant à trois heures dix-sept du matin ce samedi 3 juin. Assez vivant pour s'éclipser de la fête avec cette rousse. Nicholas tentait d'analyser l'attitude de cette femme. Pleine d'énergie, elle semblait accompagner Stevens là où il proposait de l'emmener. Ce n'était pas l'attitude d'une femme qu'on oblige. Quant au professeur, on le devinait plus qu'on ne le voyait.

Où allaient-ils ?

Vers la maison jaune ?

Pour quoi faire ?

Coucher ensemble ?

Cette photo semblait être sinon une preuve, en tous les cas un indice sérieux pour attester que Stevens avait loué le Airbn'b pour une raison personnelle. Quelque chose qui n'avait rien à voir avec l'huile de schiste. Peut-être une relation amoureuse avec cette rousse ?

Il ne fallait rien écarter. Il fallait tout considérer.

*

Tina tournait entre les murs trop étroits de sa chambre du service de chirurgie. L'opérée s'était réveillée dans un état de surexcitation avancé. Les médecins lui refusaient l'autorisation de sortie malgré ses incessantes séances de vociférations. Elle exigeait selon son droit de signer une décharge. Quatre infirmiers furent dépêchés afin de lui prodiguer de force les soins post-opératoires au cours desquels on lui administra une perfusion qui l'assomma.

Pendant ce temps, à la Wards Villa, Nicholas regardait les infos en continu où des psys de pacotille dénigraient l'état mental de Tina qualifiée de *schizophrène*, donc problématique pour la conduite d'un empire industriel. La mutilation de l'annulaire de l'Indienne venait de précipiter l'action boursière du Wards Group dans des abysses inquiétants. Épuisé par tant d'inepties, Nicholas quitta la demeure fantôme, traversa les vignobles pour retrouver sa guimbarde turquoise, direction San Francisco. En fin d'après-midi, il immobilisa ses roues devant la maison Véronèse. Recherché pour meurtre et fiancé à une schizophrène, il avait d'excellents prétextes pour aller coller sa peau contre la peau de sa Vénus. Toutes les mauvaises raisons sont bonnes du moment qu'elles sont mauvaises. Passé les retrouvailles charnelles, il surfa sur internet pour se réserver un Airbn'b. À onze heures du soir, il jeta quelques vêtements dans le sac à dos de Posie Blanchard, qu'il invita dans son automobile. L'improbable couple glissa d'un bout à l'autre de la ville, traversa le Golden Gate Bridge pour se garer vers minuit à Sausalito, à l'écart du parking de la Waldo Coop. Nicholas passa le sac à dos autour du cou de la Vénus avant qu'elle ne disparaisse dans la nuit.

Miss Blanchard fila jusqu'au Liberty Dock où la bouche ouverte d'Ale Abbott l'attendait devant la porte de sa maison jaune. Quand elle lui lança un tonique *bonsoir !* le pirate irlandais eut du mal à rassembler sa mâchoire pour articuler un truc qui s'apparentait à un *bonsoir madame.*

– Posie Blanchard.

– Ale Abbott.

– Merci de m'avoir acceptée si rapidement.

– C'est normal. À cette heure je suis toujours connecté. À mon âge, c'est couché tard et levé tôt.

– J'avais une réservation pour un autre Airbn'b à côté d'ici mais le type m'a lâchée au dernier moment. Impossible de le joindre. Du coup c'était un peu la panique et j'avoue que j'ai vraiment été soulagée lorsque j'ai vu que chez vous c'était libre pour deux nuits.

– Mais vous êtes venue comment ? Enfin je veux dire…

Il voulait dire *comment, sans les bras ?* mais elle l'arrêta.

– Un ami m'a déposée.

– Oui, bien sûr ! Excusez mon indiscrétion.

– On peut y aller ?

Ale s'engagea sur la passerelle.

– Attention c'est étroit.

– Je n'ai plus de bras mais j'ai des jambes, répondit-elle en l'invitant à avancer.

Il ouvrit la porte et Posie pénétra dans la maison jaune. Ale fit son laïus rapide et complet. Elle se contenta d'acquiescer afin que la visite soit la plus brève possible.

– Vous avez tout le nécessaire pour le petit déjeuner, et il y a une bouteille de bière de ma production locale dans le frigidaire. Vous m'en direz des nouvelles. Laissez les clés sur la table et claquez la porte en partant.

– C'est parfait.

– Et si vous avez besoin de quoi que ce soit, j'habite à deux minutes.

– Je suppose qu'on ne peut pas fumer à l'intérieur ?

– Non.

Elle leva le pied pour faire basculer le loquet de la baie vitrée, qu'elle ouvrit devant les yeux ébahis du vieil Irlandais. Elle s'installa sur la terrasse. Dans une suite improbable de mouvements et de contorsions habiles, elle sortit de son sac à dos un paquet de cigarettes ainsi qu'une boîte d'allumettes, qu'elle ouvrit avec le menton pour prendre une allumette entre deux canines. Pour terminer, son pied droit vint sortir une blonde entre deux orteils pour la porter à ses lèvres, avant de craquer une allumette et embraser la cigarette, tout en ignorant la stupéfaction de son unique spectateur.

– J'ai votre numéro de portable sur le mail d'Airbn'b. Je vous appelle au besoin, lui assura-t-elle.

Le sous-titre était *tu peux te casser, vieux, tu me fatigues à me reluquer comme une bête de foire.*

Une heure plus tard, la fluidité d'une onde se propagea sous le ponton du Liberty Dock. Entre deux nuances de sombre, dans un silence parfait, un humain flottant entre deux eaux apparut à l'aplomb de la terrasse, se hissa et se glissa dans la maison. Invisible.

– Maintenant tu m'expliques ce qu'on fait ici ? fit Posie, tranquillement installée dans un des deux fauteuils alors que Nicholas se changeait.

– Il y a vraisemblablement eu un meurtre dans cette maison.

– C'est maintenant que tu me dis ça ?

– Ça s'est passé pendant la nuit du 2 au 3 juin.

Nicholas commença son récit tout en inspectant avec minutie le parquet. Rien n'indiquait qu'il y ait eu une tache de sang – ni l'aspect ni le toucher. Seule perdurait l'odeur de chlore de l'étrange nettoyage à la javel. Quand il estima que son inspection suffisait, il se posa dans le fauteuil et termina son récit sans omettre un détail. Ni ses connaissances sur l'enquête, ni les péripéties de sa fuite, ni les vicissitudes de sa vie privée. Il énuméra ainsi ses maigres certitudes et ses nombreux doutes. Vers trois heures du matin, il avait terminé.

– Tu viens de te fiancer et tu vas te marier, dit Posie. Donc tu t'es foutu de moi.

– À quel propos ?

– À tout propos ! D'abord lorsque tu es venu au studio. Ce n'était pas pour rencontrer Ryland et écrire un soi-disant article, c'était pour essayer d'avoir le nom du surfeur de la photo.

– Exact.

– Je déteste qu'on me mente !

– Figure-toi que lorsque j'enquête, je dois mentir.

– C'est donc pour la rousse de ta photo qu'on est ici ?

– Exact.

– Et qu'est-ce que je suis censée faire dans ton plan ?

– Je vais t'expliquer.

– Trop aimable. Pourquoi j'accepterais de t'aider ?

– Tu n'es obligée à rien. Si tu veux rentrer, je te raccompagne.

– Tu te sers des gens en fait.

La remarque était exacte, Nicholas n'avait rien à répondre.

– Ton rapport avec moi n'existe qu'en fonction de ton intérêt.

– Faux. Je n'ai de rapport avec toi que parce que j'ai eu envie de toi.

– Envie de quoi ? De voir ce que ça fait de baiser une fille sans bras ?

La pente devenait savonneuse et Nicholas jugea opportun de ne pas s'engager plus loin.

Posie alla se coucher dans la chambre dont elle claqua la porte. Il hésita sur l'endroit où dormir. Dans le fauteuil ou sur le sol ?

16 juin 2018

Durant la deuxième semaine de juin, Lennie-Ray était resté enfermé sous la tôle de son atelier pour taper comme un sourd sur ses remorques. Il lui tardait d'entamer ses visites au pays des menteurs mais il se retenait dans l'espoir que la caravane de la fortune vienne frapper à sa porte. Chaque jour Pam ne manquait pas de lui faire remarquer que contrairement à ses affirmations, les prospections n'avaient repris nulle part dans la vallée.

Le vendredi 16 juin, en tout début d'après-midi, les hurlements de Pam brisèrent la torpeur de la Nine Farm :

– Lennie ! Lennie !

Elle beuglait dans la cour comme si on lui avait coupé le tuyau. Lennie posa ses outils, essuya ses pognes et envoya valdinguer la porte de l'atelier. Sa première vision fut celle de la grosse foreuse de la Panoche plantée au bout de l'allée de la Nine Farm. La seconde celle des yeux exorbités de Pam qui fixaient l'engin comme si le Boeing du Président venait d'atterrir dans sa ferme. Le vendredi 16 juin, au beau milieu de l'après-midi, la caravane de la fortune était là.

– Vous êtes Leonard-Raymond Parnell ?

C'était le chef Hanson qui avançait vers lui avec un dossier dans les mains.

– C'est moi, répondit Lennie-Ray.

Planté sur le seuil de son atelier, il était décidé à laisser la corne d'abondance se ramener d'elle-même sur ses petites pattes. Pam observa ce type avancer comme si elle voyait le messie marchant sur l'huile de schiste.

– Chef Ernie Hanson, fit-il en s'approchant la main tendue. On s'est déjà vus, non ?

– Plusieurs fois, fit Lennie-Ray.

Il essuya ce qu'il lui restait de cambouis avec son grand chiffon avant de serrer la main du chef.

– J'ignore comment vous vous êtes démerdé mais normalement on n'a plus d'autorisation pour venir dans la zone de Tranquility.

– Et pourtant vous êtes là.

– Oui. Vous avez sûrement des relations que les autres n'ont pas pour réussir ce coup-là.

– Je suis comme vous. Je ne cherche pas à savoir.

Le chef Hanson et Lennie-Ray se dévisagèrent le temps nécessaire pour que chacun comprenne ce qu'il avait à comprendre. À savoir qu'on n'était pas là pour causer.

– Écoutez, si vous voulez qu'on prospecte sous vos amandiers, faut qu'on se grouille avant que la compagnie des casse-couilles ne rapplique.

– Alors qu'est-ce que vous attendez ?

Le chef Hanson hésitait.

– Je croyais que vous étiez dans le camp des casse-couilles.

– Je suis dans le camp des billets verts.

Dix minutes plus tard les engins pénétraient dans les vergers, guidés par Lennie-Ray. De chemins pierreux en rangées d'amandiers, il fallut une heure à peine au chef Hanson pour décider du meilleur spot où forer. Il jeta son dévolu sur un terrain dégagé au creux d'une cuvette. À dix-sept heures le forage de prospection avait déjà commencé.

– Ça se passe comment ? demanda Lennie-Ray, admiratif.

– On carotte comme ça assez profond, entre mille cinq cents et trois mille mètres.

– C'est long ?

– Ça dépend du terrain. Dans la région, c'est plutôt assez simple jusqu'à mille deux cents mètres. Après, c'est des schistes et c'est là-dedans que le pétrole est coincé. S'il y en a.

– Et ça vous prend combien de temps pour arriver jusqu'aux schistes ?

– La nuit ou la semaine. On verra bien.

– Et après ?

– On balance de l'eau à haute pression. Ça fracture les schistes et on prélève des échantillons de roche pour voir s'il y a des traces d'hydrocarbures.

– Et lorsque vous en trouvez ?

– Rien ne dit qu'on va en trouver ! Par ici, c'est une chance sur trois. On a repéré une veine mais qui passe à un mile d'ici, au nord.

– Mais s'il y en a, là sous nos pieds, qu'est-ce qui va se passer ?

– On rebalance de la flotte pour exploser la caillasse. Ça finit par libérer le pétrole. Et ça gicle pendant les vingt années que dure ce genre de puits.

– Vingt ans !

– En moyenne.

– Et le débit, c'est quoi en dollars ?

– Environ vingt mille dans la région. Mais faut diviser par deux. Dix mille pour le proprio, dix mille pour la compagnie.

– Dix mille dollars ? C'est tout ?

– Dix mille par mois, cent vingt mille dollars par an. Pendant vingt ans, voire plus si affinités.

Lennie-Ray retourna à la ferme pour y faire le plein de nourriture et de boisson. Il ajouta table, chaises pliantes, la bouteille à oxygène et la charrette de sa vieille qu'il trimballa jusqu'au théâtre des opérations. Il installa le campement aux premières loges, en vis-à-vis des travailleurs manuels. Quand Pam fut à nouveau pluggée à son bout de tuyau tout neuf et Lennie-Ray au goulot de sa première bière, la mère s'adressa à son fils :

– Maintenant tu m'expliques comment t'as réussi ce miracle ?

– J'ai réussi parce que je ne réfléchis pas comme les chiens. J'ai un cerveau comme les autres hommes, au cas où ça t'aurait échappé.

Pam ne voulut pas lâcher l'affaire mais Lennie-Ray se contenta d'apprécier le spectacle en conseillant à sa mère d'en faire autant. Désormais c'est lui qui avait la main. La foreuse forait, la voûte céleste dégradait son azur vers des bleus profonds. Pam perdit connaissance à la nuit mais Lennie-Ray garda ses pupilles rivées sur l'avancée de la foreuse qui carottait facile dans la terre de la Nine Farm. C'était *comme dans du beurre* d'après certains. Aussi lorsque le soleil pointa sa couenne toute rose on avait dépassé les huit cents mètres. *Que de la molle*, lui avait lancé un des opérateurs, tout en frottant l'index sur son pouce. Le message était clair, il ne restait plus que quatre à six cents mètres avant d'arriver devant la porte du coffre-fort. Rassuré, Lennie-Ray retourna se rasseoir pour s'évanouir de sommeil.

– Le chef vous demande à la ferme, lui fit un gars alors qu'il écrasait dur sur son pliant déformé. Il était onze heures passées, et sa mère s'était volatilisée. Il grimpa derrière son volant avant de marquer un arrêt à hauteur de la foreuse.

– Vous en êtes où ?

– On vient de dépasser les mille. Rien encore.

En débarquant à la ferme Lennie-Ray découvrit que la compagnie des casse-couilles de la SJDA manifestait sur l'avenue 9. Ils étaient une bonne vingtaine dont Solis et Sandoval, les deux gardes du corps d'Urea.

Dans la cour, Enrique Urea était en discussion avec le chef Hanson, et le ton était déjà bien monté. Sur sa chaise roulante, Pam était au milieu de ces deux hommes énervés. Quand Lennie-Ray coupa son moteur, les visages convergèrent vers celui qu'on appelait désormais *le traître*. Sans hésitation, il vint se planter en face du président.

– Tu t'es bien foutu de notre gueule ! lui balança Urea.

– T'as pas vu le panneau à l'entrée, Enrique ? C'est pourtant clair, on peut pas le louper ! C'est marqué *propriété privée* ! T'as pas à entrer chez moi ! Retourne d'où tu viens avec tes gueulards !

– Tu t'es démerdé comme un petit chef pour faire croire que tu roulais pour nous alors que c'était juste pour nous la mettre bien profond !

– Viens voir par ici, Urea. Je vais t'expliquer un truc qui a dû t'échapper, fit Lennie-Ray.

Enrique Urea le suivit jusqu'à l'atelier et lorsqu'il referma la porte derrière lui il se retrouva au bout du fusil à pompe de Lennie-Ray.

– Si je t'entends gueuler, il va te manquer de la cervelle pour écouter ce que j'ai à te dire ! Bouge !

Le canon du fusil obligea Urea à se diriger vers une porte au fond du hangar.

– Ouvre !

La porte donnait sur une tonnelle ouverte de part et d'autre. Bien ventilé, c'était l'abri qu'avait fabriqué Lennie-Ray pour y entreposer ses sacs d'engrais après que sa mère eut été empoisonnée.

– Tu connais cet endroit ? questionna Lennie-Ray.

– Non.

– C'est vrai que la dernière fois que t'es venu ici, t'es pas resté longtemps. Tu t'es contenté de me faire signer ton bon de commande et de te tirer comme un torche-cul emporté par un vent d'orage. Tu t'en souviens ?

– Vaguement.

– T'as tort de te foutre de moi, Urea !

Le pouce de Lennie leva la détente du fusil.

– Qu'est-ce que tu me conseilles ? Je t'éclate le crâne tout de suite ou j'attends encore un peu ?

– Merde, déconne pas ! C'était mon boulot et puis je ne t'ai pas forcé.

– J'avais quel âge ?

– Je ne me souviens pas. C'était il y a longtemps.

– J'avais treize ans, ordure. Tu m'as vendu tes merdes sans rien me dire, alors que j'avais treize ans !

– Mais ta mère, elle savait que...

Un violent coup de crosse l'empêcha de poursuivre. Urea se redressa, la bouche en sang.

– Regarde ce qu'on va faire. Tu vois ces sacs ?

Urea se tourna vers un empilement de sacs d'engrais dont l'un au sommet dégueulait de poudre verte.

– Tu vois, ils sont encore là. Ils m'ont fait de l'usage un certain temps et quand ma mère est tombée dans son atelier, j'ai fini par les entreposer ici.

– J'y suis pour rien !

– Pour rien ? C'est pas toi qui me les as vendus et qui m'as renvoyé chez le fabricant quand je t'ai parlé des problèmes de santé de ma mère ?

– Je ne pouvais pas deviner que personne ne savait lire ici.

Un deuxième coup de crosse lui éclata l'oreille. Urea chuta au pied des sacs mais le canon du fusil à pompe l'obligea à se redresser.

– Fous-toi ce sac d'engrais sur la tête.

– Tu ne peux pas me demander ça !

Sous la menace d'un troisième coup de crosse Enrique obtempéra et s'enfila le sac éventré qui déversa toute sa farine verdâtre. Quand le nuage de poudre se dissipa, Urea, recouvert de cette sinistre cagoule, fut pris d'une quinte de toux.

– Toi non plus tu ne sais pas lire. À l'entrée de ma ferme, t'aurais lu le panneau *propriété privée*, tu serais pas entré. Là, t'aurais lu la mise en garde du fabricant, tu te serais jamais enfilé ce putain de chapeau.

La quinte de toux fit place à une autre qui sembla partie pour ne plus s'arrêter.

– C'est ça justement que je voulais t'expliquer, président ! Quand t'es venu me vendre ta merde et que tu nous as pris pour des débiles, ma mère et moi, t'as oublié de me dire un truc, Enrique ! T'as oublié de me signaler les précautions d'emploi ! Tu veux que je te lise ce qu'il y a écrit en petits caractères sur tes putains de sacs ? *Attention : produit toxique, à manipuler en respectant les précautions d'emploi.*

Cette fois Urea manqua de s'étouffer et retira le sac mais la crosse du fusil le frappa à nouveau en pleine face et il s'écroula sur le sol.

– Remets-le !

– Ça me brûle la gueule ! Je peux plus respirer !

– Je sais que tu peux plus respirer ! C'est justement ça qu'ils disent sur les précautions d'emploi ! *Ne pas respirer, ne pas inhaler, ne pas utiliser sans masque. À entreposer dans un local spécifique, correctement ventilé et interdit à la circulation des personnes.* Tu m'en as parlé de tout ça à l'époque ?

Pas de réponse.

– Oui ? Non ? Réponds quelque chose, Enrique, ou c'est pas d'asphyxie que tu vas crever !

– J'ai dû oublier !

– T'as dû *oublier* ? Quand tu m'as fourgué ta merde, tu t'es dit que le gamin incapable d'aligner trois mots avec sa mère incapable d'aligner deux idées, ils n'allaient pas venir se plaindre ! Après tout, elle n'est pas si mal notre vie depuis que les médecins de Fresno m'ont renvoyé ma mère sur sa charrette avec son tuyau qui pue la mort ! Qu'est-ce que t'en penses, président de mes couilles ?

– Je suis désolé, Lennie ! Écoute, on a déconné à l'époque avec ces engrais !

– Et aujourd'hui tu ne déconnes plus ?

– Aujourd'hui non, c'est sérieux.

– Tu veux quoi ? M'empêcher de vendre le pétrole qu'est coincé sous mes vergers ? Pour que je continue à acheter tes engrais qui ont pourri toute la vallée ? Et tous les gosses, les femmes et les hommes qui crachent leurs poumons dans les dispensaires de Kerman, de Stockton ou d'ailleurs ? Je vais te dire, ducon, ce qui est sérieux. Ce qui est sérieux, c'est que tu vas te barrer d'ici avant que je te crève ! Ici, le président c'est moi ! Ici, on va pomper tout le pétrole pendant les vingt prochaines années ! Et si je revois ta tronche, j'y fais un gros trou dedans !

L'autre se remit à tousser comme s'il allait vomir ses deux poumons.

Fin juin 2018

Dans la maison jaune le lendemain le temps était toujours à l'orage entre le charpentier et la Vénus. Chacun travaillait dans son coin. Nicholas dans le salon et Posie sur la terrasse. Elle avait finalement accepté de jouer le rôle de la parfaite locataire du Airbn'b. Petit déjeuner et bain de soleil face au délicieux paysage de la baie de Sausalito. Se sachant épiée par le lointain Irlandais, elle s'appliqua à ne rien laisser deviner de son passager clandestin reclus dans le salon. Elle travaillait sur son ordinateur. À l'aide de sa longue baguette coincée entre les dents, elle retouchait les clichés de Ryland Shilling dont celui d'un jeune homme nu amputé sous le genou droit. Posie était une magicienne de la retouche. Une dizaine de minutes lui suffisaient pour transformer une photographie brute de décoffrage en une image magnifique aux couleurs rayonnantes et profondes. À force de contrastes et de saturations savamment distillés, la mutilation du jeune vétéran se muait en parure guerrière, et des lumières surnaturelles métamorphosaient ce garçon au corps brisé en gladiateur des temps modernes.

Caché dans la grande pièce, Nicholas guettait la maison voisine. Bardée de ses plaques d'acier savamment rouillées, c'était celle de Theresa Merryll. Depuis une demi-heure, du bruit indiquait que la cougar de Manhattan était réveillée. Enfin la baie vitrée glissa, et un jeune étalon sortit pour s'installer dans un des fauteuils de la terrasse. Sa casquette en visière, il venait exposer sa musculature parfaite. Theresa ne tarda pas à le rejoindre. Son mug de café à la main, elle vint à la balustrade profiter du soleil. Son apparition dans l'intense luminosité révéla son explosive crinière cuivrée. Nicholas compara les photos de la rousse avec cette femme qui se tenait à quelques mètres de lui. Concernant la couleur, il n'y avait pas de doute, elle était identique. Mais était-ce bien la même femme ? Était-ce la maîtresse de Stevens ?

Theresa sursauta. Le bruit du clavier venait de lui révéler une présence sur la terrasse voisine. Lorsqu'elle découvrit la Vénus, ce fut comme si elle voyait une extraterrestre. Elle resta un moment dans une apnée exagérément bouleversée qui tournait au grotesque.

– Bonjour, fit Posie, souriante, presque innocente.

– Bonjour…, répondit Theresa en reprenant une contenance.

Sa baguette entre les dents, Posie reprit son travail. Derrière son rideau Nicholas détaillait le visage de Theresa décontenancée par cette apparition.

– Vous louez la maison ? lança-t-elle.

– Deux nuits. Je repars demain, répondit la Vénus.

– Le travail ?

– Oui. J'ai une dernière session de retouches à faire sur des photos. Alors plutôt que de faire ça en ville, je me suis dit que c'était l'occasion de revenir ici. Au soleil et avec cette vue, c'est quand même plus agréable et moins étouffant.

– Vous connaissiez cet endroit ?

– J'étais déjà venue travailler en face, à la Waldo Cooperative.

– Chez les hippies ?

– Ce ne sont plus vraiment ce qu'on peut appeler des *hippies* !

La conversation aurait pu s'arrêter là. Cependant Theresa était comme tous ceux qui croisaient Posie : fascinée. Assez pour congédier son jeune amant et revenir douchée et pomponnée une demi-heure plus tard.

– Permettez-moi de vous offrir quelque chose. Un café ?

Posie fit ce qu'il fallait pour se faire prier avant d'accepter. Elle quitta sa terrasse, traversa le salon en adressant un sourire complice à Nicholas et s'éclipsa. En bon petit soldat, elle rejoignit la maison rouillée et frappa à la porte. Theresa lui ouvrit et les deux femmes disparurent dans la maison pour réapparaître quelques secondes plus tard sur la terrasse. Elles s'y installèrent devant un café écoresponsable, à portée des yeux et des oreilles de Nicholas.

– Vous auriez une paille ? fit Posie dans un sourire.

Theresa partit illico chercher l'objet.

– Désolée, je suis confuse, lança-t-elle tout en cherchant dans un tiroir. Voilà !

Et elle plongea la paille dans le mug de Posie qui téta son café sans attendre.

– Merci. Délicieux.

– Je vais me permettre une indiscrétion mais c'est un accident ? osa Theresa.

– La guerre. J'opérais dans une unité de déminage et une mine a sauté dans mes mains.

Choquée malgré l'apparente décontraction de son invitée, Theresa tenta une gorgée de café qui passa difficilement.

– Vous travaillez dans la photo ?

– Je suis assistante d'un photographe.

– Je le connais ? Enfin, il est connu ?

– Dans le milieu des mutilés de guerre. Ryland Shilling. Il photographie nos corps. C'est un travail qu'il a développé à l'hôpital des marines de San Diego l'année dernière. Vous voulez voir ?

– Ce sont des photos de personnes amputées ?

– Oui.

– Je ne préfère pas. Désolée.

Durant la gêne qui suivit, Theresa s'évertua à éviter les moignons de Posie. Mais ses yeux ne cessaient d'y revenir. Pour tenter d'y échapper, elle se focalisa sur le buste de la Vénus qui la fixait, un sourire aux lèvres.

– Ce sont des roses ? fit Theresa en désignant les tatouages qui dépassaient du tee-shirt sans manches.

– Soulevez-le.

– Non ! C'est juste une question…

– S'il vous plaît.

Le ton aimable mais ferme obligea Theresa à soulever le tee-shirt. Elle fixa la superbe poitrine tatouée de roses et de feuilles qui enserraient le buste. Beau et glaçant à la fois. Theresa ressentit que ce besoin d'exhibition était une façon de dire *regardez la beauté du reste de mon corps*.

– Vous avez une poitrine magnifique.

– J'avais de très belles mains aussi. J'étais assez belle.

– Vous l'êtes toujours.

– Pour vous peut-être. Pour moi je suis un monstre de foire.

Theresa remit le vêtement en place.

– En fait, je suis revenue pour un projet, reprit Posie. Je suis à la recherche de personnes qui vivent tout autour de la baie de San Francisco. C'est pour une série de portraits.

– C'est-à-dire ?

– Je suis chargée de trouver des gens qui vivent le long du rivage. C'est une sorte de casting. C'est pour cette raison que j'étais à la fête de la Waldo Coop au début du mois.

– Vous parlez des fiançailles ?

– Oui. Vous y étiez ? lança Posie innocemment.

– Vite fait.

– C'est pour ça que j'ai l'impression qu'on s'est déjà vues !

Theresa Merryll était passée aux fiançailles ! Nicholas n'en revenait pas. Elle lui avait donc menti, ainsi qu'à Keys, lorsqu'elle avait affirmé ne pas y être allée.

– Je m'y suis juste rendue pour demander qu'ils fassent moins de bruit mais vous imaginez bien que c'était peine perdue.

– C'est bizarre parce que j'ai aussi l'impression de vous avoir parlé.

– J'ignore combien de temps j'y suis restée. Vous savez comment se déroule ce genre de fête. On boit un verre, on discute avec l'un ou avec l'autre. On garde l'impression d'y avoir passé cinq minutes et au final on est resté une heure.

– Donc on a peut-être discuté ensemble.

– Je m'en souviendrais…

Theresa s'arrêta là, la gaffe était faite.

– En quoi consiste votre casting ?

– Je rencontre des gens pour qu'ils me racontent leur vie. Un peu de privé, un peu de professionnel. Je fais un résumé à Ryland, et il opère sa sélection. Son projet fera l'objet d'une exposition l'année prochaine dans les rues du quartier du Wharf. Ce sera une sorte de portrait vivant de la baie de San Francisco.

– C'est une jolie idée.

Joli mensonge, pensa Nicholas.

– Ça vous intéresserait ? demanda Posie.

– Pourquoi pas ? répondit Theresa, toujours attirée par les expériences.

– Ça prend à peine une dizaine de minutes. Avez-vous quelque chose à faire dans l'immédiat ?

– Non.

– Retraitée ?

– Non. Je suis rentière, une riche oisive.

– Alors je peux vous interviewer ?

– Avec plaisir.

Elle est très forte, pensa Nicholas, caché derrière sa fenêtre.

– Comment pourrais-je vous présenter ?

– *Riche oisive* ne vous suffit pas ?

– J'aimerais savoir ce qu'il y a derrière *riche*, par exemple.

– Trois veuvages.

– Trois ! Qui ont suffi pour vous mettre à l'abri ?

– Mon deuxième mari m'a laissé de quoi tenir plusieurs vies.

– Et vous les avez tués tous les trois ? plaisanta Posie.

– Trois accidents me les ont enlevés. Accident médical pour le premier, de la circulation pour le deuxième et domestique pour le troisième. Quand la vie s'acharne… Je dois préciser que je les ai beaucoup aimés. J'y ai mis un terme.

– Aux maris ?

– Aux élans amoureux. Aujourd'hui je paie. Une nuit, jamais deux. Du sexe, un café, un sourire et puis au revoir. S'ils ont un accident en sortant d'ici, ça ne me regarde plus.

– Riche oisive, trois fois veuve, sexuellement assumée, vous êtes californienne ?

– Non. Je ne vis ici que depuis un an.

– Et pourquoi habiter au bord de l'eau ?

– Pour avoir l'impression d'une vie de bohème. Ça durera ce que ça durera. J'étais persuadée que je ne m'y ferais pas, et figurez-vous que je n'ai aucune envie de partir. Ici, dans cette maison minuscule, enfin minuscule pour moi, j'ai l'impression que tout recommence. Comme si je vivais une seconde jeunesse. Je suis de New York.

– De naissance ?

– Non, péquenaude de naissance ! Je viens d'une ville trop petite et trop laide qui ne vous dira rien. De toute façon je préfère ne pas parler de ça…

– Pourquoi ?

– C'est trop loin. Aucun bon souvenir.

– Et vous n'avez donc rien fait pendant toute votre vie ?

– J'ai développé un certain talent pour la Bourse et disons que je fais ça à ma manière. Je suis actionnaire.

– C'est quoi votre manière ?

– Je ne fais pas ça uniquement pour l'argent. Je donne un sens à ce que je fais. Je fais ça pour être utile.

– Dans quel sens ?

– Je fais partie d'une importante association écolo. Disons que je suis une riche écolo-emmerdeuse ! J'achète des actions pour m'introduire dans les conseils d'administration. Dans un seul but : leur pourrir la vie. Ils me haïssent !

– Parce que vous êtes admise dans les conseils d'administration ?

– Je ne boursicote pas avec des pièces de vingt-cinq cents ! J'ai assez de millions pour aller m'asseoir où je veux. Et j'ai une prédilection pour les sociétés qui se croient tout permis.

– Par exemple ?

Derrière sa fenêtre Nicholas notait les réponses de Theresa Merryll.

– L'année passée, j'ai pris des participations dans le premier groupe d'emballage d'Amérique du Nord.

– Pourquoi ?

– Parce que nous voulions obliger les emballeurs à bannir les colles toxiques. L'année dernière, j'ai été convoquée à leur conseil d'administration. Si vous aviez branché votre télé vous auriez pu m'entendre à l'entrée et à la sortie de la réunion. Mon but est de porter notre message écolo au sein même des conseils d'administration.

– Et ça marche ?

– La médiatisation négative ? Toujours ! Les industriels détestent ça. On a gagné contre les emballeurs. Ils ont dû revoir complètement leur chaîne de fabrication.

– Et en ce moment, vous avez d'autres projets ?

– Oui mais c'est mon secret. Je garde toujours le secret sur ce que je prépare.

– Bien sûr.

Dans le salon de la maison jaune le charpentier ruminait des idées noires tout en fixant cette rousse surprenante.

17 juin 2018

Après le départ d'Urea et de sa bande, le chef Hanson annonça que la foreuse venait d'atteindre les mille deux cents mètres.

– On vient de toucher la roche.

– Il y a du pétrole ? demanda Lennie-Ray.

– Trop tôt pour le dire. Je vous préviens qu'à partir de maintenant, ça va prendre plus de temps.

Lennie-Ray se dirigea vers la baraque des ingénieurs où deux clampins somnolaient devant une multitude d'écrans informatiques.

– Je suis le proprio.

On lui indiqua une chaise et il s'installa derrière un des deux employés. Ses yeux se promenèrent sur les tableaux de chiffres, les oscillateurs étranges, sur l'image vidéo d'une espèce de rotor et sur d'autres appareils impénétrables.

– Ça dit quoi tout ça ? finit-il par lâcher.

– Ça dit que ça creuse, répondit le type devant lui.

– Et comment on sait quand on en trouve ?

Le type leva son index vers un nombre sur un voyant lumineux : 23.

– C'est le pourcentage d'humidité. Dès que ça va au-dessus des trente-quarante, c'est qu'il y a quelque chose.

– Pétrole ?

– Quelque chose d'humide.

Ce nombre devint la chose la plus importante au monde pour Lennie-Ray. Mais ce 23 s'obstinait à demeurer fixé sur 23. Ni 22, ni 24, et encore moins 25. C'est con les chiffres.

Soudain un klaxon retentit depuis les amandiers et un gros truck débarqua, suivi par l'éclat muet du gyrophare de l'unique voiture de la police de Tranquility. Le conducteur du premier véhicule, un fonctionnaire de Fresno, remit un papier officiel au chef Hanson, qui ordonna aussitôt la fermeture du chantier.

L'employé assis devant Lennie-Ray appuya sur le gros bouton rouge « Stop » et à l'écran le rotor cessa lentement de tourner. Tout s'arrêta. Lennie-Ray rejoignit le chef Hanson, qui lui donna le papier. C'était une injonction signée par le procureur du comté qui ordonnait la suspension immédiate des travaux de prospection. Urea avait fait le nécessaire pour flinguer le rêve des Parnell en plein vol. Fou de rage, Lennie-Ray fit une boule du papier qu'il balança à la figure du fonctionnaire. Celui-ci réclama une intervention de l'officier de police mais le flic resta du côté de son administré, qui s'évapora dans ses vergers.

C'est vers dix-neuf heures ce samedi 17 juin que la caravane de la fortune retraversa au pas la cour de la Nine Farm pour disparaître derrière la haie. Muette, le visage fermé, Pam observait le défilé depuis sa véranda.

Le lendemain matin elle trouva son fils en uniforme de marine planté sur le pas de la porte.

– Où vas-tu comme ça ?

– J'ai un rendez-vous.

– Avec qui ?

– Avec toi. Tu vas tout savoir.

– Sur quoi ?

– Sur toi. Habille-toi, je t'emmène.

Dix minutes plus tard la famille Parnell quittait la Nine Farm.

Ils roulèrent à travers les vergers du sud de la San Joaquin Valley en direction du nord. La mère silencieuse avait compris la destination de cette virée impromptue. Arrivé au numéro 2022 de l'avenue 21 ¼ à Firebaugh, Lennie-Ray s'engagea dans une allée arborée et coupa son moteur devant la pelouse verte des Di Marcio. En face s'élevait la belle façade blanche réparée des impacts de sa visite du mois de septembre. Sous le regard impassible de sa mère, Lennie trempa un joint dans sa flasque de formol avant de l'allumer. Il tira plusieurs fois dessus puis il sortit récupérer dans la benne de son truck la bouteille d'oxygène et la chaise roulante dans laquelle il installa Pam. Il s'empara de son fusil à pompe, engagea ses munitions dans la chambre, se campa solidement dans l'allée face à la porte et attendit. La maison semblait calme mais il savait que derrière les rideaux qui voletaient, on l'épiait depuis son arrivée. Le seul bruit qui perçait la chaleur était celui des mouches sur la moustiquaire de l'entrée. Il leva le canon, engagea l'index dans la gâchette puis pressa. Une détonation éclata et le coup pulvérisa les bardeaux blancs au-dessus de l'entrée. Lorsque la fumée se dissipa, il y avait un énorme trou dans la façade. Lennie récupéra son joint qu'il avait confié à sa mère et se remit à fumer tranquillement.

– Ça va. C'est assez comme ça, fit Pam en reprenant la cigarette.

Derrière les voilages un mouvement, des bruits de pas, et la rumeur d'une conversation indiquaient une apparition imminente. Pam prit ses roues à son cou pour rouler jusqu'à l'unique chêne planté au centre de la pelouse. Déjà barré loin au-dessus de la réalité, Lennie-Ray demeurait immobile.

– Ramène-toi ici, crétin ! lui lança sa mère.

Lorsqu'un fusil apparut à une fenêtre du premier étage, Lennie-Ray arrosa la façade. Il rechargeait son fusil en même temps qu'il avançait. Une vraie scène de guerre. Enfin la fusillade cessa. La maison ressemblait à une ruine sur un champ de bataille. Cette fois, il faudrait plus que des rustines de charpentier.

– Grand-père ! gueula Lennie-Ray.

Il attendit.

– C'est Raymond !

Une ombre s'approcha du châssis de la moustiquaire éventrée.

– Je viens chercher mon père !

On entendit les éclats de la voix de Rhonda.

– Sortez-le ou je viens le chercher ! aboya Lennie-Ray.

Il ajusta l'auvent, tira et la véranda s'effondra dans un énorme fracas. Derrière la moustiquaire, la silhouette tapie dans l'ombre avança vers la lumière. Le visage émacié du vieux Scott di Marcio se dévoila. Son fusil était braqué vers la grosse tête de son petit-fils. Les deux hommes se défiaient en silence. Arme contre arme. Une affaire de famille.

– Mon fils reste ici ! beugla Scott.

– Mon père vient avec moi ! répondit Lennie-Ray.

Ils étaient dans la même attitude. Celle du tireur qui vient d'aligner sa cible.

– Pourquoi tu veux garder ton fils chez toi ?

Scott n'était pas disposé à parler. Lennie-Ray continua :

– Tu le hais depuis toujours ! T'es sûr que t'as rien à nous dire ?

Un rictus apparut sur le visage du père de son père.

– Figure-toi que l'autre jour je suis allé à Stockton. Au bureau des mariages. Tu vois de quoi je parle ? Quand j'ai demandé la copie du divorce de mon père, devine ce qu'ils m'ont répondu.

L'index de Scott di Marcio tremblait sur la gâchette de son arme.

– Ils m'ont répondu qu'ils n'avaient rien. Aucun enregistrement de divorce au nom de Robby di Marcio. Rien de rien ! Et d'après eux s'ils n'ont rien, c'est qu'il n'y a jamais eu de divorce. Il va falloir que tu expliques ça à ma mère, Scott. C'est toi l'officier légal assermenté par le comté de San Joaquin, c'est toi qui t'en es occupé ! T'entends ça, Pam ? Ton Robby n'a jamais divorcé d'avec la reine des putes !

La chaise roulante de Pam sortit de derrière son chêne.

– Raconte-nous, Scott, l'épisode qu'on a raté, Pam et moi !

– Mon fils n'est pas divorcé parce qu'il ne voulait pas divorcer ! gueula Rhonda en poussant la chaise roulante de Robby jusqu'à son mari.

Le casting du face-à-face était au complet. La famille Di Marcio d'un côté, la famille Parnell de l'autre. Il ne restait plus qu'à décider de quel côté on allait ranger le légume.

– Jamais il n'a voulu divorcer ! hurla à nouveau Rhonda.

Robby était là sans être là. Son faciès mort était toujours bloqué sur sourire. Bouleversée par l'apparition de son homme, Pam ne put retenir ses larmes.

– Qu'est-ce que tu racontes ? demanda-t-elle.

– Quand elle a rencontré son nouveau type Terri voulait divorcer à tout prix et Robby a refusé ! C'est pas compliqué à comprendre ! fit le père Di Marcio.

– Comprendre quoi ? répondit Pam.

– Que si Robby avait accepté, on ne l'aurait jamais retrouvé dans cet état-là ! fit Scott.

– Il a fait une overdose ! fit Pam.

– Parce que tu crois qu'il s'est fait ça tout seul ? lança Rhonda. L'overdose, c'est elle !

– Pourquoi elle aurait fait ça ?

– Parce que si elle avait réussi son coup, elle aurait été veuve ! T'as compris, ma chérie ?

– Seulement à l'hôpital ils ont réussi à le ranimer, enchaîna Scott.

– Et pourquoi vous m'avez dit qu'ils avaient divorcé ? reprit Pam.

– C'est des histoires de famille, Pam. T'es pas de notre famille ! Reste en dehors de tout ça.

Lennie-Ray tira juste au-dessus de la tête de Scott Di Marcio.

– Moi, je suis de ta famille ! hurla-t-il.

– De notre famille ? C'est la meilleure ! Qui prouve que t'es bien le fils de mon fils ? Et tu serais quoi dans notre famille, Raymond ? Le chien de la famille ? Un clébard qu'on aurait mieux fait de laisser crever dans sa poubelle ! lui répondit Scott.

Une seconde détonation frappa le vieux Di Marcio, qui s'écroula sur le gazon. Lennie-Ray venait de réaliser sa promesse. Le révérend gisait avec des bouts de chair sanguinolents en guise de pied droit. Deux hurlements déchirèrent le silence. Scott qui hurlait sa douleur et Rhonda qui hurlait son effroi.

– Voilà. Comme ça, maintenant, on est de la même famille, fit Lennie-Ray en s'approchant.

Livide, Scott tenta de récupérer son arme que Lennie-Ray envoya balader avant de se planter en surplomb des grimaces de son grand-père et de lever le fusil à pompe vers la tête de Rhonda.

– Tu verras, Scott, avec un seul pied on peut toujours marcher. Rarement tout droit mais avec les années on prend l'habitude d'avancer en crabe. Mais sans sa tête, elle ira où ta femme ?

– Fais pas ça, gémit son grand-père.

– Alors réponds ! Pourquoi ils ne sont pas divorcés ?

– Le fric ! hurla le vieux.

– Le fric ?

– Oui. Le fric, abruti ! Le fric !

Cinq minutes plus tard, les deux chaises roulantes chargées dans la benne du truck, Leonard-Raymond Parnell s'éloignait de la demeure pulvérisée des Di Marcio. Il laissait derrière lui sa grand-mère avec ce qu'il restait de son grand-père et emmenait avec lui sa mère et son père.

Fin juin 2018

Au San Francis Memorial Hospital, dans un bureau du service de chirurgie, trois hommes étaient assis autour d'une table. Le lieutenant Keys, qui faisait face à Carlo Davila et Andrew Kennedy, posa une tablette au centre. Il appuya sur « Play » et une vidéo de quatre caméras de surveillance de l'hôpital commença à défiler. Sur la première séquence on reconnaissait Tina Wards dans un ascenseur parmi du personnel médical. Habillée d'un blouson sombre, emmitouflée dans le tourbillon d'un châle, elle dissimulait ses yeux derrière des lunettes de soleil. Sur la deuxième caméra elle traversait un couloir animé, absorbée par l'écran de son portable. Durant ce court extrait, on découvrait sa main emmaillotée d'un épais bandage. La troisième caméra filmait le niveau cinq du parking visiteurs. Une voiture attendait moteur tournant. Soudain Tina ouvrait la porte arrière, montait et la voiture disparaissait. La dernière vidéo montrait le niveau zéro du parking. On distinguait cette même voiture à la borne de paiement. On apercevait la vitre se baisser, une main payer, la barrière s'ouvrir et la voiture redémarrer.

Keys mit sur pause.

– Vous reconnaissez votre plaque d'immatriculation, Mr Davila ?

– Ce n'est pas ma voiture. C'est celle de Mrs Wards.

– C'est bien vous qui la conduisiez ? enchaîna le lieutenant Keys.

– Oui, c'était moi. Mais Mrs Wards n'y était plus.

– Nous venons pourtant de la voir monter au niveau cinq du parking.

– C'est exact. Mais au moment où nous en sortions, Mrs Wards n'était plus avec nous, répondit Kennedy.

– Vous vous foutez de moi ?

Non, firent de concert Davila et Kennedy.

– Vous voulez me faire croire qu'elle a disparu entre le niveau cinq et le niveau zéro ?

– Nous l'avons fait descendre, finit par lâcher Carlo. C'était prévu comme ça. Au niveau cinq on a ralenti juste avant de s'engager sur la rampe. Elle avait gardé sa portière ouverte. Elle est descendue une dizaine de secondes après être montée. L'essentiel était qu'on soit hors du champ des caméras.

– Ensuite ?

– Ensuite elle était censée récupérer une autre voiture que j'avais garée pour elle dans le centre-ville.

– Dans quel but ?

– Mrs Wards s'est mis en tête d'aller retrouver Mr Dennac.

– À quel endroit ?

– Aucune idée et je suis persuadé qu'elle ne le sait pas elle-même.

– Quelle marque, quel modèle, quelle couleur l'autre voiture ?

– Son vieux Toyota Hilux beige.

– Donc elle a pris cette voiture, et après ?

– En fait le Toyota Hilux est resté garé au coin de Larkin et de Fern. À deux blocs d'ici, c'est ça le problème…, fit Carlo Davila.

– Franchement, vous me fatiguez, les gars ! lança le lieutenant Keys, excédé.

– C'est elle qui nous fatigue ! fit Kennedy, abattu. Vous ne pouvez pas vous imaginer à quel point cette femme peut nous fatiguer. Tous les jours, toutes les nuits, toute l'année. C'est sa spécialité de fatiguer le monde ! Il y a deux jours elle s'est évaporée avec son cheval et quand elle a réapparu c'était pour se couper un doigt ! Hier, elle a attaqué les infirmières ! Et là, elle a été enlevée !

– Enlevée ? Votre dingue ne récupère pas sa voiture et ça implique, d'après vous, qu'elle a été enlevée ? Formidable ! ironisa Keys.

– C'est ce qu'on pense, affirma Carlo.

– Vous me prenez vraiment pour un con ! Et qui, selon vous, aurait pu l'enlever ?

– Des tas de gens ! Je vous rappelle, lieutenant, que Mrs Wards est la dix-septième fortune des US.

– Si seulement ils avaient réussi à la transférer en psychiatrie, on n'en serait pas là, fit Kennedy.

– Vous me soûlez avec votre milliardaire ! lança Keys, prêt à exploser.

– Bienvenue à bord, répondit Carlo, fatigué.

Keys sortit de l'hôpital pour se rendre dans un bar du quartier de Mission. Là, il appela le stagiaire qui vint le rejoindre. Lorsqu'il entra dans l'établissement qu'il connaissait bien désormais, Beman fila jusqu'au dernier box pour quatre, celui collé à la porte des chiottes. C'est là que se trouvait l'ex-copain du charpentier.

– Pourquoi ici ? demanda Owen.

– Une vieille habitude. C'est un bar où...

– Non. Pourquoi ici près des chiottes ?

– Je ne sais pas...

– L'habitude aussi ?

– Sûrement.

– Qu'est-ce que vous me voulez ?

– J'ai réfléchi. Tu as peut-être raison sur un point. Les infos ça peut aller dans les deux sens.

– Je vous écoute.

Keys se fendit d'un de ces sales sourires dont il avait le secret.

– Les patrons des Mobile Chapels, on les a identifiés : les époux Di Marcio, numéro 2022 de l'avenue 21 ¼ à Firebaugh.

– C'est qui ?

– Un couple de soixante-dix ans passés. Lui, Scott di Marcio, ancien prêtre catho des US Marines. Elle, Rhonda di Marcio, ancienne camionneuse. Reconvertis tous les deux dans la religion à remorque. Ils refourguent leurs chapelles sur les truck-stops, moyennant subsides divers et variés. Lucratif.

– Quel rapport avec Stevens ?

– J'attendais que tu me le dises.

– Vous les avez interrogés ?

– Impossible. Lui est en salle d'opération à l'hôpital de Fresno, et elle en cure de sommeil dans le même établissement.

– Qu'est-ce qui s'est passé ?

– On l'ignore. Il a eu le pied emporté par un tir de fusil à pompe et elle a fait un malaise cardiaque. Quant à leur maison… une vraie passoire.

– Quand ça ?

– Il y a quelques jours.

Owen prit un moment pour réfléchir. Dans quel but Keys lui racontait cette histoire ?

– Vous êtes encore persuadé que je communique avec Dennac dans votre dos ? C'est pour ça que vous partagez vos infos ? Pour que je les lui communique et que vous lui mettiez la main dessus ?

– Je te dis ça pour te demander de l'informer. C'est un ordre, c'est tout.

– Et il y a quelque chose qui m'obligerait à obéir ?

– Le bon sens. L'espoir de faire une carrière sans en être empêché par des personnes qui pourraient te pourrir la vie dans l'avenir. J'ai regardé. Tu as quand même un petit casier du temps où tu dealais à Auckland. Tu te souviens ou t'as oublié, Owen Beman ? Je suis certain que tu penses à ton avenir. Tu n'as pas réussi ce joli parcours pour laisser un flic te faire des misères !

Après tout, il n'avait peut-être pas tort. Dennac et cette première enquête, c'était du court terme. Alors que Keys pouvait lui être utile à long terme.

– Je fais quoi ? Je lui envoie vos infos sur les Di Marcio par mail ?

– Pourquoi pas ? Ça peut le faire sortir de son trou.

– Et aller à Firebaugh.

– C'est une possibilité. Tu m'as bien dit l'autre jour *partageons nos infos, aidons Dennac, ça fera avancer tout le monde.* Eh bien voilà. Tout le monde à la queue leu leu.

Owen se replongea dans ses pensées. Il lui semblait que les pièces du puzzle étaient presque au complet, mais il ne voyait pas comment les assembler.

– Il y a des choses qu'il ne t'a pas dites ? lui demanda K. K.

– C'est évident.

– Et il y a des choses que toi tu ne m'as pas dites ? enchaîna le lieutenant.

– Vous aussi il y a des choses que vous ne dites pas, répondit Owen.

– Pose-moi des questions.

– Vous êtes allé à Firebaugh chez les Di Marcio ?

– Pas encore, mais on ira ensemble.

Owen quitta le lieutenant, son box et ses odeurs de chiottes.

En obéissant à Keys ne trahissait-il pas celui qui lui faisait confiance ? Après tout le journalisme n'est pas toujours aussi glorieux que ce qu'on apprend dans les écoles. Trahir ou pas, c'est une question à laquelle il n'avait pas la réponse, mais c'était surtout une partie du process pour accéder à la professionnalisation.

Il rentra au journal et envoya son mail à njtemmerde@gmail.com.

*

Dans la maison jaune, concentré sur le PC de Posie, Njtemmerde recherchait le nom de Theresa Merryll parmi les actionnaires des compagnies pétrolières de la San Joaquin Valley. Mais aux États-Unis le registre du commerce n'existe pas. Impossible de trouver mention d'actionnaires, du montant de leurs apports, du nombre d'actions détenues, pas même l'identité des dirigeants d'entreprise. Rien. Si Theresa Merryll était actionnaire d'une de ces compagnies – ce que pensait Nicholas au vu de la conversation matinale avec Posie – c'était invérifiable.

Puis il découvrit le mail d'ojtemmerde@gmail.com. Il chercha s'il avait déjà croisé ce nom de Di Marcio au cours de son enquête. Aucune trace, aucun souvenir. Mais ce qui troubla le plus Nicholas fut la sécheresse du mail d'Owen :

IDENTITÉ DES PATRONS DE MOBILE CHAPELS :
SCOTT ET RHONDA DI MARCIO,
2022 AVENUE 21 ¼, FIREBAUGH.

Une visite à ces gens s'imposait.

Au milieu de l'après-midi Posie, qui en avait sa claque de faire tapisserie sur la terrasse, avait quitté le navire. Vers dix-sept heures, elle revint en sueur avec dans son sac à dos des munitions pour tenir plusieurs happy hours d'affilée.

– Tu lui as fait quoi à ta future femme ? questionna-t-elle en claquant la porte.

– Pardon ?

– Qu'est-ce que tu lui as fait que tu as oublié de me raconter ? Une femme qui vient de se fiancer ne se sectionne pas l'annulaire qui porte sa bague de fiançailles sans une très forte raison.

– Pourquoi tu me parles de ça maintenant ?

– Parce que ça me travaille depuis hier soir.

Nicholas chaussa sa trogne des mauvais jours. Tina n'était plus un sujet de conversation. Les séances avec Dailey Clark et Toni Dylan lui avaient suffi. Mais Posie était là pour en découdre.

– Moi, reprit-elle, si j'avais une ou deux mains pleines de doigts, je n'aurais jamais l'idée de m'en couper un. Ta femme…

– On n'est pas mariés !

– Et vous n'êtes pas près de l'être ! À mon avis elle ne veut plus se marier avec toi. Elle a fait une croix sur votre mariage. Ce qui est sûrement mieux, parce que se marier avec une femme qui pratique l'automutilation ce n'est pas franchement de bon augure.

– Je te rappelle que Tina est la mère de ma fille.

– C'est dire si t'es déjà bien dans la merde ! Un doigt par-ci, un doigt par-là, elle finira bien par y faire passer tout le bras. Si elle continue, fais-moi signe, que je le récupère. Ça commence à se greffer pas trop mal à ce qu'il paraît.

La blague ne fit rire personne.

Elle le planta là pour aller se rafraîchir sous la douche. Énervé par sa recherche vaine, par le mail d'Owen, par cette conversation et par le fait de ne pas pouvoir sortir de cette maison, Nicholas pêcha deux canettes de bière dans le sac de Posie et les vida d'un trait.

– Viens m'aider ! l'appela-t-elle.

Il la rejoignit dans la salle de bains où il termina de la déshabiller.

– Savonne-moi. Alors raconte, tu lui as fait quoi ?

Posie était de la compagnie des casse-couilles.

– Rien. Elle est folle, fit Nicholas tout en la savonnant.

– Ils disent *schizophrène* à la télé.

– Ils disent aussi *tueur* ou *présumé coupable* quand ils parlent de moi. Elle est dingue et c'est de pire en pire. Elle a décidé qu'il fallait que j'exécute je ne sais quels rites indiens à la con pour pouvoir l'épouser. Elle fait même venir son mustang devant ma porte chaque matin pour que je le monte comme un putain d'Indien. C'est un de ses esclaves qui vient faire le poireau devant ma porte avec cet abruti de canasson. Merde ! Je ne suis pas un de ses employés ! Je ne suis au service de personne !

Il s'énervait sur la savonnette et par voie de conséquence :

– C'est bon ! Tu me fais mal ! Rince-moi !

Ce qu'il fit.

– C'est récent cette idée de rites ? insista-t-elle.

– Ah oui ! C'est sorti il y a une quinzaine de jours.

– Après vos fiançailles ?

– Oui.

– Elle ne t'en avait jamais parlé avant ?

– Jamais. Elle m'en aurait parlé, il n'y aurait jamais eu de fiançailles.

C'est vrai ça, pensa-t-il tout en séchant la Vénus. Pourquoi ne lui en avait-elle jamais parlé avant ? Comme si tout d'un coup après ces foutues fiançailles elle le mettait au défi de réaliser quelque chose d'irréalisable. Elle ne pouvait ignorer qu'il ne deviendrait jamais un Indien. Jamais ! Cette réflexion de Posie était frappée au coin du bon sens : Tina se fabriquait une excuse pour ne plus l'épouser.

21 juin 2018

Dans les jours qui suivirent l'expédition chez les grands-parents Di Marcio, aucun flic n'était venu pointer sa plaque à la Nine Farm. Était-il possible que ni le révérend ni sa femme n'ait porté plainte ? Pam, qui savait que Scott détestait avoir affaire à la police, imagina que plutôt que d'aller à l'hôpital, le vieux révérend s'était fait scier la patte chez un rebouteux dans le style de celui qui avait raccourci la sienne.

En rapatriant son père au domicile familial Lennie-Ray avait accompli la première moitié de son plan. Il entama la seconde moitié le mercredi 21 juin. Bien avant l'aube il se rendit à la Viñeda Farm. Il camoufla sa voiture dans les amandiers puis boitilla jusqu'à un appentis d'où il avait une vue dégagée sur la maison d'Urea. À cinq heures du matin une ampoule illumina la cuisine. Lennie-Ray fuma son joint puis contourna la maison jusqu'à la fenêtre d'où il espionna Urea en conversation téléphonique. Il était question de la venue d'un journaliste de San Francisco qui enquêtait sur l'association sous une fausse identité. Lennie-Ray fit irruption dans la cuisine. Aussitôt la dispute éclata. La ferme résonna de leurs vociférations avant d'atteindre un paroxysme ponctué d'un coup de feu.

Dans la froideur de l'aube Lennie-Ray sortit le corps d'Enrique Urea pour s'enfermer dans le hangar. Le moteur d'une broyeuse agricole se mit en marche et une fumée bleutée s'échappa d'un petit conduit. Brusquement un cri horrible s'éleva. À coup sûr le hurlement du mort qui nc l'était pas tout à fait. Une série de coups de feu claquèrent et une volée de projectiles troua les feuilles de tôle.

Dans la remise, le brouillard du moteur avait tout envahi. Les odeurs infectes de chair se mêlaient aux relents d'essence. Le nez et la bouche masqués par un chiffon, Lennie-Ray vida un sac de chaux vive dans la broyeuse sanguinolente. Puis il se confectionna un nouveau joint. Avec minutie, il le trempa dans le formol puis souffla dessus. C'était ce qu'on lui avait appris à Camp Bastion. Trop imbibé, le joint avait tendance à s'enflammer alors qu'une seule minute était nécessaire pour que le formol s'évapore suffisamment. La première bouffée était généralement la bonne et celle-ci était à la hauteur des meilleures. Elle lui expédia le cerveau vers des limbes éloignés de ce pays des horreurs.

Quelle conscience avait-il de cette succession d'événements ? Aucune. Il y avait trop longtemps que Lennie-Ray Parnell était passé du côté obscur de lui-même pour avoir une quelconque notion d'une frontière morale à ne pas franchir. Durant son existence il avait appris qu'une mère pouvait jeter son gosse dans un container à ordures sans état d'âme, que des grands-parents pouvaient utiliser les membres de leur propre famille pour en faire des esclaves, que son pays décorait des soldats pour massacrer des civils, femmes et enfants de préférence, que la terre elle-même lorsqu'elle tremblait pouvait briser les humains comme des allumettes. Rien dans tout ce qui l'avait constitué n'indiquait que le mal n'était pas la norme. Et dans ce monde-là Lennie-Ray

Parnell s'était appliqué à être aussi normal que tout le monde, aussi mauvais, sans pitié et sans morale.

Des bruits de pas à l'extérieur le tirèrent de sa torpeur. À la jointure des tôles et du sol une ombre observait l'intérieur du hangar. C'était à coup sûr ce journaliste de San Francisco qu'attendait Urea.

Lennie-Ray attrapa son arme et enchaîna les coups de feu en criblant la tôle. Quand il sortit le journaliste s'était volatilisé. Lennie-Ray tira en avançant vers les vergers. Sa prothèse ne cessait de s'accrocher dans les rocailles. Il marchait en arrosant les amandiers. Au terme d'une demi-heure, il avait épuisé ses munitions et ses efforts.

– T'es où, le journaliste ? hurla-t-il dans l'océan d'arbres fruitiers. T'es qui, le journaliste ? Sors de là !

Il beugla à s'en péter les cordes vocales.

– Je vais te trouver !

Puis il abandonna.

En partant il tomba sur un vieux truck Ford vert dans lequel il ne trouva qu'un fatras de vieux journaux et d'outils en tout genre. Il creva les quatre pneus puis il fit le tour du domaine en voiture avant de disparaître. En rentrant il s'appliqua à passer chez Erwin le garagiste pour récupérer une commande de pièces détachées.

Fin juin 2018

Les rayons du couchant perçaient les brumes de chaleur au-dessus des amandiers de la San Joaquin Valley. Sur l'avenue 21 ¼, la Chevrolet du lieutenant Keys fila jusqu'au 2022 où elle bifurqua vers un chemin de terre. Elle fonça dans un nuage de poussière et stoppa devant la ruine du couple Di Marcio. Le flic et le stagiaire sortirent pour contempler le désastre. Devant le spectacle de désolation ils se posaient la même question : quel pouvait être le rapport entre cette scène de guerre et la mort du professeur Stevens ?

– Pourquoi Dennac s'intéresse à ce couple à ton avis ? demanda Keys.

– Je l'ignore. Ces gens ne sont même pas des fermiers et il n'y a aucun derrick sur leur propriété, répondit Owen. Et vous ? Je suis certain que vous en savez plus que moi sur ces gens.

– Quand il avait vingt-sept ans le vieux a fait deux ans au pénitencier de Pleasant Valley à côté d'ici.

– Pour quoi ?

– Recel de marchandises volées. À sa sortie il a intégré le corps des marines comme prêtre officiant pendant quinze années. Sa femme est une ancienne prostituée reconvertie dans le transport routier. Elle aussi a fait un an, au pénitencier de Chowchilla, pour vol de marchandises au Truck Stop 76 d'Ontario en 1985. Ils se sont mariés à la fin des années 80 et ils ont monté cette affaire de chapelles mobiles. Mais je n'ai rien qui les relie à cette huile de schiste sur laquelle Stevens travaillait.

Le silence s'installa tandis qu'ils admiraient les décombres que le soleil repeignait de pourpre.

– C'est la vallée qui les relie à l'huile de schiste, fit le jeune homme. Tous les habitants sont reliés à ces recherches pétrolières. Il y en a quelques-uns qui sont contre et tout le reste est pour. Ce sont ceux-là qui avaient le professeur dans le collimateur.

– Ainsi que le fermier Urea.

– Exact.

– Stevens et Urea, deux types contre l'exploitation pétrolière. Deux morts, fit Keys.

– J'imagine que vous avez mis la maison sous surveillance. Et si Dennac se pointe, vous l'arrêtez ?

– Oui. Il est poursuivi dans deux affaires ayant entraîné la mort de deux hommes.

– Vous pensez donc qu'il sera plus utile sous les verrous qu'en liberté ? C'est con ! Libre, il peut faire avancer l'enquête.

– Je pense en flic et toi en stagiaire.

– C'est ça. Et moi je pense surtout que vous rêvez de pouvoir le coffrer. Tout ça pour vous venger de cette histoire qui vous tord les neurones depuis trente ans.

Keys vira blanc comme une merde de laitier.

– Vous connaissez Dennac mieux que moi, il n'a tué personne, vous le savez. Seulement vous avez trouvé là une occasion de lui faire payer sa trahison.

K. K. fixait la maison tout en se mordillant les commissures.

– Et moi je joue le rôle de l'hameçon ! conclut Owen.

Keys retourna à sa voiture.

– J'ai un scoop pour toi, fit-il. Ça t'intéresse les scoops ?

– À propos de quoi ?

– Dennac.

– Vous voulez quoi en échange ?

– Que tu lui donnes rendez-vous.

– Où ça ?

– Ici, et le plus tôt sera le mieux.

– Et pour quelle raison je lui donnerais rendez-vous ici ?

Le lieutenant monta dans sa voiture, fit demi-tour et stoppa devant le jeune homme.

– Sa femme a disparu, balança Keys.

– Depuis quand ?

– L'autre matin à l'hôpital.

– *Disparu*, ça veut dire quoi ?

– Ça veut dire qu'elle s'est enfuie de l'hôpital et qu'on la cherche partout. Mais il y en a qui disent qu'elle a été enlevée.

– Pas possible !

– Le lieutenant Keys chargé de l'affaire penche plutôt pour une fuite, balança Keys.

– Pourquoi elle a fait ça ?

– Il y en a qui disent qu'elle est cinglée.

– Et vous, vous pensez quoi ?

– Je pense que tu m'impressionnes. À peine stagiaire et déjà ton premier scoop. Ça va faire son effet à la une du *San Francisco Daily Evening* ! Tu vas vite monter en grade toi !

Pris au piège, Owen ne savait plus quoi penser.

– Envoie-lui un petit mail pour lui dire que s'il vient tu pourras lui révéler où se trouve sa femme, enchaîna Keys.

– Il ne viendra jamais !

– Reste ici et fais ce que je te dis.

– Vous savez où elle se trouve ?

– Il est possible que je le sache avant tout le monde. Tu trouveras des bus à Firebaugh.

K. K. remonta sa vitre et disparut dans un nuage de terre verdâtre.

O. B. prit la route du retour, persuadé que la vitesse importait peu, pourvu qu'il garde le bon cap.

Il arriva à Firebaugh alors que le crépuscule virait mauve et monta dans le bus sous une voûte marine. En route il écrivit son article – plus de six lignes – sur son Smartphone et à minuit il était au journal pour corriger l'épreuve. Vers une heure du matin il admirait la une du *San Francisco Daily Evening* en compagnie d'Ed Bannon, le croulant rédacteur en chef revigoré par ce scoop tombé de nulle part. Le titre faisait les cinq colonnes et était accompagné d'une énorme photo de Tina flashée sur son brancard d'ambulance.

LA MILLIARDAIRE TINA WARDS A DISPARU !
FUITE OU ENLÈVEMENT ?

*

Une heure plus tard la pleine lune révélait d'insolites présences sur le miroir aquatique de la baie de Sausalito. Un serpent sous une barque, un batracien sur un corps-mort et des reflets humains sur la terrasse de Mrs Merryll. Le serpent disparut vers les profondeurs, le batracien goba un moustique et la baie vitrée de la maison rouille s'ouvrit. Dans sa chambre Theresa Merryll ouvrit un œil. Au bout de son lit deux silhouettes se tenaient dressées. Theresa se retourna vers sa table de nuit pour y attraper son téléphone portable mais il n'y était plus.

– Ne le cherchez pas, fit Nicholas calmement.

– Que faites-vous ici ?

– Pourquoi avez-vous affirmé à la police que vous n'étiez pas allée aux fiançailles alors que c'est faux ?

– Mais comment savez-vous que…

– Répondez-moi. Si vous refusez, j'appelle le lieutenant Keys. Vous lui expliquerez pourquoi vous avez menti.

– Je n'ai pas menti !

– Je détiens la preuve que vous avez aussi menti à propos de David Parker Stevens.

– Quelle preuve ?

– La preuve que vous l'avez bien vu la nuit du vendredi 2 juin.

Theresa sortit de son lit et suivit Posie et Nicholas dans le salon où ils s'installèrent dans l'obscurité.

– Avez-vous reçu la visite de David Parker Stevens, professeur au laboratoire de géologie de UC Berkeley ? questionna Nicholas.

– Non, répondit Theresa.

– Je pose ma question autrement. L'avez-vous rencontré la nuit du vendredi 2 juin ?

– Oui.

– À quel endroit ?

– Ici, sur sa terrasse. Quand je suis sortie, je l'ai remarqué. Je n'ai pas l'habitude d'avoir de voisin de ce côté-là.

– Que faisait-il ?

– Il observait votre bande de hippies qui célébraient vos fiançailles.

– De quoi avez-vous parlé ?

– De son métier. Un géologue, j'étais intriguée. Il m'a fait part de ses craintes d'un tremblement de terre imminent si rien n'était fait pour arrêter les prospections d'huile de schiste dans la San Joaquin Valley.

– Il vous a demandé si vous étiez actionnaire de la Panoche ?

Hésitation. Theresa refusait de répondre.

– C'est même pour vous en parler qu'il a loué ce Airbn'b, affirma Nicholas.

– Vous êtes fou !

– Soit vous répondez à mes questions, Theresa, soit j'appelle le lieutenant Keys pour lui montrer les deux photos de vous prouvant que, contrairement à ce que vous avez affirmé, vous êtes venue à nos fiançailles et que vous avez bien parlé avec Stevens cette nuit-là.

– Je peux voir ces photos ?

– Répondez d'abord ! Êtes-vous actionnaire de la société pétrolière Panoche ?

– Oui, lâcha-t-elle.

– C'est donc pour cela que Stevens est venu jusqu'ici pour vous parler ?

– Grotesque.

– Pourquoi vous mentez ?

– C'est exact, j'ai menti. Je suis venue à votre fête. Mais seulement dans l'espoir de faire cesser votre vacarme. Penser que David Stevens a loué ce Airbn'b uniquement dans le but de me parler est stupide ! S'il avait voulu le faire, pourquoi ne l'avait-il pas fait quand nous nous sommes rencontrés sur le Liberty Dock et qu'il m'a demandé si je connaissais le propriétaire de cette maison ?

Nicholas échangea un regard avec Posie. Tous deux pensaient la même chose, Theresa avait raison.

– Combien de temps avez-vous parlé avec le professeur Stevens avant qu'il ne se rende à la fête ? reprit Posie calmement.

– À peine un quart d'heure. Ensuite je suis partie chez une amie jusqu'à deux heures du matin et je suis rentrée. C'est à mon retour que j'ai fait un crochet par vos fiançailles. J'y suis allée pour demander qu'on fasse moins de bruit c'est tout. Et pour tout vous dire je n'étais pas assez alcoolisée pour oublier que j'aurais croisé Stevens là-bas ! Je ne l'ai pas vu à votre fête ! Merde !

– Avez-vous une idée de la raison qui a poussé Stevens à louer cette maison ? continua Posie.

– Non, aucune.

– Nicholas, tu peux appeler le lieutenant Keys. Elle se fout de nous, lâcha Posie froidement.

Nicholas composa le numéro de Keys.

– Arrêtez ! lança Theresa.

L'index en suspension Nicholas attendait.

– À la chorale, avoua-t-elle.

– Quoi, la chorale ? fit Nicholas.

– À Mill Valley, nous faisions partie tous les deux de la chorale. C'est là que nous avons fait connaissance il y a six mois.

– J'en étais sûre ! Elle s'est foutue de nous ! s'exclama Posie.

– Comme je vous l'ai dit ce matin, je fais partie d'associations écologistes proactives. Nous avons discuté une fois après la chorale et Stevens m'a parlé de ses préoccupations au sujet de la San Joaquin Valley. J'ai proposé de lui donner un coup de main.

– En prenant des participations à la Panoche ?

– Oui. Entre autres. C'est également moi qui lui ai dit que le nouveau patron de la Panoche venait de s'installer dans la maison voisine de la mienne. Je savais que Stevens faisait des pieds et des mains pour tenter de le rencontrer. Un matin De Posseters était sur sa terrasse. Il téléphonait pour réserver un déjeuner au Gary Danko. J'ai dit à Stevens. J'ai tenté de faire avancer les choses à ma manière.

– Mais pourquoi avoir menti au lieutenant Keys ? demanda Posie.

– Parce que moi aussi j'ignore ce qui s'est passé le 2 juin. Mais ce dont je suis sûre, c'est que Stevens a été assassiné par quelqu'un d'ici et que je n'ai rien à voir avec ça. Je ne sais pas qui il est venu voir à votre fête. Je pensais qu'il était là à nouveau pour De Posseters mais visiblement pas. Voilà, je vous ai tout dit. Bon, c'est quoi vos photos ?

Nicholas ouvrit son ordinateur et les lui montra.

– Alors vous pensez que cette femme, c'est moi ?

– C'est bien vos cheveux !

Elle détailla les photos attentivement.

– Non, ce ne sont pas mes cheveux. Et ce truc… n'est pas une robe. C'est une sorte de… je dirais que c'est une blouse de coiffeur. Je suis sûre que c'est du nylon. C'est absolument horrible. C'est ça vos preuves ?

Il se garda de répondre.

– Comme cette femme est rousse, vous pensez que c'est forcément moi ? Non, désolée, je ne porte jamais ce genre de déguisement. En plus sale et taché comme ça !

Il regarda à nouveau les deux prises de vue. En effet, la blouse était constellée de grosses taches brunes.

– Si je sors, même pour cinq minutes, j'évite généralement de le faire avec un vêtement constellé de taches. Vous pouvez fouiller ma garde-robe, je ne porte pas de blouse et jamais de nylon. Désolée, ce n'est pas moi ! Ce n'est pas une preuve, c'est rien !

21 juin 2018

De retour de la Viñeda Farm, Lennie-Ray alla se terrer dans son atelier. Pam ne le remarqua pas. Depuis que Robby, l'homme de sa vie, bavait à ses côtés, elle ne prêtait plus attention aux allées et venues de son fils. Désormais elle jouait à la femme au foyer avec une vigueur retrouvée. Elle s'était remise debout et traînait sa bouteille d'oxygène partout où elle se rendait, même au Tranquility Market où elle n'avait plus mis les pieds depuis des années. Et où elle allait, elle roulait son Robby avec elle, comme sa poupée.

De son côté Lennie-Ray s'était recroquevillé dans la semi-obscurité de son hangar qui ronronnait nuit et jour, la faute à une climatisation hors de proportion. Récupérée sur une remorque réfrigérée, elle crachait un vent glacial. Résultat, il fallait se couvrir comme en altitude pour ne pas mourir de froid. Et quand il ne travaillait pas sur ses remorques, Lennie-Ray se réfugiait dans un placard où il avait disposé un matelas assez large pour son gros corps. Là, dans son sac de couchage, il fumait toute la journée son sinistre cocktail qui lui décimait son restant de neurones et le plongeait dans de profonds comas.

Alors que Pam briquait la chaise roulante de son Robby au Miror, une voiture pila dans la cour. Shelly et Alester, deux flics de Stockton, en descendirent.

– Brooke Parnell ?

– C'est moi.

– On vient voir votre fils, fit le capitaine Shelly.

– À quel sujet ?

– On voudrait l'interroger au sujet de la fusillade chez vos beaux-parents, la semaine dernière. Votre fils aurait tiré sur le révérend. C'est son grand-père, n'est-ce pas ?

– On a tiré sur cette vieille ordure ? C'est pas trop tôt ! Ne me dites pas qu'on l'a raté !

– Il a perdu un pied. Ils ont essayé de le lui reconstituer à Fresno mais ça s'est mal passé. Ils viennent de le transférer à San Francisco pour le réopérer.

– Et ce serait mon Lennie-Ray qui l'aurait mis dans cet état ?

– D'après un des deux témoignages, c'est lui qui a tiré, répondit le lieutenant Alester.

– Le témoignage de qui ?

– Rhonda di Marcio.

– Impossible.

– Pourquoi ça ?

– Il lui aurait tiré dans la tête, pas dans le pied. Et c'est qui votre autre témoin ?

– Scott di Marcio lui-même.

– Il dit quoi ?

– Qu'il s'est tiré dessus tout seul.

– Pourquoi vous voulez voir mon fils alors ?

– Pour connaître sa version.

– Il y a eu plainte ?

– Mrs di Marcio a voulu déposer mais son mari l'en a empêchée. Où est votre fils ?

– Dans les vergers certainement. Vous avez un mandat ? demanda Pam.

– Non.

– Pas de plainte, pas de mandat ! Vous m'excuserez mais j'ai à faire.

– Autre chose. Vous avez reçu la visite d'Enrique Urea la semaine dernière. Il est venu à quel sujet ?

– Au sujet de venir nous empêcher de vivre, comme d'habitude !

– À cause des prospections ? fit le lieutenant Alester.

– Vous êtes au courant de ce qui est arrivé ce matin à la Viñeda Farm ? reprit le capitaine Shelly.

– On ne parlait que de ça ce midi au Tranquility Market. Et je peux même vous dire qu'on était plusieurs à être ravis !

– D'après de nombreux membres de l'Association de défense de la San Joaquin Valley, Urea aurait eu une altercation avec votre fils.

– Certainement ! Et je ne vois pas pourquoi il n'en aurait pas eu ! Urea s'est engueulé avec la totalité des propriétaires par ici ! Il s'est fait casser la gueule je ne sais combien de fois ! Il s'est fait tirer dessus du nord au sud de la vallée par des manches qui l'ont raté ! D'ailleurs je ne serais pas accrochée à mon tuyau, je vous garantis que j'aurais sauté sur ma pétoire pour foutre dehors cette saloperie d'Urea et toute sa bande !

– Ok, fit le flic, blasé. Nicholas Dennac, ça vous dit quelque chose ?

– Nicholas Dennac ? Non, jamais entendu parler.

– Très bien. Lorsque votre fils reviendra de ses vergers, vous lui donnerez ça. Plainte ou pas plainte, nous, on veut l'entendre.

Le capitaine laissa sa carte. Les flics repartirent sans que Lennie-Ray ouvre un œil. Il reprenait des forces en attendant la nuit pour filer visiter la reine des putes.

Fin juin 2018

Trois heures du matin. Mrs Merryll était confinée dans sa chambre tandis que Nicholas tournait comme un enragé dans son salon. Une flopée de sales impressions dansaient dans son crâne en gueulant à tue-tête. L'impression d'être revenu à son point de départ puis l'impression de ne plus rien comprendre. Enfin la petite dernière avec sa gueule d'empeigne, celle d'être largué. Les putes.

Nicholas s'effondra dans le fauteuil et se plongea dans son ordi où un nouveau mail d'ojtemmerde@gmail.com l'attendait sous la forme d'une courte phrase :

J'AI ÉCRIT UN ARTICLE DE PLUS DE SIX LIGNES.

Le petit con avait accompagné son texte d'une pièce jointe : une photo de la une du *San Francisco Daily Evening*.

LA MILLIARDAIRE TINA WARDS A DISPARU !
FUITE OU ENLÈVEMENT ?

Pas trace du fameux article. Nicholas s'enfonçait dans un cauchemar lorsqu'un second mail d'Owen tinta.

Si vous voulez savoir où se trouve votre femme,
rdv demain matin chez les Di Marcio.

Chez les Di Marcio ! C'était quoi ce rendez-vous à la con ? Pourquoi pas en ville ? Où était barrée Tina ? Soudain Posie débarqua comme une furie. Son sac à dos à l'épaule elle revenait de chez Toni Dylan où il l'avait envoyée. Elle se posa dans le fauteuil en face du charpentier.

– Je m'en vais monsieur. J'ai fait toutes les commissions que monsieur m'avait demandées. J'ai pourri la journée de la voisine. J'ai perdu mes deux journées à tourner en rond dans cette tôle. Je suis allée voir la folle qui vit au siècle dernier et qui m'a hurlé dessus sans que je comprenne pourquoi. J'ai couché avec monsieur plusieurs fois. Là, il est trois heures et demie du matin et j'ai commandé mon Uber qui va bientôt arriver. Monsieur n'a plus rien à me demander ? Je suis fatiguée et j'aimerais rentrer chez moi, très loin de monsieur.

Monsieur – quelque peu interloqué – ne trouvait pas de mots pour rebondir au laïus de mademoiselle. Elle se leva pour sortir.

– Toni t'a engueulée ?

– Engueulée ? Tu es assez loin de ce que je viens de subir ! Il faut dire qu'aller réveiller ce dinosaure à trois heures du matin était carrément du suicide. Mais tu t'es bien gardé de m'en parler. Si elle ne m'a pas passée par-dessus bord, c'est uniquement parce qu'elle a eu pitié d'une handicapée. Sinon, avec des bras, je serais revenue à la nage.

– Elle ne t'a rien dit ?

– Un, elle a dit que tu n'avais plus tous tes neurones. Deux, elle a dit que tu n'avais plus les yeux en face des trous. Trois, elle a dit que la menuiserie ça allait encore, mais qu'il fallait que tu oublies les enquêtes parce que ce n'était plus de ton âge. Peut-être que si tu avais réfléchi deux secondes, tu aurais mieux regardé tes photos et tu n'aurais soûlé personne. Ni moi pendant deux jours, ni Theresa Merryll au milieu de son sommeil, ni Toni Dylan à trois heures du matin.

Nicholas se pencha sur son ordinateur pour y scruter les photos et tenter de voir ce qu'il n'avait pas vu.

– Tu n'avais vraiment pas remarqué que c'était une blouse ? fit Posie, excédée.

– Non…

– Une blouse de coiffeur ! Maculée de taches de teinture !

De l'index, elle montra la nuée de taches brunes qui maculaient les deux épaules de la rousse.

– Deuxièmement, cette blouse fait partie des déguisements de Kaleena Dylan. Quand elles sont en concert, elle et ses copines se travestissent. La blouse et la perruque rousse sont des déguisements.

– Les cheveux, c'est une perruque ?

– Ce n'est pas une rousse sur ta photo. C'est peut-être une brune ou une blonde ou un homme. Par contre cette prétendue rousse n'est pas la fille de Toni Dylan puisque Kaleena est présente au premier plan sur les deux clichés.

– Mais merde, qui d'autre s'est servi de ces déguisements cette nuit-là ?

– Toni Dylan n'en a aucune idée. Elle m'a dit que vous étiez une centaine. Tous aussi déchirés les uns que les autres. Des tas de gens ont pu se déguiser.

– Donc cette femme qui est partie avec Stevens n'était pas Theresa Merryll ?

– Non. Et donc ton Stevens n'était là ni pour Theresa Merryll ni pour De Posseters. J'y vais, mon Uber est arrivé.

Elle balança un trousseau de clés sur la table basse.

– Tiens, les clés du Airbn'b. Claque la porte en sortant.

Et elle fila en lui lançant :

– Et oublie-moi ! Je pourrais te faire un doigt d'honneur mais les moyens mc manquent ! C'est dommage parce que le cœur y est !

Dans la nuit Nicholas rejoignit la maison jaune.

Par acquit de conscience il fit une dernière tournée d'inspection et s'arrêta net quand il remarqua un éclat qui scintillait sur le sol de la pièce. Entre les lames du parquet quelque chose était coincé mais hors de portée de ses gros doigts. Il s'allongea, colla sa bouche au parquet, aspira à fond et se releva avec la chose entre ses dents. Quand il comprit ce que c'était, son cœur frappa sa poitrine d'un coup sourd.

Entre son pouce et son index brillait son anneau de fiançailles fait d'un brin d'herbe et d'un fil d'argent.

Son anneau perdu.

Nicholas se faufila sous le Liberty Dock, reprit son itinéraire de gamin pour aller se glisser dans son cabriolet turquoise et à peine une demi-heure plus tard il était sur la route de la San Joaquin Valley, le pays des réponses à ses questions.

En s'engageant sur l'autoroute, il déposa son anneau en évidence sur le tableau de bord. Les lueurs intermittentes des lampadaires flashaient le bijou. Ce n'était plus un voyage, c'était un face-à-face. L'anneau revenu de nulle part l'interrogeait sur ce qu'il avait pu faire cette nuit-là. Sa première idée fut que dans l'inconscience de son ivresse cannabique, déguisé de la blouse et de la perruque rousse, il se serait rendu dans la maison jaune sans en garder aucun souvenir. Nul, idiot, impossible, invraisemblable. Il explora alors les rares images qu'il gardait de la soirée.

Il revoyait son arrivée avec Tina, les visages des amis, le groupe de rockeuses, l'échange des anneaux sur la barque, les bougies sur l'eau, les danses… Il chercha à s'en faire péter les lobes mais aucune réminiscence ne l'envoyait déguisé en rousse faire un tour dans la maison jaune.

Il se concentra ensuite sur son week-end post-fiançailles. Le samedi, il avait émergé en fin d'après-midi, et après des prolongations sexuelles, il avait aidé au rangement de la terrasse et avait dîné chez Toni. Le programme du dimanche avait été conforme à celui d'un dimanche à la maison, aucune sortie. Son premier souvenir de cet anneau remontait au lundi matin lorsqu'il s'était aperçu qu'il ne le portait plus à son doigt. Comment son foutu bijou avait-il pu atterrir entre les lames du parquet de la maison jaune puisque la première fois où il y avait mis les pieds, il ne l'avait déjà plus !

Épuisé par ses recherches, il fit une pause dans une station-service. Là, sous la lumière blafarde, le pistolet à essence à la main, il sentit une sale idée commencer à lui traverser l'esprit. Il enfila l'anneau. Mais celui-ci n'entrait pas. Son premier réflexe fut de forcer mais même en insistant c'était impossible. Pourtant il persévéra. Il voulait qu'il aille à son doigt. Il voulait que cet anneau soit *son* anneau. L'anneau n'entrait pas car il n'était pas à sa taille mais à celle d'un autre annulaire. Ce qui voulait dire que même défoncé, ivre, même rousse, même inconscient, il n'était jamais allé dans la maison jaune.

Lui non.

Elle oui.

Il n'avait donc jamais perdu son anneau dans la maison jaune. Ni ailleurs.

Elle oui.

Elle avait perdu son anneau dans la maison jaune et lui avait subtilisé le sien.

De toutes les réponses qu'il attendait, celle-là était assurément la pire.

Cette putain d'enquête était en train de le détruire.

Nicholas était un corps debout mais inhabité dedans. Comme si la vie qu'il avait partagée avec Tina était en train de s'arracher de toutes ses chairs. Il était sous la marquise de néon blanc, sonné comme un boxeur après un direct en plein visage. Tina Wards dans un coin du ring, Nicholas Dennac dans l'autre. Elle venait de frapper, il vacillait et l'on approchait de la fin du combat avec la certitude qu'il n'y aurait aucun vainqueur.

– Monsieur ? Quelque chose ne va pas ? lâcha le caissier dans les haut-parleurs de la station.

Un camion émergea du milieu de la nuit. Aveuglé, Nicholas sortit de sa torpeur pour adresser un salut rassurant au préposé. La vie revenait pleins phares.

Il s'installa derrière son volant, sortit son ordinateur pour se connecter à internet. Il tapa deux occurrences qu'il accola l'une à l'autre : Panoche et Wards Group. Des pages s'affichèrent et lui donnèrent la réponse qu'il craignait. Sur un site consacré aux compagnies pétrolières du Wards Group, il trouva bien la Panoche.

La découvrir dans cette liste revenait à découvrir le nom de la personne que Stevens était venu voir ce vendredi 2 juin au Liberty Dock. Le *Big Boss* à qui Stevens voulait s'adresser. Et ce *Big Boss* était la présidente du Wards Group, Tina Wards. Celle qui décidait de tout. Stevens avait profité de la soirée de fiançailles pour s'immiscer dans la fête et aborder Tina qui était d'ordinaire inaccessible.

Pour en avoir le cœur net il appela Clark.

– Allô, Clark ? Nicholas Dennac à l'appareil.

– Nicholas !

– J'ai une question. Est-ce que le Wards Group détient bien la compagnie pétrolière Panoche ?

– Oui.

– C'est donc le Wards Group qui a décidé la suspension puis la reprise des prospections d'huile de schiste dans la San Joaquin Valley ?

– Oui.

– Tina a-t-elle pris part à ces décisions ?

– Oui. C'est même elle qui a imposé la reprise.

– A-t-elle rencontré le professeur David Stevens ?

– Je n'en ai aucune idée mais je suppose qu'elle a vu quelqu'un en rapport avec la San Joaquin Valley le week-end de vos fiançailles.

– Qu'est-ce qui vous fait dire ça ?

– La semaine précédente De Posseters nous a demandé de suspendre les prospections sur la foi du rapport Stevens. Lorsque j'en ai parlé avec elle, elle a dit qu'elle s'en foutait. J'étais d'accord avec De Posseters, j'ai donc donné mon accord pour la suspension. Et puis le lundi après vos fiançailles Tina a soudain exigé la reprise. Donc oui, je pense qu'elle a vu quelqu'un qui l'a convaincue, ou obligée à reprendre les forages. Ces conneries de gisements vont faire péter la faille de San Andrea mais votre future épouse est une capitaine d'industrie qui ne pense qu'aux bénéfices de son groupe.

– Tina n'est pas ce genre de personne.

– Bien sûr que si ! C'est une capitaliste pure et dure, au cas où vous ne l'auriez pas encore compris. Le Wards Group d'abord, la faille de San Andrea après.

– Vous êtes tous dingues !

– J'ai démissionné, De Posseters aussi. Ils trouveront bien quelqu'un pour la cornaquer. Un psy me semble être la seule option. Votre femme est atteinte de schizophrénie.

– Je vous interdis de dire qu'elle est folle !

– Quand vous la trouverez, dites-lui de cesser de m'appeler. Et un bon conseil, démissionnez aussi avant qu'il ne soit trop tard, fit Dailey Clark avant de raccrocher.

Restait à savoir où était passée cette folle de Tina.

Il était temps d'appeler le petit con.

*

Owen Beman roulait dans la Chevrolet aux côtés de Kevin Keys lorsque l'appel de Dennac retentit. Il décrocha.

– C'est quoi ce rendez-vous ? lui demanda Nicholas sans préambule.

– On avait dit plus de téléphone.

– On avait dit que tu faisais ce que je te disais de faire. Pas que tu écrivais des articles à la con sur ma femme.

– Ce n'est pas votre femme !

– Elle est où ?

– Je ne sais pas.

– Alors pourquoi veux-tu me rencontrer là-bas ?

– Je saurai où elle est une fois que j'y serai.

– Tu me prends pour une bille ? Pourquoi veux-tu que je te retrouve là-bas ? Donne-moi la vraie raison.

Mais Owen n'en avait aucune à lui donner.

– Comment as-tu réussi à avoir l'adresse des Di Marcio ? enchaîna Nicholas.

– Un journaliste ne cite pas ses sources.

– Quelles sources ? Les sources qui te disent de m'envoyer chez les Di Marcio ?

Le jeune homme se tourna vers Keys mais le lieutenant fixait la route comme s'il n'existait pas.

– Tu ne sais rien et t'as encore beaucoup à apprendre, lança Nicholas avant de raccrocher.

– Qu'est-ce qu'il a dit ? fit Keys.

– Des conneries, marmonna Beman. Il sait des trucs mais il les garde pour lui.

– Comme tout le monde. Il va te falloir encore quelques années de stage avant de passer chez les pros, balança Keys, impassible.

Owen tourna son regard noir vers le paysage de la nuit.

*

Nicholas récupéra dans sa poche la carte SIM de son téléphone personnel, sachant qu'à l'instant où son numéro allait borner sur le réseau les flics le localiseraient. Mais c'était le cadet de ses soucis. Il composa le numéro de la femme à la perruque rousse, celle qui avait suivi le professeur David Stevens jusqu'à la maison jaune, celle qui avait perdu son anneau de fiançailles entre deux lames de parquet. Sa fiancée.

22 juin 2018

Lennie-Ray avait encore des menteurs à visiter pour parachever son œuvre délirante. Un peu après minuit il quitta la Nine Farm et roula jusqu'au parking du Liberty Dock surveillé par un couple de flics mal endormis. Aux premières lueurs de l'aube il aperçut la reine des putes qui traversait le carrefour sur un magnifique mustang noir. Pour la suivre il évita les deux fonctionnaires et clopina sur les chemins tortueux de la colline. Tina Wards le surprit au cœur d'un bosquet.

– On ne me fait pas ce coup-là, Leonard. Impossible. Ta mère aurait dû te dire que je suis une Indienne. On ne piste jamais une Indienne sans qu'elle s'en aperçoive.

Elle s'assit sur un rocher, où il la rejoignit.

– Je savais que tu allais revenir. Je suis même soulagée que tu sois là. Peut-être que je vais pouvoir enfin dormir. Je ne dors plus depuis qu'on s'est rencontrés. Parce que même si j'étais ivre et défoncée j'ai compris ce que tu as fait à Stevens.

– Vous vous souvenez de moi ?

– Quel choc ! Ça m'a pris du temps avant de recoller les morceaux. J'ignore comment je me suis retrouvée dans cette maison. J'ai dû suivre ce type. Je me souviens vaguement qu'il était sympathique et insistant. Mais il viendrait là, je ne le reconnaîtrais même pas.

– Il ne viendra pas.

– Je sais. J'aurais dû être heureuse après mes fiançailles mais je n'y arrivais pas. Je me suis traîné cette sale impression sans comprendre. Tout se délite depuis notre rencontre. Dis-moi ce que tu veux, qu'on en finisse ! Si c'est à propos des prospections, j'ai fait ce que tu m'as demandé ce soir-là. Et je peux te dire que ça m'a causé d'énormes problèmes avec mes collaborateurs.

– Je sais, c'est exactement ce que je voulais. Mais il y a eu des complications.

– Des complications ? Le président de la SJDA a été assassiné ! Tu appelles ça *des complications* ?

– La SJDA avait demandé au procureur de San Joaquin de suspendre les prospections !

– Je ne peux rien contre ça ! Tu vas tuer tous les gens qui se mettent en travers de ton chemin ? Tu ne sais même pas s'il y a de l'huile de schiste sous tes vergers !

– Ce n'est pas pour ça que je suis revenu. C'est parce que je sais pourquoi vous ne m'avez pas dénoncé.

Tina s'abstint de réagir.

– Puisque vous avez compris ce qui s'est passé avec Stevens, vous auriez dû me dénoncer aux flics. Mais non, rien. Alors je me suis dit que vous aviez forcément une raison. Pas vrai, Terri ?

– Terri ?

– C'est comme ça qu'on vous a toujours appelée à la maison.

Incapable de prononcer un mot, Tina fixait Lennie-Ray.

– Vous avez peur de moi, Terri, et je sais pourquoi. Quand j'ai demandé le certificat de divorce de mon père, on m'a dit qu'il n'existait pas.

– Et tu es revenu pour que je t'en donne la raison ?

– Oui. Parce que je n'arrive pas à m'expliquer comment vous avez pu vous marier avec votre milliardaire alors que vous n'étiez pas divorcée de mon père. Normalement on peut pas. Sur internet, ils appellent ça *bigamie.*

– Je suis désolée pour les prospections mais maintenant je ne peux plus rien faire, répondit-elle en tentant de reprendre de l'assurance. Mais tu as eu une bonne idée de revenir me voir, Leonard. Tu ne seras pas déçu. Il est temps pour ta mère et toi de profiter de cette huile de schiste. Après tout, peut-être qu'il y en a. Tu estimes ça à combien ? Je peux imaginer une sorte de dédommagement…

– D'après ma famille, je suis bête comme un chien. Alors moi, avec ma cervelle de chien, je dis que ce n'est pas possible de se marier alors qu'on n'est pas divorcé.

– Tu ne veux pas plutôt réfléchir à ma proposition ? fit-elle, armée d'un faux sourire.

– Vous ne répondez pas à ma question, Terri. Comment vous avez pu vous marier avec Tom Wards alors que vous n'étiez pas divorcée ?

– Qu'est-ce que tu cherches ?

– Je cherche à savoir ce qui se passera quand la justice apprendra que vous avez épousé votre milliardaire alors que vous n'en aviez pas le droit. Votre deuxième mariage sera invalidé. C'est ce qu'ils disent sur internet. Et tout ce qui vous appartient ne vous appartiendra plus.

Muette, elle marquait le coup.

– Et vous ne pourrez pas épouser votre charpentier.

– Ne fais rien pour empêcher ce mariage, Leonard ! murmura Tina d'une voix blanche.

– C'est pour ça que vous ne m'avez pas dénoncé, vous aviez la trouille de remuer cette saloperie. Parce que c'est une sacrée saloperie que vous avez faite à ma mère. Alors maintenant il va falloir payer.

– D'accord. Il n'y à qu'à faire le calcul. Vingt ans d'exploitation d'huile de schiste, dix mille dollars par mois pour le fermier, soit cent vingt mille à l'année. Et au bout de vingt ans, deux millions quatre. Deux millions quatre en espèces. D'accord ?

La grosse face de lune la fixa avant de lâcher :

– On en parlera quand j'aurai marié ma mère avec mon père.

Tina était livide.

– Vous vous procurez un certificat de divorce, vous le signez, vous vous ramenez à la Nine Farm et on le fera signer à mon père. Je vous donne jusqu'à la fin de la semaine. Après je vous dénonce pour bigamie, vous perdez tout et vous n'épouserez plus personne de toute votre vie.

– Impossible.

Il se redressa pour jeter un regard circulaire sur ce joli paysage verdoyant tacheté de ces dizaines de splendides demeures.

– N'empêche. Y en là-dedans, fit-il en pointant son index sur son crâne.

Et il s'éloigna en claudiquant. Atterrée, Tina fixa l'anneau de fiançailles trop grand pour son annulaire. Un anneau devenu obsolète et qui n'était pas le sien. Il était temps de s'en séparer, quitte à se couper le doigt.

*

Sur la route du retour Lennie-Ray s'arrêta à Stockton, à la convocation du capitaine Shelly. Concernant Scott di Marcio, Lennie-Ray confirma lui avoir rendu visite le jour de la fusillade mais mentit en déclarant l'avoir quitté sans violence, en emmenant son père avec lui. Il émit l'idée que cette fusillade était la conséquence d'une crise au sein du couple Di Marcio suite à ce kidnapping. Le capitaine, ignorant le psychodrame familial autour de Robby Di Marcio, promit de se renseigner pour savoir si cet enlèvement était légal ou non. Concernant la Viñeda Farm, Lennie-Ray répéta en boucle son emploi du temps pour le matin de l'assassinat d'Urea. Il avait travaillé sur ses remorques et n'était sorti qu'une fois, en fin de matinée, pour récupérer une commande de pièces détachées chez Five Points Machinery & Equipment. Shelly se focalisa sur la dispute avec Urea. Lennie-Ray raconta les choses comme elles s'étaient passées. La vieille querelle qui subsistait depuis la maladie de sa mère et l'altercation dans la remise. Cette version recoupait les témoignages que Shelly avait recueillis. De fait, Urea était détesté aux quatre coins de la vallée. Tous les fermiers pensaient que l'inavouable but d'Urea était de défendre les chimiquiers pour qui il travaillait encore. Les menaces de mort sur sa personne étaient tellement nombreuses et avérées que le capitaine Shelly disposait d'un grand nombre de pistes pour trouver son meurtrier. Lennie-Ray Parnell n'était qu'un nom sur cette longue liste.

Deux jours plus tard, un grand et beau Portoricain débarqua à la Nine Farm de la part de Tina Wards. Il apportait avec lui un chèque de deux millions et demi de dollars. Lennie n'avait plus qu'à le prendre, remplir son sac, quitter papa et maman et cette vallée maudite pour aller refaire sa vie ailleurs. Mais enfermé dans l'idée de marier sa mère et son père, il refusa et le Portoricain repartit avec son chèque.

Le vendredi, ça commença à sentir. Dès l'aube Pam vint cogner et vociférer à la porte du hangar jusqu'à ce que son fils émerge des abysses de sa défonce.

– Tu ne sens pas ? Ça pue ! lui lança Pam.

– Ça pue quoi ?

– À ton avis ! Ça te bouche aussi les narines tes saloperies de cigarettes ?

Lennie-Ray fila à travers les vergers jusqu'à la cuvette où la Panoche avait foré. Ses pneus avant s'arrêtèrent à quelques centimètres d'un marécage noir au centre duquel de grosses bulles molles crevaient la surface. Il avait devant lui une marée de pétrole visqueux qui remontait des tréfonds de la Nine Farm. En à peine cinq minutes, l'huile de schiste léchait déjà le bout de ses chaussures. La mare se transformait en étang à vue d'œil, il fallait faire quelque chose. Il se précipita à Fresno au bureau de la Panoche, qui envoya le chef Hanson organiser le pompage et le transport de l'hydrocarbure.

– C'est un putain de gisement ! assura-t-il à Lennie-Ray. Et maintenant que ça pisse comme ça, va falloir le pomper avec autre chose que des pompes agricoles ! À moins de prendre la responsabilité d'une marée noire souterraine, personne ne pourra plus empêcher qu'on vous colle un derrick ! On dirait que vous avez gagné le gros lot, vous !

Un grand sourire fut la seule réponse de Lennie-Ray.

Fin juin 2018

– Où es-tu ? fit la voix de Tina dans le portable de Nicholas.

– Une station-service sur la route de la San Joaquin Valley.

– Il paraît que tu travailles pour le journal de ton beau-père ?

– Parce que toi tu me parles de tes affaires puantes ?

– Quelles affaires puantes ?

– Tes saloperies de sociétés qui prospectent dans la San Joaquin Valley et qui vont tout faire péter. Tout ça pour que tu te fasses encore un joli tas de millions de dollars. Capitaliste de merde ! Tu es consciente de ce que vous faites dans cette vallée ? Des risques que vos conneries de prospections vont provoquer ?

– Ça ne te regarde pas.

– Et puis pourquoi tu t'es coupé ton putain de doigt ?

– Je t'expliquerai.

– Stop ! Terminé ! Arrête de me prendre pour un con. Je ne joue plus au mec qui comprend, c'est fini. Tu vas dans le mur si tu as envie d'aller dans le mur. Mais vas-y toute seule ! Sans moi, et surtout sans la petite !

– Tu ne veux plus m'épouser ?

– Mais t'es sérieuse là ? Tu crois que je vais épouser une femme qui se coupe les doigts ? Une dingue de capitaliste qui va faire péter la faille de San Andrea ? Qui manœuvre pour me faire signer des chantiers ? Qui veut que je joue aux Indiens dans les collines ?

– Tu ne peux pas dire que tout est fini avant que je t'explique ! Il faut qu'on se voie ! lança Tina.

– Où es-tu ? demanda Nicholas.

– Dans la San Joaquin Valley.

– Mais qu'est-ce que tu fais dans cette putain de vallée ?

– J'essaie de sauver notre mariage ! J'ai un double appel. Quitte pas.

Nicholas patienta lorsqu'un double appel retentit aussi sur sa ligne.

– Dennac, c'est Keys. Désolé d'interrompre ta conversation avec ta fiancée mais ton téléphone vient de borner.

– Tu ne perds pas de temps.

– Je dois t'informer que tu es sous le coup de deux mandats d'arrêt en qualité de suspect principal. Le premier dans le cadre de la disparition du professeur Stevens et le second dans l'affaire du meurtre de la Viñeda Farm.

– Tu ne m'apprends rien.

– Je te propose deux solutions. Un, tu te constitues prisonnier, ce qui sera pris en compte dans le déroulement de la procédure.

– C'est ça ! Et tu veux qu'on se retrouve où ? Chez les Di Marcio je suppose ?

– Deux, tu vas…

– Je vais prendre la deuxième solution.

– Tu penses aller où ?

– Retrouver ma femme.

– Tu n'es pas marié et certainement pas près de l'être.

– Qu'est-ce que tu en sais ?

– J'essaie de comprendre pourquoi Mrs veuve Wards s'est présentée hier matin au bureau des mariages de la mairie de San Francisco pour demander un formulaire de divorce.

– Pardon ?

– Tu n'es pas au courant ? Ça ne m'étonne qu'à moitié. Il semblerait que ta veuve Wards te cache pas mal de choses à toi aussi. Pas un excellent présage en vue d'un mariage…

Sans attendre Nicholas remonta derrière son volant.

– Écoute, Dennac. Il est tout à fait possible que tu te sois encore collé dans un drôle de merdier, vu que c'est ta grande spécialité, mais peux-tu me dire si oui ou non Mrs Wards est victime d'un chantage ?

– Quoi ?

– Hier, après la mairie, ta fiancée a retiré deux millions et demi de dollars à sa banque. En espèces je précise. Sais-tu à quoi va servir cet argent ?

– Aucune idée. Dis-moi où elle est.

– À Five Points. Je te le dis parce que je sais que tu vas t'y précipiter.

Excédé, Nicholas se contenta de soupirer.

– Une précision, Dennac. Elle est armée. D'après son garde du corps, elle a son Glock 40. Donc pour résumer ta fiancée est à Five Points avec deux millions et demi de dollars en liquide et un Glock 40 dans sa poche.

Un frisson parcourut le dos de Dennac.

– Si ce n'est pas pour retrouver un maître chanteur, c'est pour rencontrer qui d'après toi ? Quelqu'un en lien avec la mort de Stevens ?

La question de Keys corroborait ses conclusions. Tina avait un rapport avec la disparition de Stevens.

Keys tenait son volant d'une main et de l'autre son téléphone en mode haut-parleur.

– À tout de suite, Dennac, fit-il avant de raccrocher.

À ses côtés Owen n'avait pas raté une miette de la conversation.

– Il n'ira pas à Five Points. Il va couper son portable et vous ne pourrez plus le retrouver.

– Il ira là où elle sera.

– Et si elle coupe son portable ?

– Je suis un flic d'avant les portables.

*

En reprenant l'autoroute Nicholas appela Tina mais son portable était hors zone.

Avant d'éteindre sa ligne personnelle, il consulta sa messagerie. Il zappa les innombrables appels des différents services de police puis ceux de plus en plus insultants de Tina. Suivaient une série de messages peu aimables du représentant du Liberty Dock qui lui demandait les raisons de son absence du chantier. Le dernier appel était celui du garagiste de Five Points. *Pour votre compresseur de climatisation j'ai un modèle qui correspondrait sur une remorque chez un collègue. Appelez-moi.*

– Allô ? Five Points Machinery & Equipment. Erwin à l'appareil.

– Bonjour, Erwin. Vous m'avez laissé un message il y a une semaine pour mon compresseur de climatisation.

– Ah oui, le vieux pick-up Ford ! Effectivement, j'aurais un compresseur qui ferait l'affaire si ça vous intéresse.

– Oui, ça m'arrange. Ça vient d'où ?

– Un collègue de Tranquility.

– C'est pas le mécano de Mobile Chapels ?

– Si.

– C'est quoi son nom ?

– Lennie-Ray Parnell.

– Depuis le temps que je cherche à lui remettre la main dessus !

– Vous le connaissez ?

– Lennie-Ray ? On fait du surf ensemble à Half Moon Bay. Vous avez son adresse ?

*

Erwin avait raccroché depuis un moment mais il demeurait immobile sur le seuil de son atelier, attiré par une présence insolite. Une rutilante décapotable jaune était arrêtée devant la petite église. La main en coupe pour se protéger du soleil matinal, Erwin admirait la conductrice qui portait un Seminole blanc et semblait perdue dans ses pensées.

Fatiguée du regard lourd du garagiste, Tina Wards le dévisagea jusqu'à le faire disparaître dans l'obscurité de son hangar. Puis elle contempla la petite église où elle s'était mariée une vingtaine d'années auparavant. Rien n'avait changé. Elle se revit sur les marches au bras de Robby, et sursauta lorsque claqua le souvenir du coup de feu tiré par son amie d'enfance.

Elle redémarra jusqu'au carrefour des cinq routes, où la décapotable jaune s'engagea sur le trait de bitume noir au milieu de l'océan d'amandiers verts en direction de Tranquility. Sur le volant, la main gauche de Tina enserrée dans un épais bandage post-opératoire défraîchi. De mémoire, elle retrouva son chemin à chaque embranchement. Avenue 4, avenue 4 ¼, avenue 5, 6… la décapotable jaune franchit les avenues les unes après les autres pour s'arrêter au carrefour de la 8 ½ et de la 9.

Elle récupéra dans son sac à dos un stylo et un certificat de divorce de l'État de Californie. Elle y apposa son nom puis celui de son premier mari mais se garda de signer le document, qu'elle replia. Elle vérifia que son Glock 40 était chargé puis bifurqua vers l'avenue 9. Dix minutes plus tard, elle stoppait dans la cour de la Nine Farm. Au milieu des volutes de poussière apparut le visage de son amie d'enfance flanqué de son sinistre masque à oxygène. Comme une vingtaine d'années auparavant Pam était assise sur son muret et Tina derrière le volant de sa décapotable. Mais cette fois Robby était aux côtés de Pam.

Les deux anciennes amies prirent le temps de se dévisager en cherchant les marques du temps. En un instant les belles années du Blue Grizz remontèrent à la surface et embuèrent les regards. Les deux adolescentes inséparables étaient désormais des femmes que tout séparait. L'une était reconnaissable, l'autre non. La mieux conservée était riche, la pauvre était en ruine.

Pam retira son masque à oxygène.

– Qu'est-ce que tu fous là, Terri ?

– Laisse tomber Terri, répondit Tina derrière son volant.

– T'as oublié quelque chose ?

– Un détail, Brooke.

– Laisse tomber Brooke. Un détail qui me concerne ?

– Qui concerne le zombie.

– Alors ça me concerne.

– Je suis ici pour voir son fils.

– *Notre* fils, affirma Pam en posant sa main sur celle de Robby.

– Celui que t'as foutu à la poubelle ? Il est où ?

– Va savoir. C'est plus un gosse aujourd'hui. Un jour il est ici, un jour il n'y est plus. Si ça se trouve, t'es venue pour rien.

Tina descendit de voiture. Elle prit son temps pour détailler la cour, la maison, l'atelier et les vergers dévastés. Son examen se termina sur la lippe de Robby qui était certainement l'élément le plus effrayant de cet angoissant décor. Lugubre, la Nine Farm.

Elle retrouvait son premier mari avec exactement la même expression que la dernière fois qu'elle l'avait vu. Cela lui souleva le cœur.

– Comment tu peux vivre avec ça ? dit-elle. Fallait pas monter dans ce camion, Pam. Je t'en avais empêchée mais t'en as fait qu'à ta tête.

– Il fallait un père à mon enfant. Ils étaicnt la seule adresse que j'avais.

– T'as merdé. Toute seule et sur toute la ligne.

Pour éviter de pleurer, Pam se recolla son masque pour inspirer plusieurs lampées d'oxygène.

– Tu m'as volé ma vie, répondit-elle.

– C'est toi qui as décidé de ta vie, pas moi. Accuser les autres, ça évite toujours de se poser les bonnes questions.

– Sale pute !

– C'est les putes qui montent dans les camions. Je ne suis jamais montée dans un camion, moi. Je suis allée à Los Angeles en première classe, dans le bus de ton zombie, ma chérie.

Tina se retourna, attirée par une lointaine rumeur de moteur.

– Qu'est-ce qui fait ce bruit ?

– Vous, répondit la voix de Lennie-Ray. Vos camions.

Il était immobile sur le seuil de la maison. Il avait revêtu son uniforme bleu nuit à boutons dorés et sa casquette blanche à visière noire des US Marines. Sa tenue d'apparat était bardée de médailles. Un soldat de plomb.

– Je croyais qu'on avait interdit les prospections.

– Vous pompez notre pétrole.

– Il y a du pétrole ici ?

– Il y a trois jours, ça s'est mis à déborder tout seul. Même vos gars n'en reviennent pas. Ils vont être obligés de nous coller un derrick. Et ni le procureur ni le comté n'ont rien pu dire.

Il posa son pied de ferraille devant celui de chair et d'os, et se mit à marcher au pas militaire en direction de Tina. Ses pupilles en têtes d'épingle révélaient son état. Défoncé, il avançait comme s'il n'allait plus s'arrêter et l'écraser sur son passage. Devant cette masse agressive, Tina plongea sa main dans sa poche. Il stoppa sa gueule toute cirée et menaçante à quelques centimètres de son visage.

– Ma mère a raison, vous êtes une sale pute.

Et il se fendit d'un sourire trop large pour être sincère.

– Vous avez le certificat ?

– Je l'ai, fit Tina.

– Signé ?

– Pas encore. Cette fois, je veux être sûre qu'il le signe d'abord.

– Je ne sais pas ce que tu lui as dit mais tu lui as redonné le sourire ! Lui qui ne sourit jamais ! lança Pam dans son dos.

*

Le pied à fond sur l'accélérateur Nicholas Dennac contourna la San Joaquin Valley par l'est pour éviter les escouades du lieutenant Keys. Il détestait ce retour dans cette vallée. Rien ne sonnait juste, ni la végétation ni les sales raisons qui y avaient amené Tina. Il avait l'impression de s'enfoncer dans un cauchemar. *À Tranquility, la Nine Farm sur l'avenue 9*, lui avait dit Erwin.

Vingt minutes plus tard il écrasait la pédale de frein devant la ferme. Au bout de l'allée son cauchemar venait de prendre forme. La décapotable jaune de sa fiancée était plantée au milieu de la cour. Que faisait-elle chez Lennie-Ray Parnell ? Il récupéra son arme et s'approcha de ce drôle de silence, le même que chez Urea le matin du meurtre. La Nine Farm ressemblait comme deux gouttes d'eau à la Viñeda Farm. L'impression était sinistre. La maison, le hangar, le matériel agricole, tout était saupoudré de cette poussière mortifère. On était fin juin, il était à peine dix heures du matin, et quelqu'un là-haut avait poussé sur max le bouton du micro-ondes.

*

À une dizaine de miles de là, une nuée de voitures de police envahissait la localité de Five Points, en prenant place aux cinq coins du hameau. Certaines en embuscade derrière des bâtiments ou des rideaux de végétation, d'autres bien en vue sur les bas-côtés des cinq routes. Très vite, les rares habitants qui n'étaient pas le nez collé à leurs fenêtres sortirent des maisons. Les inspecteurs les abordèrent en leur montrant les photos de Nicholas Dennac et de Tina Wards tandis que le lieutenant Keys entrait avec Owen Beman dans l'atelier du Five Points Machinery & Equipment où Erwin était perché sur un tracteur.

– Lieutenant Keys, San Francisco Police Department. Vous êtes le propriétaire ?

– C'est moi, fit Erwin en coupant son transistor.

Il descendit de l'engin pour aller à la rencontre de ce type en costume sombre qui exhibait sa plaque de flic.

– Vous venez de recevoir un appel il y a une bonne heure d'un dénommé Nicholas Dennac.

– Exact.

– Quelle était la raison de son appel ?

– Il me rappelait pour son compresseur de clim. Je lui en ai trouvé un d'occase.

– Et il va passer quand ?

– Il ne me l'a pas dit. Qu'est-ce qu'il a fait ?

– Vous n'avez parlé que de sa clim ? Rien d'autre ?

– Il a demandé après Lennie-Ray Parnell.

– C'est qui ?

– Le type chez qui je récupère les compresseurs.
– Pourquoi ?
– Ils ont fait du surf ensemble.
– Il est amputé ? demanda soudain Owen.
– Oui.
– Il habite où ce Lennie-Ray Parnell ? fit Keys.
– À une vingtaine de minutes d'ici.
En ressortant du garage, Keys arrêta Owen.
– Qu'est-ce que tu sais sur ce Parnell ?
– C'est lui qui a tiré sur Dennac à la Viñeda Farm chez Urea.
– Qu'est-ce que tu sais d'autre sur lui ?
– Dennac m'a dit que cet amputé était l'élève de Stevens.

*

Dans la cour de la Nine Farm, Nicholas fixait l'atelier avec appréhension. Ce hangar de tôle ondulée lui rappelait celui où Urea avait fini. Son angoisse, c'était que Tina y soit enfermée avec le dingue au masque de cire. Il se résolvait à aller glisser un œil quand un cri s'éleva de la maison :

– Signez !

Cette voix, c'était celle qu'il avait entendue dans les vergers de la Viñeda Farm.

– Il a signé ! C'est à votre tour ! Vous avez promis ! Signez !

En deux pas Nicholas fit le tour de la maison jusqu'à une porte par laquelle il pouvait voir le salon où Tina tenait trois personnes en joue : cet énorme type revêtu d'un uniforme d'apparat que Nicholas reconnut comme l'élève de Stevens, et deux vieux, le cul vissé dans des chaises roulantes. Qui étaient-ils ?

– Leonard-Raymond, ouvre ce sac ! lança Tina.

Lentement la masse boitilla jusqu'au sac à dos posé sur la table.

– Tu vois que je tiens mes engagements. Il y a deux millions quatre cent mille dollars pour vous.

De sa grosse paluche Lennie-Ray saisit un paquet de billets. Puis d'un air dégoûté il le laissa retomber dans le sac.

– Vous signez comme on a convenu. Sinon votre fric, vous pouvez vous le foutre au cul, fit le marine.

– Je ne signerai jamais ! Alors si tu ne prends pas cet argent, je vais faire ce que j'aurais dû faire il y a vingt ans, fit Tina.

Son arme pointa le visage du vieil homme.

– Tu l'as déjà fait. T'as déjà essayé de le tuer, répondit la femme. Mais quelqu'un l'a ramassé avant qu'il crève. Raconte-nous ça, Terri !

La main sur la porte Nicholas retenait sa respiration, il était déjà perdu. Terri ? Pourquoi cette femme appelait-elle Tina Terri ?

– Quand tu as rencontré ton milliardaire, t'as tout fait pour que Robby accepte de divorcer. Mais il a toujours refusé. Ça t'a rendue folle.

Tina blêmissait.

– Il avait déjà fait combien d'overdoses ? Deux ? Trois ? Alors tu t'es dit qu'après tout, une de plus... T'as dû lui mettre une sacrée dose pour lui coller le cerveau comme ça.

Nicholas fixait Tina qui n'avait rien à dire, rien à répondre.

– Je veux que tu m'expliques ! Je veux que tu me racontes en détail. Sinon je te laisse te débrouiller avec mon Lennie-Ray, ma chérie.

Au bout du bras de Tina le Glock 40 devenait pesant.

– Oui, lâcha la voix blanche de Tina. C'est moi qui lui faisais ses shoots. Ce soir-là on s'était encore battus à cause du divorce. Il frappait fort. Alors je lui ai doublé sa putain de dose et je suis partie. Le lendemain quand je suis rentrée, ils l'avaient emmené à l'hôpital.

– Qui ça ?

– Le guitariste et sa copine. J'y suis allée mais les Di Marcio m'ont interdit de l'approcher.

– T'es vraiment une sale pute !

– Si tu le dis.

– Et aujourd'hui tu reviens pour m'empêcher de l'épouser.

– C'est ça.

Les deux femmes se fixaient et beaucoup de douleur passait du regard de l'une dans le regard de l'autre.

– Mais comment tu as pu te marier avec Wards sans jamais divorcer de Robby ?

– C'est simple. J'ai divorcé.

La réponse stupéfia la mère et le fils.

Tina se résolut à raconter la seconde moitié de son histoire.

En 1998, un mois avant son mariage avec Tom Wards, le révérend Scott Di Marcio était venu la voir et l'avait menacée de porter plainte pour tentative de meurtre sur son fils. Il détenait le témoignage de la copine du guitariste. Tina avait accepté de lui verser cent mille dollars en échange du certificat de divorce enfin signé par Robby. Pour réunir la somme, elle avait inventé une histoire de dettes et Tom Wards lui avait donné l'argent. C'est ainsi qu'elle avait signé le certificat de divorce en présence de son avocat et de Scott Di Marcio, prêtre officiant du comté de San Joaquin. Elle était libre d'épouser son milliardaire. Mais une année après son mariage cette ordure de Scott était revenu la voir avec le certificat qu'il n'avait jamais fait enregistrer. Tina était piégée. Son mariage avec Tom Wards n'était pas valable.

– Pourquoi Scott est revenu ? demanda Pam.

– Le même chantage que la première fois. Soit je payais, soit il révélait à Tom que j'étais toujours officiellement l'épouse de Robby.

– Tu as payé ?

– Deux cent mille. Chaque année.

– Chaque année !

– Il appelait. On se retrouvait en ville. J'avais un budget annuel que me versait Tom pour mes dépenses, pour les donations, pour toutes sortes de choses. Je pouvais payer, je n'avais rien à justifier.

Le silence se posa dans le salon de la Nine Farm.

– Deux cent mille dollars pendant…

Pam tentait un calcul à voix basse.

– Tu as quel âge, Leonard-Raymond ? demanda Tina.

– Vingt et un.

– Alors j'ai payé deux cent mille dollars pendant vingt et un ans au révérend Di Marcio et à sa salope de bonne femme.

Pam était assommée.

– Mais alors pourquoi les Di Marcio ont refusé que Robby vienne vivre ici avec moi ? Ils avaient l'argent. Rien ne les empêchait de me laisser vivre avec mon Robby !

– Ça, il faut leur demander.

Tina renversa le sac à dos, une montagne de liasses s'empila sur la table.

– C'est pour toi, Pam, fit-elle.

– Je t'ai rien demandé. C'est Lennie-Ray qui a besoin de cet argent.

– Là où il va, on n'a pas besoin d'argent.

Tina fixait Lennie-Ray.

– Ton fils a assassiné le professeur David Stevens. N'est-ce pas, Leonard-Raymond ?

Pam fixait son fils.

– T'as pas fait ça, Lennie !

– Il l'a tué dans la maison que le professeur avait louée pour me rencontrer et me convaincre d'arrêter les prospections.

Leonard releva le regard vers Tina.

– J'y suis retournée à l'aube pour chercher mon anneau de fiançailles que j'avais perdu quand tu m'as bousculée. Et je t'ai vu qui t'éloignais sur cette barque avec le professeur. Lorsque je suis entrée dans la maison, j'ai trouvé une tache de sang sur le parquet.

– Tu l'as tué ? insista Pam.

– Non...

Lennie-Ray secouait la tête sans pouvoir s'arrêter.

– Non... il n'était pas mort...

– Tu l'as blessé ?

Pam cherchait le regard fuyant de son fils.

– Tu l'as mis dans ta voiture et tu l'as emmené à Half Moon Bay, dit Tina. N'est-ce pas, Leonard ?

Mais Leonard secouait la tête.

– Là-bas il l'a jeté à la flotte et il est revenu nettoyer la maison.

En voyant son fils continuer à balancer son visage d'un côté à l'autre, Pam n'insista pas.

– Je pense qu'il est aussi l'auteur du meurtre de la Viñeda Farm, ajouta Tina.

Lennie-Ray dissimulait son regard sous la visière de sa casquette.

– Deux meurtres. Ton fils ne sortira jamais de prison. Il ira jusqu'à l'injection létale.

Pam ne put retenir ses larmes. Tina baissa son arme et faisait quelques pas pour sortir quand Pam l'arrêta.

– Attends ! Il y a quelque chose que je comprends pas ! Scott a toujours détesté son fils et Rhonda n'a jamais été maternelle. Alors qu'est-ce qui les empêchait de laisser Robby vivre avec moi ? À part toi ?

Ne supportant plus l'insupportable, Tina s'éloigna sans répondre. Mais Pam insista :

– Tu as ruiné ma vie et moi je vais ruiner la tienne ! Je vais appeler le journaliste du *San Joaquin Record* pour lui raconter que la milliardaire Tina Wards est toujours mariée à Robby Di Marcio ! En moins d'une semaine, tu seras à la rue ! À moins que tu trouves refuge en psychiatrie ! C'est ce qu'ils disent à la télé !

Tina fit volte-face.

– C'est vrai ! Tout ce fric que j'ai donné aux Di Marcio, c'était aussi pour qu'ils gardent Robby chez eux. Si je n'avais pas fait ça, ils t'auraient refilé ton légume pour que tu l'épouses. Et tu aurais tout découvert…

Pam ne respirait plus. Elle se recolla son masque sur le visage. L'oxygène fit irruption dans ses narines et ses poumons. Un dernier face-à-face et Tina laissa la mère, le père, le fils et le fric.

Nicholas était anéanti.

Le soldat de plomb trempa son joint, l'alluma et aspira de longues bouffées.

Nicholas entendit les premiers accords du riff d'enfer de « Smoke on the Water ». La Stratocaster de Deep Purple hurlait au milieu de la cour de la Nine Farm. La musique sortait du portable de Tina.

Lennie-Ray ramassa le sac de billets et le jeta aux pieds de ses parents.

– Papa, maman, c'est pour vous. Profitez-en.

– Et toi ? demanda Pam.

– Moi je suis un chien.

Il se mit au garde-à-vous puis sortit de la maison au pas militaire et traversa la cour pour s'enfermer dans son atelier.

Nicholas retrouva son Indienne.

Elle dansait en plein milieu de cette cour lugubre.

Elle danse sur le dos du grizzly, pensa-t-il.

Il se demanda ce qu'il avait compris de cette femme. Peu de choses.

Tina se précipita dans ses bras. Elle le serra, l'enserra et ferma les yeux.

– Il ne faut pas danser ici, lui murmura-t-il.

Elle sentait sa sueur dans son cou, elle était à nouveau agrippée à son rocher. Sa vie pouvait reprendre son cours.

– Ils m'ont rendue folle. Un peu plus et ils m'empêchaient de t'épouser. Personne ne peut m'empêcher de t'épouser !

La musique continuait à rythmer ce rêve étouffant.

– Je t'ai cherché partout, fit-elle.

– Je t'ai trouvée, lui murmura-t-il.

– Tu voulais me dire quelque chose ?

– J'ai retrouvé mon anneau.

Il chercha dans sa poche et le sortit.

– Tu l'avais perdu ? demanda-t-elle.

– Au boulot.

– Moi, j'ai toujours le mien. Je l'ai gardé, et mon doigt avec.

– Tant mieux. Je préfère épouser une femme avec tous ses doigts.

Le couple ne se lâchait pas. Plantés au centre de la cour, ils ne formaient qu'un seul corps. Tout aurait dû les séparer, mais ils ne formaient qu'un seul corps.

Dans le lointain, des hurlements de sirènes policières s'élevèrent. Se rapprochèrent.

– Hey ! La reine des putes ! lança la voix forte de Pam juste derrière eux.

Ils se retournèrent. Pam Parnell était plantée en face d'eux, débarrassée de son masque, de son tuyau et de sa bouteille d'oxygène.

– Tu te souviens de ça, Terri ? Comment je te surnommais à l'époque du Blue Grizz ? *La reine des putes* ! Sacrée époque, l'époque du Blue Grizz !

Pam Parnell leva la vieille pétoire du révérend Di Marcio et tira. Cette fois elle ne rata pas la reine des putes qui, touchée au ventre, s'effondra au milieu de la cour de la Nine Farm alors que les premières voitures de police arrivaient.

Nicholas était à genoux. Il tenait dans ses mains le visage de sa fiancée. Ses mains étaient pleines de sang. Lorsqu'il releva les yeux, le lieutenant Keys était en train de s'adresser à lui mais il n'entendait pas le bruit que faisaient les mots. Des mains l'invitèrent à lâcher le visage de Tina qu'il serrait doucement. Des bras tentèrent de le relever, des ombres l'entourèrent, le visage d'Owen Beman surgit parmi ceux qui l'encerclèrent. La nuit semblait tomber en plein jour.

– Elle a dansé..., murmura Nicholas.

– Qu'est-ce que vous dites ? demanda Owen.

– Elle a dansé sur son dos...

Un chien aboya. C'est à peine si Nicholas entendit les aboiements. C'est tout juste s'il aperçut le marine Leonard-Raymond Parnell, vingt et un ans, dressé au garde-à-vous dans le container des poubelles, le fusil à pompe sous le menton. Il aboyait. C'était un chien. Il y eut des cris. La détonation. La tête toute cirée du marine qui explosa. Le corps de Lennie-Ray qui s'écroula pour retourner à la poubelle d'où il venait.

Il y eut une première secousse sous la San Joaquin Valley. Puis vint le tremblement de terre qui mit douze secondes pour atteindre sa cible de la pointe de sa flèche.

Une seconde Nicholas chercha une réponse à cet enchaînement de drames, un coupable, un responsable, une raison, quand Tina rouvrit les yeux.

– Personne ne peut m'empêcher de t'épouser, lui murmura sa future femme.

Un mois plus tard, au milieu de l'après-midi, dans le box près des chiottes, deux hommes se faisaient face, le charpentier et le petit con. Le charpentier était plongé dans la lecture d'un long article de plusieurs feuillets. Le petit con était plongé dans la contemplation des deux vieilles putes accrochées au comptoir. Deux bières vides trônaient sur la table.

L'article revenait en détail sur le meurtre de Stevens, sa relation avec les fermiers de la San Joaquin Valley, les prospections d'huile de schiste, l'assassinat d'Urea et enfin le tremblement de terre qui avait causé la mort de plus de mille deux cents habitants de San Bernardino et ses alentours dans la région du grand Los Angeles. Rien n'était mis de côté et surtout pas l'implication de la Panoche dans son aveuglement cynique à poursuivre ses forages dans une région hautement sismique contre l'avis de tous.

Le journaliste avait construit son article comme un réquisitoire dont la cible était la capitaine d'industrie Tina Wards. Ses révélations, étayées de preuves, indiquaient que c'était elle qui avait manœuvré pour fausser les études des soi-disant experts, elle qui avait incité l'État à verser des millions de dollars de subventions, elle qui avait bloqué le rapport Stevens, elle qui avait ordonné la reprise des prospections illégales dans des secteurs interdits.

Elle enfin qui selon l'auteur devrait rendre des comptes devant la cour de justice de l'État de Californie et la Cour suprême des États-Unis.

Étrangement Owen Beman ne mentionnait pas l'affaire du faux divorce et donc l'illégalité du mariage de Tina et Tom Wards. Ce scandale battait déjà son plein depuis que la dix-septième fortune du pays avait été admise aux urgences avec une balle dans l'abdomen. Les avocats stars de la milliardaire bataillaient quotidiennement dans les médias pour prouver la bonne foi de leur cliente et réclamer un non-lieu pour manipulation et prescription des faits reprochés. L'affaire promettait d'être longue. En un mois Tina Wards était devenue une de ces icônes américaines vilipendées par une moitié de l'opinion tandis que l'autre moitié en faisait une héroïne nationale.

Nicholas reconnaissait que c'était un bon article, il n'avait rien à redire. Une fois sa lecture terminée, il replaça les feuillets dans le dossier posé sur la table et se tourna vers la fenêtre, vers la ville.

– Ça sort quand ?

– Demain.

– C'est le vieux Bannon qui t'a corrigé ?

– Oui, c'est lui mon rédacteur en chef.

– C'est du bon boulot.

– Merci. Et vous, vous auriez écrit quoi à ma place ?

– La même chose, mais j'aurais été plus dur… plus dur avec ces capitalistes de merde.

– Et votre… Tina, comment va-t-elle depuis qu'elle est sortie de l'hôpital ?

– Ma femme est une Indienne, elle va bien.

– Votre femme ?

– Nous nous sommes mariés aux urgences avant qu'elle soit opérée.

– Personne n'est au courant !

– Un nouveau scoop pour toi, Beman. *Nicholas Dennac a épousé la milliardaire qui par avidité a tué mille deux cents innocents.*

Un malaise s'installa.

– C'est légal ? reprit Owen pour briser le silence.

– Autant que je sache, oui. Le prêtre n'a pas fait de difficulté. Il faut dire que le scandale n'avait pas encore éclaté. Légal ou pas légal, le fric de ma femme rend tout possible.

– Mais… si vous pensez tout ça d'elle, pourquoi l'avez-vous épousée ?

– C'est drôle qu'on me pose toujours cette question ! Je vais te dire pourquoi je l'ai épousée et comme ça tu pourras en faire un article aussi long que celui-là. Je l'ai épousée parce que je l'aime. C'est étrange, non ? C'est comme ça. Je l'aime depuis le premier jour. Elle a à peu près tous les défauts de la terre mais je ne peux rien y faire. Ma vie était assez calme avant que je la rencontre. Elle m'a réveillé. Je l'aime, c'est tout. Peut-être que je la changerai, peut-être que c'est elle qui me changera. On verra.

Deux nouvelles bières atterrirent sur la table.

– En fait, maintenant, je ne suis plus aussi sûr de mon article, lâcha Owen dans une sorte de soupir.

– Pourquoi ? s'étonna Nicholas.

– Je ne suis plus certain qu'elle ait fait tout ça par avidité.

– Elle aurait fait ça pourquoi ?

– Par amour, par peur de vous perdre, pour sauver son futur mariage.

Nicholas avala une longue gorgée pleine de silence et de doute.

– Reste sur ta première impression. On ne provoque pas des milliers de morts pour sauver un mariage, fit-il.

– Vous allez l'aider ? Enfin je veux dire la soutenir pour les procès à venir ?

– Je l'ai toujours supportée et soutenue. Elle ne serait plus là sans moi.

À son tour Owen but sa bière.

– Et pour le journal ? Vous allez accepter la proposition de votre beau-père ?

– Oui et non. Oui car je vais hériter de ses actions et donc devenir le patron du *San Francisco Daily Evening*. Et non car je ne prendrai pas la place du rédacteur en chef. Je vais en trouver un qui n'a pas dépassé la limite d'âge.

– Je peux me porter candidat ?

– Pourquoi pas, mais dans quelques années. De stagiaire tu viens à peine de passer jeune apprenti, on va attendre.

– Je voulais vous demander quelque chose.

– Je t'écoute.

– Pourquoi ne pas aller voir Keys et lui expliquer pourquoi vous avez agi comme ça il y a trente ans ?

On y était. Nicholas savait que le petit con l'avait fait venir pour lui parler de Keys.

– Je pense qu'il est prêt à vous écouter aujourd'hui, insista-t-il.

– Et qu'est-ce que j'irais lui dire qu'il ne sache déjà ? Je me suis comporté comme un enfoiré il y a trente ans, et tout ça pour protéger ma petite gueule de jeune con de journaliste. Tu penses que ça le soulagerait de remuer cette merde à nouveau ? Moi je crois que ça lui vrillerait la gueule dans l'autre sens. Je n'ai pas de circonstances atténuantes, Owen. Aucune. Ça s'est passé comme ça et je traîne cette merde comme un boulet. Et lui traîne sa balafre depuis la même époque. On ne fait pas toujours ce qu'on veut. Je ne suis pas propre de partout. Est-ce que j'aurais dû quitter Tina plutôt que de l'épouser ? Je ne sais pas. J'ai suivi mon instinct, comme il y a trente ans avec Keys. Est-ce que c'est bien ? Je l'ignore.

Nicholas se leva et balança un billet sur la table.

– Qu'est-ce que vous allez faire ? lui demanda Owen.

– J'ai un chantier. Un truc pas mal dans le nord de la Baie. Une maison dans les arbres.

Nicholas Dennac salua les deux putes, se dirigea vers la porte et sortit.

DU MÊME AUTEUR

AUX ÉDITIONS ALBIN MICHEL

Riches à en mourir, 2014

Badland, 2016

Composition Nord Compo
Impression CPI Bussière en mars 2020
Éditions Albin Michel
22, rue Huyghens, 75014 Paris
www.albin-michel.fr
ISBN : 978-2-226-44233-8
N° d'édition : 23500/01 – N° d'impression : 2049666
Dépôt légal : avril 2020
Imprimé en France